世界文明传承系列

History of
the Mediterranean Region

地中海历史

[德]埃米尔·路德维希 ◎ 著
刘毅 ◎ 译

人民日报出版社

图书在版编目（CIP）数据

地中海历史 /（德）路德维希著；刘毅译. -- 北京：人民日报出版社，2015.3
（世界文明传承系列）
ISBN 978-7-5115-3085-1

Ⅰ. ①地… Ⅱ. ①路… ②刘… Ⅲ. ①地中海区－历史 Ⅳ. ①K107

中国版本图书馆CIP数据核字（2015）第045517号

书　　名：	地中海历史
著　　者：	［德］路德维希
译　　者：	刘　毅
出 版 人：	董　伟
责任编辑：	王慧蓉
封面设计：	李尘工作室
出版发行：	人民日报出版社
社　　址：	北京金台西路2号
邮政编码：	100733
发行热线：	(010)65369527　65369590　65369510　65369846
邮购热线：	(010)65369530　65363527
编辑热线：	(010)65369533
网　　址：	www.peopledailypress.com
经　　销：	新华书店
印　　刷：	北京中新伟业印刷有限公司
开　　本：	880mm×1230mm　1/32
字　　数：	240千
印　　张：	9.5
印　　次：	2015年3月第1版　2015年3月第1次印刷
书　　号：	ISBN 978-7-5115-3085-1
定　　价：	35.00元

目 录 contents

第一章 地中海文明的起源 / 001

开始海上冒险 / 001

得海洋者得天下 / 004

窄门 / 008

海陆差异 / 011

走向海洋 / 015

地中海上的航海业 / 019

争夺伊始 / 023

海洋文明的起源 / 026

两种制度的碰撞 / 030

航海装备升级 / 033

伯里克利 / 036

雅典文明集聚地 / 040

那些名人们 / 045

文明的光芒 / 048

好战者的挑衅 / 054

罗马的崛起 / 057

征服者——亚历山大大帝 / 059

亚历山大港 / 064

罗马的崛起 / 068

罗马的故事 / 079

第二章　争斗中的地中海 / 087

地中海的宗教 / 087

罗马的兴起 / 090

辛布里的恐惧 / 095

保罗改宗 / 099

盛极而衰 / 102

四海之内皆兄弟 / 105

枯萎的花冠 / 108

戴克里先归隐 / 111

第一个基督教皇帝 / 114

罗马的第一次浩劫 / 119

永不睡觉的统治者 / 123

拜占庭的奥秘 / 126

沙漠之子的航海业 / 129

两顶皇冠 / 133

教皇与国王的较量 / 136

地中海的新移民 / 140

西方人理查与东方人萨拉丁 / 145

翩翩而来的威尼斯 / 148

第三章　辗转飘零的地中海 / 152

水城威尼斯 / 152

海湾之国 / 154

热那亚的敌对 / 157

腓特烈二世 / 162

教皇们的争斗 / 166

艺术宫殿 / 171

商业之海 / 173

地中海格局 / 177

西班牙的威力 / 179

一场艺术盛宴 / 181

奴隶买卖 / 185

一本游记引发的 / 187

地中海之子 / 191

荒废的地中海 / 194

第四章　无法平静的大洋 / 196

两个色块 / 196

两个不朽的名字 / 197

画家提香 / 201

海盗 / 204

勒班陀海战和塞浦路斯的命运 / 208

摧毁帕特农神庙 / 211

英国人挤进地中海 / 213

直布罗陀争夺战 / 217

三十年河东，三十年河西 / 220

美丽小岛科西嘉 / 222

地中海最著名的儿子：拿破仑 / 225

阿尔及尔易主 / 231

希腊自由了 / 235

风起云涌的 1848 年 / 238

第三个出口 / 245

一位真正的巫师 / 247

复苏 / 251

第五章 硝烟未散的新纪元 / 253

迈入新纪元 / 253

大战的发源地 / 256

积重难返 / 259

凯末尔重振土耳其 / 263

法国殖民 / 265

西西里岛梦魇 / 268

大不列颠的触角 / 273

犹太人的复国梦 / 277

四邻不安 / 279

严阵以待 / 282

暴风雨之前的寂静 / 286

foreword 序 言

大海的命运往往在波涛间和海岸边上演。但单调的万顷碧波是没有多少历史可言的，人类的种种奋斗都发生在海岸上，偶然延伸至大洋深处。透过全人类的奋斗、功绩与创造，我们能听见大海的咆哮，瞥见大海的忧伤。

讲述大海的历史与讲述河流的历史不同。海洋是所有沿海政权希冀掌控的对象，是所有戏剧性事件为之争夺的战利品。它又像古希腊的海伦，万众觊觎，在一个又一个主人之间辗转飘零。

无论作为一个生存环境，还是作为一个争夺中心，地中海在所有海洋中都是独一无二的。它本该是个湖泊，然而事实并非如此，直布罗陀海峡、达达尼尔海峡和苏伊士运河限制了它的自由。这三者开凿的动机与产生的影响都是那么引人注目，其中，苏伊士运河更是左右了地中海近代以来的命运。

在人类从原始人进化到现代人的整个历史上，地中海始终是西方文明的中心，我们全部的宗教、哲学、科学与艺术都在这里萌芽、演变、分化乃至最终成型。欧洲人的灵魂和精神能在此找到他们政治、智慧与艺术之圭臬，而美国的所有宗教理念、宪法章程以及精神支柱也都起源于此。在这些渊源的伟大发现之后，人们的探索才开始转向其他大洋。我们记述的重点将在公元1500年左右改变，也就是说，从第四章起，将把重点由文明智慧转向贸易与交通。因为，随着岁月流逝，这段漫长的文明史并非益加先进，而是每况愈下了。地中海在古代时的地理长度远远超过现在，要是它的古代历史也能再延长三倍就好了。

要巨细靡遗地记录一切是不可能的，单是讲述沿海国家的历史就得占三章之多。许多国王的名讳都没有在此书中出现，读者若想寻找自己喜欢的人，无疑常会失望。要写这么一本书只能尽量简明扼要，它的意义在于促使读者为了研究某些特定词语而去求助其他书籍。

一直到中世纪，地中海的历史实际上都从属于欧洲史，因此，我可以相当详尽地在此展现一种历史写作的新形式——始终围绕细节展开叙述的笔法。一个简单的构想是：唯有人性才真正具有价值，而要发掘人性，需从个人与公众两方面入手，二者互为参证。在我看来，揭示一个人在行为表象之下的真实面貌，比关注其行为本身更为有趣。

如果我们对历史事件的象征寓意不加探寻，那研究历史便成了无益之举。这种象征意义之重大，是因为它能反映敌对双方的激情以及命运的伟力，令我们对照自己的时代，自己国家历史上的胜利与失败，以及我们自身心路历程所经历的成功与挫折。我们寻回前人的身影是为了发现自我，若非如此，便只能了解到种种史实，而全然无益于自身的进步。

上述处理方式是将人的因素放在前面，而拙作却试图将着眼点放在民族传上，并遵循三点基本原则：以所有文化运动为重，因为哲学家、法学家、思想家和艺术家才是真正的历史支柱；此外，以深刻影响我们自己时代的事件为重，因为正所谓"离开历史，政治便是无本之木；离开政治，历史便是不实之花"；第三，以人物为重，因为历史事件已成过眼云烟，人物才是思想行动的主体，才能贴近每一个个体的头脑与心灵。

智慧与艺术的产物往往比它们的创造者更有生命力，然而国王、政客、主教、总统和将军们那些名噪一时的业绩，却很快与他们一道腐朽成泥。没有一个王国能够幸免，哪怕它的存在时期还印在某个中学生的脑子里。所有的谈判与联盟如今都成了一纸空文，流传下来的唯有它们的精神源泉以及象征寓意。而战争本身则如老画片中表现的一样可笑，没有一个战士能从中学到任何东西。那些郑重签订的密约中提到的行省和港口，要么面目全非，要么不复存在。

一个时代的重要性完全取决于它留给后人的东西，无论是学术，是艺术，是一个辉煌年代的记忆，抑或是一位伟人的人格。就地中海的历史而言，雅典卫城远比整个摩洛哥的历史重要。除了文明史之外，一切都取决于历史缔造者身上展现出的人性。这便是我的导师普鲁塔克书写历史的秘诀，正是这一秘诀，令他成为人类最伟大的导师之一。

跟我早期的作品一样，这本书清楚地表达了我的信念：在人类历史上，决定一切大事件进程的，往往都是单独的个体。关于地中海地区的商业贸易，经济学上的统计量是没有用的，能够比较明确详述的只有19世纪初的情形。另一方面，本书也描述了气候、河流与农产品的情况，它们都是对地中海这一主人公大有影响的要素。

本书贯穿着一个明确的政治哲学，是根据以下个人信念来写作的：智慧远胜武力，然而先进的思想要获得人们的认同却相当缓慢。一位思想家不可能在他生活的时代便领导一个国家，而地中海地区却有一些例外，如伯利克里和萨拉丁。一位政治思想家只有像穆罕默德那样承担其历史使命，才有望在生前便功成名就；柏拉图和但丁有着更为杰出的头脑，却没能实现这一点。在本书中，匈奴王之流没有智慧的征服者被忽略不计，只有在以下情况，征服者才会得到密切关注：像亚历山大大帝那样把文明带给被征服者，或者像某个罗马人那样把思想传播给阿拉伯酋长，或者像查士丁尼和拿破仑那样制订了法律，或像某些托勒密、拜占庭人、罗马教皇和共和国总督那样对文明社会的发展有所贡献。

这种史传写法能让我们对照当代历史的转折期，并不断提出质询。古代革命的发展方式与现代完全不同，我们确实无法从中汲取教训，但从前的独裁者建立党羽的途径，却仍能给予我们相当的启发。

首先，不管到哪，我们都得面对民主政治问题。历朝历代，紧随着一个腐败的民主政权之后，便是独裁专制，随后这一独裁政体又因为它天生的缺陷而灭亡。所有民主国家里都隐藏着狡猾的独裁者，离奇的是，有的独裁者甚至会公然现身——一些伟大的古代政治家如今看来都是暴君。民主政治的价值并非仅仅体现在公众投票权上，而是体现在给了每一个天才出人头地的机会，同时对掌权者加以监督和制约。无论在雅典共和国、罗马共和国还是在今天，只有在民主政治中，天才方能如鱼得水。不过，民主政治既造就天才，也削弱其力量，并常常伴随着天才的陨落而覆灭。

值得庆幸的是2500年来尚有大量史实可考，而所有未经证实的史前史以及所有关于种族的问题我都略去不提了。在本书里，读者找不到关于地球早期及海洋运动的话题，或任何关于地中海原住民族的描述，比如，他们沙滩装款式的古今变化。目前看来，哪些人种曾在地中海畔居住而后又衍生了哪些民族之类的话题，只是那些为独裁者效劳的专家们热衷的游戏。而我则试图从各民族的本质特征入手，揭示地中海一带各民族混合的复杂性。

战前，我就在地中海一个邻近耶尔群岛的地方开始了本书的写作。随后，在不知哪位神灵的庇佑下，我流落到了一个伊甸园般的小岛上。这儿有一个向我敞开的花园，是一位地中海迷于半个世纪前设计建造的，风格近乎罗马庄园，如今渐渐发展成了全欧洲最美丽的花园。在这里，在这距离地中海9650千米的地方，我面对太平洋完成了我的书。

现在，我邀请各位读者登上我的小舟，它将由一只小小舢板变成一艘古罗马军舰，继而化作一只帆船，最后成为一艘安着涡轮机的汽艇。在这趟丰富的历史之旅中，你决不会感到沉闷冗长——你将横跨从热那亚到迦法、从黑海到直布罗陀的千山万水，纵览自奥德修斯到墨索里尼的漫长岁月，在全世界最美的海洋中自由巡航。

埃米尔·路德维希

第一章　地中海文明的起源

开始海上冒险

在一个海中小岛的沙滩上,一个强壮的大胡子男人坐在海边巨石上,凝望着汹涌的大海,他一动不动地望着太阳落山的方向,眼泪和海水混杂在一起,沁湿了他的胡子。这个大胡子正是奥德修斯。

奥德修斯是荷马史诗《奥德赛》的主人公,出生于另外一个与此相似的小岛伊萨卡,他率领部落军队参加了希腊诸城邦联军征讨特洛伊的战争,他英勇善战,正是由于他在那场战争中使用了木马计,特洛伊才得以被攻陷。

战争胜利后,他带着部下乘船返回故乡。在返乡途中独眼巨人吃掉了他的船员,而奥德修斯报复性地弄瞎了独眼巨人的眼睛,因此得罪了海神波塞冬。波塞冬使用风暴摧毁了奥德修斯的木船,使他流落到了这个小岛上。

这个小岛属于卡利普索女神的领地,她困住了奥德修斯,不断地利用自己的神力消磨着这个凡人的意志:希望他留在这里陪伴她,许诺给他神一般的生活。奥德修斯拒绝了卡利普索的诱惑,他魂牵梦萦的是他的家乡，还有他家中久候十年的妻子和儿子。

守护神雅典娜对奥德修斯十分同情，她命令卡利普索帮助奥德修斯离开小岛。得知这一决定，卡利普索的心碎了，但她无法反抗守护女神的决定，卡利普索流着泪走出自己的岩洞，来到奥德修斯所在的海滩，帮他建造返乡的木船。

卡利普索拿来工具和斧子，带着奥德修斯去另外一个小岛砍伐那些高耸入云的松树。奥德修斯砍倒了20棵老朽干硬的巨松，用卡利普索给他的工具刨开木料，再用钉子和绳索将它们牢牢地固定在一起，制成了一个大木筏。

接下来，奥德修斯开始完善这只大木筏，他给木筏四周绑上柱子，安上木甲板，竖起桅杆，架上横桁，做好方向舵。然后他找来枝条将整个筏子盖上，又在底部放了些石头压舱。一个足以让他离开小岛的大木筏就造好了。

奥德修斯花了四天时间来制造大木筏子。到了第五天，卡利普索为他带来了一皮囊美酒、一皮囊清水，还有一篮子食物，并吹起一股轻柔的和风为他送行。这就是《奥德赛》第五章中描述的场面。

奥德修斯勇气可嘉，依靠并不安全的大木筏就敢于挑战变化莫测的大海。他坚持了18个白天和黑夜，在狂风巨浪之间不停颠簸，一会儿被推上十多层楼的浪头，一会儿又跌入深如山谷的浪底。

海神波塞冬始终没有放过他，他造出的风暴将他的船掀到了暗礁上撞成了碎片。奥德修斯被甩入大海，但他没有放弃，努力游到了另外一个小岛上，最终精疲力竭地昏倒在树丛里。

这个小岛是费阿刻斯人的克法利尼亚岛。这次又是另一个女子拯救了这位落难英雄,她就是娜乌西卡。守护女神雅典娜授意她在海边洗衣,因此发现了昏迷的奥德修斯。娜乌西卡把奥德修斯带回王宫,国王设宴款待奥德修斯,席间有吟游诗人传唱特洛伊战争的诗歌,奥德修斯因此落泪。

国王大为好奇,询问之下,奥德修斯讲述了自己的故事,包括十年之久的特洛伊战争,以及返乡途中的种种磨难。娜乌西卡被奥德修斯的冒险故事及勇敢、专情所感染,情不自禁地爱上了这位希腊英雄,但奥德修斯依然坚持回家乡。

最后,奥德修斯得到了国王的帮助,口袋里装满了礼物,乘上费阿刻斯人准备的带有划桨手的大船,舒舒服服地躺在船舱里等待返回故乡希腊。

这就是地中海传奇中最有名的故事之一,这段故事通过荷马史诗铭刻在后人心中。这传奇的地中海中有波涛万丈,有风平浪静,有海滩和暗礁,有木筏和巨舟,也有岩洞和花园;有奋斗探险、贸易往来,当然还有女子的爱恋;最重要的是,它还展现了命运之神的喜怒无常,假以诸神之名凌驾于海浪之上,显露于冒险旅程之中——从古至今,这样的海上冒险屡屡上演。

在所有的海洋之中,地中海无疑是最迷人的一个:无论是从位置、地形还是气候的角度。它是最具有优势,也最早为人类所发现并通航。它就像绝世美女海伦,被一群仰慕者包围,被有力者争夺。不过,它所引起的战争远远不止10年,而是整整延续了2000年。随后在其他新发现的更为辽阔的海洋面前,它黯然失色,几乎被人遗忘。而经过300年的日月，它又重新成为人类目光的焦点；今天，它再次登上舞台，人类为它再次燃起硝烟。

原因何在？

跟别的大洋相比，地中海更像是一个大澡盆。巨舰早已将更加辽阔的大洋征服，现代科技制造的飞机只需一天就可以横穿整个地中海。那么，地中海为何再三地让人们为它征战不休呢？那是因为，它是人类的故园。所有人都会下意识地感觉到：一切美与智慧、一切丰功伟业都能在此寻到根源——人类本能地回到地中海，就像游子回到母亲身边。

得海洋者得天下

没有多少人能够意识到，他们其实一直生活在岛屿上，只不过这个岛屿很大，大到足以被称为大陆。事实上，这块大陆只占整个地球面积的1/4，另外3/4则是完全无法居住，也无法开辟出道路的水域。对人类而言，最伟大的功绩之一无非是征服大海，因为大海里有无数值得探索的小岛。

一个在海边出生的人，他的童年会伴随着涛声度过。他始终对海洋保持着一种难以言喻的神秘迷恋，哪怕他终身住在陆地上，且很少乘船也不会改变。不同海滨的岛国居民能像兄弟一样通过这样的方式辨认彼此。

居住在海滨的人，时常凝望那深不可测的大洋，这样的体验使得他们对神灵、感情、音乐等东西理解得更透彻,这说明他本就不习惯把目光盯在日常琐事上。这样的人哪怕在红尘中踯躅良久,最终依然也会回到大海身边。所有的哲学家都曾是岛国居民,所有宗教的最初传道者也曾向大海寻求真义。一望无际的海洋中的动植物与海底山脉产生出的恐惧感和吸引力,远远超过了岛屿上的生命。这时,岛屿上的生命逐步向内陆发展,并培养出了试图驾驭大海的舵手。

大海与死神相似,总是包容万物,平等地对待众生。所有的河流最终都将流入大海,在更为广袤的水域混为一体。未经勘探的海底如同一座巨大的墓地,不过,只有在船舰失事时,葬于波涛的人们才能体会到大海的恐怖,而那些潜水采珠的人只会感受到海洋的悲悯之心。

第一批到海洋中冒险的人通常无法抵御海洋的诱惑,他们充满勇气、好奇与想象。他们站在海边,眺望着不远的岛屿,打量港口的船只,评估自己能否经受住大海的考验。某个大胆的人会为了捉到传说中的大鱼,或为了看看大地的尽头而开始渡海。

这位大胆者在挥动了无数次船桨,被海风吹送了一程之后,惊讶地发现已经到了外海。面对无边无际的大海,出发时那个狭窄的小海岸又显得那么不起眼,如同一个微不足道的普通人之于全人类。他发现了新的岛屿和海岸线,也预见了发现新陆地的可能性。有了这样的预见,他开始建造更大更坚固的船;为了防止新发现的岛屿上的原住民的敌意,他又在船上准备了武器;为了在海上不迷失方向,他学会了看星星和陆地上的标志物。总之,这片广阔的海洋像一个尚未揭开面纱的美女，它吸引着勇士，也吸引着哲人。

最初，勇气和对财富的渴望，是他们划着并不牢固的小舟深入未知大海的主要动力。度过最初的恐慌之后，冒险者对权力和财富的欲望开始滋长膨胀：只要越过无人掌管的大海，就可以与陌生的岛屿做买卖。在海上，可能会遇到可怕的袭击或劫掠，也可能会被无情的风暴吞噬，但只要成功一次，就可以获得大量的财富。要历经千辛万苦越过大洋，才有可能见到陆地，但这些代价都是值得的。

某些大国没有被强大的陆地邻居打倒，却被那些远渡重洋者所征服。那些狭小而险要的海港有能力建立一个海上霸权，即使没有物产丰厚的内陆支持也一样。

从这个意义上来说，大海是自由的，迦太基、热那亚、威尼斯、美国，它们都曾幻想独霸某个海域。没人能够买断大海，无论什么手段，没有人能像在陆地上那样划地为界。

在陆地上，没有哪个国家能长久地保持霸权。而海洋则不同，罗马在迦太基覆灭之后，英格兰于拿破仑败落之后，都曾建立过持久的霸权。一支舰队的胜利便能决定世界强国的命运，有时甚至只需要短短一天，远比在陆地上发生的战役时间要短得多。由陆上强国发展为海上强国的路线在罗马大获成功，却没能在法兰西复制成功。英国在西班牙王位继承权争夺战中分成两派，最终资产阶级商人取得了胜利。不久之后，整个国家都齐心协力地加入了海上霸权的争夺之中。

得海洋者得天下，雅典虽小，也能征服强大的波斯；没有开疆拓土，英国也称雄世界；小国荷兰也曾击败西班牙、葡萄牙和法兰西三国联军；水城威尼斯更是令可怕的土耳其威风扫地。在海上，须臾之间便大局已定。

每个海上霸权都来之不易，通常是在竞争者的督促下夺取到这一桂冠：在西西里的追赶之下，罗马被逼成了海上强国；波斯看到征服艾奥尼亚的可能性后开始转向海上发展；锡拉库扎从科林斯人那儿学会了真正的航海技术，从此跃为实力雄厚的海港；西西里则像后来的法兰西一样，拥有太多的富饶土地，以致失去了动力，不会成为海上强国。

不管是战争，还是商业或运输，海洋都为天南地北的国家和城邦提供同样的服务：它传播着文明。洋流和微生物在海洋深处交汇，而思想与货物一道，经由船运历尽艰险被送到世界的尽头。航海者们劫掠财宝、征服土地、买卖贸易，同时把他们的文化和价值观散播到世界各地。同时，他们也通过武力或者非武力手段，得到美丽动人的异族美女。这种融合在数千年间不断地上演着。

出海者不但包括冒险者和雇佣兵，也有自由民，为主献身的十字军也曾为远方民族带去文化和理念。航海逐渐成为一股风靡全球且不可抗拒的潮流，人们在与海洋搏斗的过程中缔结了联盟与友情。海风将埃及的植物种子吹送到意大利，也鼓起了成千上万张船帆。在这些船帆之下，形形色色的航海者带着各种各样的思想与货物驶向遥远的彼岸。

窄门

如果我们把被陆地环绕的地中海看作囚徒,那么这位囚徒自由的大门在哪里呢?它又是如何将我们的大海牢牢地困住的呢?

这,就是直布罗陀海峡。

直布罗陀海峡,许多年前曾经是一片连接欧洲和非洲的桥梁,非洲象就是经由这道桥梁来到西班牙的。如今,昔日的陆地变成了汪洋。海峡的最窄处仅有14千米,第一次看到它的人会以为这是一条人工开凿的运河。在神话传说中,的确有这样的记载:亚历山大大帝听闻西班牙人与非洲人之间无休止的战争,决定将双方隔开,因而驱使奴隶凿开陆地,创造了直布罗陀海峡。

直布罗陀有一处海域只有300米深,这使得地中海形成了与大西洋完全不同的温度与水文环境。因为地中海曾经是一片沙漠,由于激烈的地质运动演变,来自大西洋的海水造就了如今的模样。海洋的最深值和最浅值对温度和物种有着巨大的影响,大西洋在西班牙沿岸和最深处的温度仅有3℃,而地中海的水温却徘徊在13℃左右。普罗旺斯和希腊的温和气候,也是拜直布罗陀海峡的狭窄所赐。

地中海是一个相对较差的生存环境,这导致了它的孤独。它几乎没有什么水源(黑海本身的水源并不对地中海地区的经济产生作用)。只有尼罗河这条较大的河流能为它提供水源。当尼罗河水来到入海口时,水量却并不多,整个欧洲只有14%的河水汇入地中海。罗讷河、波河与尼罗河这三条大河供给地中海的水量占总蒸发量的1/3。蒸发掉的水量远远超过降雨量,所以地中海的水平面比大西洋要低。

与同样纬度的大西洋海水相比,地中海拥有更高的含盐量。愈是远离直布罗陀海峡,这个特征就愈加明显。越向东,海水的含盐量和比重就越高。比重的增加,导致水压增大,形成了一股从直布罗陀海峡流出地中海的潜流,也有一股潜流从直布罗陀海峡流入地中海,但流出的始终没有流入的多。

达达尼尔海峡,决定了地中海东北部的水文地理,这里的海水流入流出的规律与直布罗陀海峡又有所不同。在两个海峡的共同作用下,地中海达到了一种奇妙的平衡。

黑海通过博斯普鲁斯海峡与地中海交流,不如大西洋那样对地中海有明显的影响,它更安静,以独特的方式离群索居。曾经是活水湖的黑海送给地中海一股含盐量稀少的上层水流,又通过潜流取得地中海的盐水。

这像是两个性格完全不同的邻居:水流、含盐量、比重、温度都大不同。从地中海进入黑海的水流十分缓慢,假设黑海是个干涸的盆地,以这样的速度,恐怕需要3000年才能灌满。海流缓慢,黑海就缺乏氧气,盐量也不足,海洋生物数量稀少。博斯普鲁斯海峡的水深不足30米,水流却十分湍急,渔夫们只能在岸上拖着小舟逆流而上,以免激流摧毁小舟。

地中海几乎被陆地完全包围,海啸几乎完全消失,潮汐只在特定的地方出现。地中海的潮汐被削弱了,只有专家才能察觉潮起潮落。在较长的海湾尽头,潮汐会对航行产生影响,我们可以在威尼斯、科林斯湾和锡尔特湾看到这种影响。某些地形复杂的海湾，会产生一边涨潮一边退潮的现象，形成危险的水面落差。

借助敏锐的直觉与观察力，希腊人成了擅长哲思的民族。柏拉图曾目睹海水从地穴中迅速涌出又旋即缩回；希罗多德声称被诸神丢入海水的萨摩斯岛哲人是潮汐的第一个目击者；恺撒指出月亮才是春天潮汐的诱因。

普林尼的解释虽然简陋，但比开普勒和牛顿更早。现代物理学对这一现象做出了不同的解释，认为是直布罗陀海峡的狭窄及西边的地势，造成了地中海海水运动的方向与大西洋海水涨潮的方向恰好相反。

在海峡中产生的除了潮汐，还有不安分的水流，墨西拿海峡险些让奥德修斯丧命。今天，仍有许多船只在锡拉岩礁和卡律布狄斯漩涡的夹击中罹难。

墨西拿半岛外部的卡律布狄斯漩涡仅为30米宽，离岸不过300米，却能在退潮时将船只掀翻。每年3月21日，地球离太阳最近的时候，离月球也很近，那里的潮水会涨到50厘米高。古代的船长们熟悉这个漩涡，甚至能在海战中加以利用。

在埃维厄岛与希腊大陆之间的海峡也是如此，那里的海面不到35米宽，胆大的船只可以趁着潮汐涨落间的短暂空隙钻过去。这里没有大洋上常见的风暴，却有各种涡流、乱流和逆流。大西洋的海浪高达15米，地中海最多只有5米，频率却要大得多。在地中海里，变幻莫测的都是矮小且方向不定的小浪，而非高大稳定的巨浪。

当船在岛屿间穿行时，要小心山峦起伏的岸上吹来的大风，也要小心岩石嶙峋的海峡中尖啸吹来的狂风。在西西里南岸，从非洲吹向南欧的热风会掀起惊涛骇浪，将人和鱼一起甩到岸上。

海陆差异

地中海是个被陆地包围的海洋，在此到处可见陆地与海洋的差异。东部以西西里岛的西端为界，拥有比世上任何海域都多的岛屿；而西边部分除了撒丁岛和科西嘉岛之外，只有一个巴利阿里群岛。

掌管这两个部分的民族由此发展出了不同的性格特征。岛屿众多的希腊成了盛产航海家和商旅家的国度；罗马则完全是一个陆上国家，仅在迦太基的逼迫下才开始涉足海洋。希腊人有最好的战舰、海港；罗马人则有最好的四轮马车和大道。希腊人在奇思妙想中成了冒险家；罗马的法律则为司法公正和城邦治理而设。数千个岛屿令希腊成了松散联邦，而高度同一的地域使罗马夺取了地中海霸权。在地中海世界，希腊和罗马仿佛两个焦点，所有的视线都聚集在这两点。

地中海北方海岸有着众多的岛屿，那儿的民族各自为政；南方则呈现大一统格局。亚得里亚海是东部海域的组成部分，直抵阿尔卑斯山脉。巴尔干半岛在亚洲海岸对面的那一段被磨损成了上百个海湾、海岬、半岛和小岛，但这一部分巴尔干和小亚细亚这两个样子难看的半岛也显得比较有趣。这种破碎的地理现象造就了丰富多彩的希腊诸神。

意大利的形象十分可爱，把它比喻成一只靴子简直就是诽谤。就算是孩子也能从欧洲地图上找到形状鲜明的意大利。动物化石、300米的潘泰莱里亚岛和仅100米水深的墨西拿海峡都可以证明，曾有两个海峡穿过突尼斯、西西里和意大利。

从阿尔卑斯山脉到沙漠，极其鲜明的南北差异产生了许多奇观。地中海连接着各大文明和经济往来。它就像一个舞台，北方民族和沙漠民族轮番上阵，在这个舞台上激烈交战。与此相比，黑海显得冷淡孤僻，大西洋显得格外巨大。在早期航速缓慢的年代，两岸的居民只能天各一方。现代科技的进步让空间距离越发缩小，发达的交通让各地文明紧密相连，天涯若比邻。

在亚速海之间，苏黎世的纬度附近，以及利比亚班加西市的纬度附近，这些地方降雨稀少，必须进行人工灌溉，也要抵御游牧部落的侵袭。这使当地的政治结构倾向于中央集权和专制政府。地中海地区丰沛的雨量则导致了各自为政、独立自由和党派林立。

从地中海各民族的生存环境来看，我们能清楚地看到到底是什么帮助或者阻碍了这些民族的发展，又是什么原因导致他们会喜好征战或者甘于顺从。

美索不达米亚古王国，被禁锢在大草原、沙漠和亚美尼亚丘陵之间，仅在东部伊朗和印度一带留下了通往地中海的渠道；叙利亚的沙漠阻隔了交通，唯一的通道只有那条窄坡，腓尼基人由此地前往地中海；小亚细亚三面都被山脉阻隔，唯有翻山越岭才能与外界沟通，通往西方的道路却是畅通的，但只能完全依赖地中海，这导致了波斯人和土耳其人向着地中海前进；通过达达尼尔海峡和博斯普鲁斯海峡，地中海注定要与俄罗斯西伯利亚平原上的异族部落有来往——由这两个海峡进口谷物。

巴尔干半岛容易穿越，直到一战前都是斯基台人、大流士、游牧部落以及俄罗斯自身前往地中海的必经之路。马其顿王国、色雷斯地区和塞尔维亚通过大道和后来的铁路连接中欧。半岛西岸的山脉将阿尔巴尼亚锁在其中。南边的希腊横插着一条山脉，又沿着海岸碎成千万片。高山插入海湾，皑皑冰雪和绿草茵茵的牧场之间只有几小时距离。

亚得里亚海的港口很少，但威尼斯湾的航线比其他所有海湾都丰富。海岸两侧的山脉导致亚得里亚海极少有横渡航线，所有来自南方的物产都必须经由威尼斯转运北方。不久后，同一艘商船会满载琥珀，驶向对首饰需求无度的南方海港。

在寸土寸金的年代，亚得里亚海是南北交通大动脉上的重要节点，它将文明和商品由苏格兰传递到巴勒斯坦甚至印度。威尼斯也继雅典、罗马和拜占庭之后，成为地中海世界第四个焦点港口。

大自然为意大利设计了一个无与伦比的地理环境：阿尔卑斯山北麓把欧洲最丰饶的伦巴第平原圈在里面。这种环形山脉造就了条条大路通罗马的奇观：内部交流十分畅通。这样的地势，对北方贸易者来说是诱人的邀请，因此，即便是被阿尔卑斯山脉隔绝的意大利，依然吸引了来自北方的商旅。

亚平宁山脉与此类似，它呈珍珠项链状，从南北两个方向有许多小道由斜坡通往肥沃的平原和丘陵。如果要设计一个连接欧非亚的桥梁，亚得里亚海尽头的地理位置比突尼斯的尖角要优越得多。

意大利生来就该支配地中海，罗马成为这个中心区域的中心，这并非巧合。但是它的全盛时代已经过去了，经历了多姿多彩的一生后，在年轻人面前，年老的英雄已雄风不再，一个古老的民族也是如此。

希腊人、意大利人、西班牙人、法兰西人，乃至土耳其人、埃及人，如今都已不再有战争的激情。地中海各族曾有很多的不同之处，今天却有了一个相同的地方，那就是他们都是保守派。

法国南部同样位于两条山脉之间，也因为这一有利地形而多受惠泽。有一条通道穿过朗格多克狭窄的山谷，从地中海通往大西洋，越过一座分水岭，直入加仑河谷。作用更加重要的是罗讷河谷：罗讷河是地球上曲线最美的河流之一，连接着马赛和里昂。没有这两座河谷，法国的历史将大为逊色。假如这两个连接着阿尔卑斯山与比利牛斯山的河谷被切断，法国和德国一样将被阻挡在文明世界之外，因为唯一一条去往德国的途径就在翻越阿尔卑斯山脉的骡子背上。

西班牙，这个国家从地图上看外形笨重，它有两条顽固的山脉，再加上高原和狭窄的海岸线，它的情况比其他国家要差得多。比利牛斯山围绕着两块三角形高原，用陡峭的屏障将它们与大海隔绝，伊比利亚半岛更像是一个披着铠甲的阴沉堡垒，将所有人拒之门外。北部的山脉让这个国家完全孤立于欧洲大陆。因此在长达2000年的历史中,只有三个民族翻山越岭,经由西班牙进入欧洲大陆。

阿特拉斯山是这片区域里最高最长的山脉,它有着长而宽的山谷。群山在南部深入沙漠,但并未对本地文明产生影响。宽阔的山谷和平原引导人们向着海岸前进,尤其是在摩洛哥一带。这片海滨东部的海湾很少,对锡尔特湾来说,它的历史就如同地形一样沉闷单调。

这样,海洋与陆地之间的斗争就十分清楚了,群山是陆地最为强悍的表现形式,它巍然耸立,与平坦的海岸形成鲜明对比。两者有着根本对立的特性,这种两大自然元素激烈碰撞的现实,几乎在地中海每一处海滨都出现着。

走向海洋

第一艘船也许是在埃及出现的。埃及这片没有森林的土地原本无法征服大海,但是尼罗河提供了一种让人意想不到的材料,那就是纸莎草。埃及人抛弃了利于制造船只的紫杉,把厚厚的纸草捆扎成船头和船尾,再以一块平坦的木板略微加固,这种船没有舵也没有橹,全靠划桨前进,只需要一个人就可以完成这项工作。即便后来可以使用木材造船了,人们仍然坚持制作这种船,而且用"扎船"而不是"造船"这个词来形容。

第一章 地中海文明的起源

约在公元前2800年，埃及人冒险出海，从叙利亚运回了满满40艘船的雪松木，从当时的图画来看，划桨手需要站在船上挥舞方向桨。不久之后他们发明了方向舵，随后尼罗河上出现了帆船，这条大河上开始出现领航员。到了公元前1500年，船队出现了，甚至整个船队都属于同一个主人。

在尼罗河上，古代埃及人曾跟亚述人和海盗开战，但最终落败。但在这本书里，我们的主题还是地中海的命运，第一批试图挑战大海的那些人才是我们回忆的对象。

法老王曾经在没有起重机的情况下建造了金字塔和方尖碑，为何没有用同样的办法来对付苏伊士地峡呢？他们曾经希望不经过换船就把印度的财宝运往北方，但粗糙的小舟无法通过苏伊士地峡，于是他们选择了另外一种方法。

埃及王拉姆西斯大帝完成了一个奇妙而简单的设想，他设计了一个沟通尼罗河三角洲与红海北端的水道系统，货船只需四天就能从一片海域抵达另一片海域。

不过，埃及人更喜欢他们那条神圣的尼罗河，对地中海并无太多感情，因此那条水道很快就荒废了。700年后，尼科二世决定修复这条水道，因此搭进去12万名奴隶的生命。

事实上，尼科二世是第一个对海军充满激情的法老王，他的野心如此巨大，以至于宫廷侍女都带着小船造型的胸针。最终他的计划还是落空了，其原因颇为有趣，反对者既不是荒芜的沙漠也不是奴隶的死亡，而是一道神谕。狡猾的祭司在工程近乎完工时抛出这道神谕："你是在为野蛮人作嫁衣"。

埃及人更加喜欢他们的圣河，对地中海的探索仅仅保留在浅层表面，没有想去征服大海。当其他民族发展航海和贸易的同时，埃及人的权力旁落了。公元前1200年，当腓尼基人开始崭露头角时，埃及人的力量日渐衰弱。

腓尼基人增加了埃及人缺少的东西——木材。这个小国的人民在自然环境的逼迫下不得不向大海前进，于是他们就成了第一批殖民地开拓者。他们称呼自己的土地为"迦南"（意为低地），后改称"迦太基"。

我们可以把他们叫作第一个两栖民族。赛亚和希罗多德都对他们表达过歌颂，亚历山大大帝时代之后，他们仍然相当兴旺，其活跃期至少有1000年之久。尽管如此，腓尼基人在全世界的名声仍不及埃及和希腊，因为腓尼基人并没有发展艺术、宗教和智慧。

假如仅是战争与商业便能带来荣光，那么腓尼基人会是所有民族的领袖。之前，还未有任何民族建成像的黎波里或迦太基那样的真正的殖民地，也从未有任何民族拥有武装海军力量。无需借助埃及人的智慧，他们便自主发展了航海术、天文学和算术，并发明了玻璃、上好的亚麻布、紫色染料，甚至更合理的字母表。他们还搜罗了整个世界的大部分商品，包括他施的银器、撒索斯岛的金器、阿拉伯半岛的熏香以及印度的象牙。

这些非闪族后裔，必定拥有非凡的商业天赋。他们是第一个以其老谋深算操纵别国经济的民族，与那些金融寡头一样，他们从小贩起家，最后成为富商显贵。在每个地方，他们都掠走能发现的最好东西。

根据埃及的壁画，大约公元前1200年左右，腓尼基人的小舟都装有龙骨延伸出来的撞角，船身上部的围栏上挂着盾牌型的防护罩。直到亚历山大时期，甚至维京人的时代，都沿袭着这样的船型。在相距如此遥远的民族中，这样的习俗能够延续多年，就好像一份族谱。

腓尼基人的船身宽阔，在船身无须太长的情况下也能装载大量货物。他们用这些船装满黄金、努比亚的乌木，或贵重的银器，从尼罗河口出发穿越红海。所有这些都是君王、祭司和贵妇们的奢侈品，当时的船就像现在的飞机，载重量并不多。最早的商人只经营奢侈品，这样可以赚取最大的利润。

通过希罗多德的描述：在叙利亚沿海与土著交换商品，回到船上放出浓烟与土著告别，扬帆返航。当时的人们把这种商业之地看得十分神圣，认为其受到神灵的庇护，这是最早的在完全陌生的民族之间进行的有史可查的商贸形式。

腓尼基人通常定居在某处开发当地的原材料，制造商品，用于和他处的居民交换。当他们登陆马耳他和西西里岛收购土产时，他们建立了第一个种植橄榄、葡萄和谷物的殖民地，并以此为基地向外扩展，一直向北推进到了厄尔巴岛。他们还偶然间发现了大西洋，他们建立了加的斯"要塞"，因为金、银、锡、铜都在直布罗陀海峡之外。他们似乎还到达了不列颠群岛，在摩洛哥沿海用咸鱼交换鸵鸟羽毛和兽皮。腓尼基人在进行这些贸易活动时，意大利还处于落后时代，希腊则刚刚从沉睡中醒来。

进入希腊时代之后，希腊人也进行商贸并建立殖民地，但他们同时创造了艺术。

地中海上的航海业

希腊最初起源于克里特岛。在腓尼基时代早期，这个地中海东部的大岛就非常繁荣，但只有少数冒险家能通过今天乘飞机只需要几个小时的航程。这一点让历史学家都感到意外，因为克里特岛的林木资源非常丰富，很容易制造结实的船只。在真正的希腊人诞生之前，来自土耳其的游牧民族混杂着印度日耳曼语系移民，已经抵达了克里特岛，并且建立了欧洲最古老的文明——米诺斯文明。

米诺斯文明在历史上没有太多记载，目前残留的遗迹表明，他们的建筑技巧十分高明。克诺索斯的宫殿、神庙，以及它的排水系统、公共浴室绝对令人惊叹，我们也为那些装饰花瓶、青铜短剑和著名的黄金高脚杯赞叹不已。

但在艺术方面，克里特人从未达到过埃及人和希腊人那样的高度。从他们的出土文物上看出，他们的艺术实在无法令人恭维。女神似乎将无穷无尽的想象力都赐给了小小的希腊。

同样扬帆出海并将贵金属带回家的克里特人似乎从未建立任何殖民地。相反，在公元前1400年，印度日耳曼移民抵达克里特不久后，他们就被亚细亚人，即希腊人征服了。关于这次移民事件，历史上没有留下任何记载，也没有留下任何凭据。

爱琴海上的航海事业更是一个传奇，尤其是当时的海域全属未知，他们能使用的船只又十分简陋。从黑海到撒哈拉沙漠，从士麦那到直布罗陀海峡，这些希腊航海家的冒险意义甚至不亚于发现印度和美洲。但那个时代的英雄全被世人遗忘了。由此，我们可以理解，为何自亚历山大大帝以来，皇帝和将军们总是让画家和作家跟在身边，试图为他们在历史上留下各种名声。

希腊人迅速在世界上崛起时，其形象既非艺术家，也非殖民者。他们在狭窄范围内从一个岛驶向另一个岛，在这样的情况下逐渐掌握了航海技术。到了公元6世纪，他们已经定居在整个黑海沿岸以及克里特岛、塞浦路斯岛和西西里岛，最远到达了普罗旺斯沿海。好奇心促使他们进行着比腓尼基人更大胆的冒险，但他们没有腓尼基人那么贪婪，也没有克里特人那么耽于享乐。爱琴海给了他们初步的训练，他们对知识的渴望让他们掌握了地理学，这种与生俱来的天赋让他们在各个领域都有出色的表现。

荷马的叙述中没有关于希腊人海战的记载，但后世花瓶上所绘的图案中展现了许多海战画面，但我认为这些画面始终是一种演习。希腊人是勇气和狡诈、多情和无情的混合体，他们生来便该成为航海家，也就是最初的海盗。

这种贸易或掠夺与他们的头脑相结合之后促成了奇迹。希腊人之所以能发展成为伟大的航海家，部分归功于他们虚构传奇的技巧。奥德修斯和亚尔古舟的歌手愉快地将他们的真实情节渲染成了不可思议的谎言，这是他们所有的听众都心知肚明的事。他们是如此渴望荣誉，听众会在新的冒险事迹刺激下试图胜过英雄的主人公，因为英雄和歌手本来就是同一个人。一个既是诗人又是军人的政治家被控告犯有某些罪行时，就会开始吹嘘他那些仿佛神话般的功绩，欣喜的陪审员很快就会宣告他无罪。他的夸大之词向法官证明了他的天才，尽管它似乎恰恰否定了证词本身的真实性。

在希腊，诗人的力量就是如此强大。希腊人能够统治地中海，并不是依靠这个小小共和国中的霸主和权臣，而应该归功于荷马、赫西奥德、希罗多德、修希德底斯、柏拉图和菲迪亚斯。智慧和艺术帮助希腊取得了这样的地位。

唯有通过大海才能得到这一切，大海赋予了希腊人想象力，并且为他们留下了足以证实的余地。史前时代，这块土地上出产的木材就为他们制造船只提供了便利。与埃及人相比，希腊人更加灵巧，他们的船只更加灵活。希腊人的船只船首较低，船尾高昂，撞角突出，半敞开的船舱使指挥官的视野更加开阔，帆和桨几乎遍布整个船只，但船腹必须保持空旷，荷马时代的船通常配有50个划桨手。

和后来的西班牙人、英国人一样，紧跟在冒险者之后的便是商贾和殖民者。相当早的时候，他们抵达过西西里岛和那不勒斯以西，并且向北到过马尔马拉海，以及亚尔古英雄曾经驶过的海域。在锡尔特湾，他们遇到了埃及人，并帮助一位王子登上了王位。作为回报，王子将位于尼罗河西岸的瑙克拉提斯城赠给他们，这两个国家之间的第一座桥梁就这样在海上流浪者手里建造起来了。

即使算上所有充满悲剧色彩的纠葛，希腊人的历史仍然显示出那种意外的好运，他们会将其归结为诸神的庇护。但我认为不止如此，一条地中海谚语曾这样断言：唯有杰出的人才能成为最后的幸运者。

既是杰出者，又是幸运者的希腊人发现，不论在什么情况下，最有利的航海条件都在等待着他们，他们远航、贸易，并建立新的殖民地。

希腊人的技艺越经考验就越显高超。公元前8世纪，在得洛斯群岛的中心点，他们不仅建起了神庙，而且建成了西方世界的第一个码头。这个码头位于神庙台阶的最低级，由沙砾和不规则形状的大石建成，船只可以直接停泊在这里。同时，为了保护船只免受海风伤害，他们还用巨石建造了一条长275米、宽5米的防波堤。

到了公元6世纪，希腊人甚至将这种防波堤建造到了城邦大门之内，并在城墙保护区内挖掘内港作为船库，这种设计一直沿用到了文艺复兴时期。就这样，希腊人精于航海的名声传遍了地中海。

希腊人由商业发展出了工业。受当时的技术限制，他们一般就在矿脉周围的山区进行冶炼。铁矿集中在叙利亚和希腊，塞浦路斯和小亚细亚盛产铜矿，南意大利和西班牙盛产锡矿，爱琴海群岛出产金矿，加上含有银和水银的矿石，这一切都令采矿业兴旺发达，直至中世纪才渐渐衰落。米利都出产亚麻布，哈尔基斯出产金属制品，雅典和科林斯则盛产陶器。矿业的发达导致奴隶贸易横行。

随着贸易量的增长，以物易物的形式渐渐无法满足他们的胃口，希腊人开始尝试铸造钱币。紧跟着造币之后，必然是信贷以及利息。由于航海风险很大，当时的放贷人把利息提到了30%之高。在那个时代，商人和高利贷者在港口城市中过着极为舒适的生活，农民则饱受奴役。

争夺伊始

在地中海，希腊人有两大劲敌：腓尼基人和伊特鲁里亚人。这三个民族都在远离各自故乡的地方陷入了冲突之中，他们之间的斗争是殖民地战争。

公元前8世纪到前6世纪，伊特鲁里亚人将希腊人和腓尼基人赶出了意大利中部，并随后在此统治了几百年。同时，他们也遭到了早期凯尔特人的打击。北方的凯尔特人一路向南推进，缓慢且坚定地将族群扩散到了南方拉丁人的领地。

在那几个世纪中，意大利这个大烤炉里不断聚集起新的阶层，不断地分裂出新的集团，而这些阶层在3000年后仍未得到历史学家的承认。这种混合一直在进行，最后脱颖而出的是罗马人。

在公元前600年左右，罗马仍是一个伊特鲁里亚城市，"罗马"的意思就是"尊贵的"。那时候，罗马还处于游牧状态，而非优秀的城市建造者，他们从伊特鲁里亚人身上学到了许多东西，包括航海技术。随后，他们把伊特鲁里亚人赶出了意大利中部。经历了许多个伊特鲁里亚君王的统治之后，小小的罗马城充满了异族风情，比如吕底亚人的习俗。鸟、肝脏、宽袍、特殊席位、束棒，乃至后来那种罗马式的拱门，都是来自伊特鲁里亚人。罗马人的庆功仪式总是以处决囚犯或者其他的血腥表演结束，这有助于辨别属于早期罗马人或者属于希腊人的信仰和习俗。

希腊人与它的地中海两大竞争对手——伊特鲁里亚人和腓尼基人的斗争，导致了伊特鲁里亚人和迦太基人之间的长期联盟。在希腊航海业施加的压力下，迦太基扩张领土，加强防御。在地中海两个盆地之间——他们曾在这里为买卖西班牙银器和非洲货品而安营扎寨——腓尼基人建造了他们最强大的城邦。在这里，他们第一次得到了历史性的地位，也是在这里，他们走向了灭亡。

不论是希腊人、伊特鲁里亚人抑或是腓尼基人，这三个民族的成功都应该归功于他们各自的压迫者。腓尼基人最初被迫从亚洲中部迁移到贫瘠海岸，进而驶向海洋；希腊人则是被驱赶到了半岛和群岛，同样是这些希腊人，又继续将腓尼基人逼近地中海；最后，腓尼基人去逼迫罗马人。于是，在这种持续不断的压力下，这三个最具天分的民族不断成长。有的从商人成长为战士，有的从农民变为海员。只有希伯来人，始终保持着与海洋的不解之缘。

在这三个民族之中，没有一个有着与生俱来的征服欲望，都是在压迫之下为了保护自己而踏出向地中海争霸的第一步。古代世界最伟大的两个征服者，亚历山大大帝和恺撒大帝，他们所属的民族都没有好战的天性，他们只是为了保护自己。

早期希腊人向西进发，他们在公元前700年左右到达西西里，在公元前600年左右抵达北非。这时，他们已经自视为古代腓尼基人的继承者。希腊人在苏尔特湾定居下来,建造了昔兰尼和巴卡。最棒的水手在罗讷河口附近地区进行劫掠和贸易,建立并扩大了马赛港,他们从巴利阿里群岛驶到西班牙,并在科西嘉岛登陆。他们使用的船只是一种50桨的纤长海船,而非大肚子的商船。

在直布罗陀海峡之外的大西洋沿岸,在整整80年中,他施王极大地帮助了腓尼基人。终于,迦太基人向希腊人发起了进攻。在一次海战中,迦太基人几乎落败,但抢回了残留的船只。随后,迦太基与伊特鲁里亚人联盟,并签订了两份重要的条约。在其中一份条约里,迦太基保留了对直布罗陀海峡的所有权利。

他们第二份条约的签订对象,是已经担任拉丁人领导阶层的早期罗马人。双方达成了以下协议:迦太基人可以在罗马人的领土上进行贸易,但不得建筑防御工事,也不可以在某些地点停留过夜。作为回报,罗马得到了对西方船只征税的权力。

随着事态的变化,一个强大的东方敌人出现了,他令所有这些西方航海者不胜其烦,这就是古波斯帝国国王大流士。这个亚洲霸主派出特使威胁迦太基,要求援军并且将三条禁令加诸迦太基人头上,这些关于活人献祭、狗的食物以及尸体葬礼的禁令,使他更像一个现代独裁者。

地中海被这个波斯人的阴影罩的时间并不长,大约200年后,一个希腊人的阴影又报复性地笼罩了波斯帝国。

地中海的两大敌手必然要在中间地带决一死战,分开两大水域的西西里岛便是那个最合适的地点。公元前408年,迦太基人赢得了希米拉战役,后来却又因叛乱而落败。这是我们第一次听到一个迦太基名字：哈米尔卡。迦太基没有留下艺术品，也没有传下任何有意义的肖像。

因为失败，迦太基人必须将上千国民交予敌人为奴，这些奴隶用于塞利农特和杰格特的神庙建造工程——迄今为止，后世征服者在西西里留下的任何东西都无法超越这些神庙。但是，落败后的迦太基人仍然十分强大，希腊人无法直接进攻他们的城邦。

欧洲历史上第一次有女人参与了西西里的初次决战，她就是锡拉库扎人德玛丽特。她的测绘图导致了哈米尔卡的失败，被征服的迦太基人除了付给胜利者2000塔兰特的巨额赔款之外，另外还给她一份100塔兰特的私人奖金。此外，他们又铸造了一种印有她肖像的银币，叫作"德玛丽特尼"，这个女人的名字由此得以在人们的口中流传了几个世纪。

海洋文明的起源

在公元前7世纪，希腊已由荷马时代的贵族统治发展成为一种接近共产主义的体制。那时候人们的财产多以家畜为主，人们也开垦耕地种植农作物。蛮族遭到希腊人蔑视，因为他们对农耕一窍不通。

后荷马时代的希腊城邦中有着许多类似共产主义的做法，包括公有的乡村牧场。迁移至利帕里群岛的移民带来了共同劳作、共同进餐的习俗，这种希腊式的风俗与伊特鲁里亚的领主制形成了鲜明对比。当时，一部分人与海盗作战，另一部分人耕种田地、蓄养家畜。作为交换和回报，负责保护同胞的人将会得到生活物资。每20年，人们便要重新分配田地，防止因为继承遗产而导致懒散和不用心。更晚些的时候，利帕里的农民变得更加精明，他们与海盗达成协议，每年进贡一次，便可以不受干扰地享受自己的田园生活。

希腊人一直没有发明货币。希腊人经常漂洋过海，为了抢劫、以物易物，以及贸易所需而建立殖民地，他们迅速地改变着当地的政治体系。

在地中海到处都能看到希腊人，他们在埃及、利比亚、塞浦路斯、本都甚至是黑海进行抢劫和劫掠。也有一些希腊人与迦太基人和平相处，譬如昔兰尼；而在科西嘉岛，希腊人被迦太基人和伊特鲁里亚人联手击败。

希腊每个城邦都希望保持或者走向自治，几个世纪以来，这个国家的历史就像他的海岸线一样支离破碎，满是裂缝和缺口。

究竟是什么让这些希腊人甘于背井离乡呢？是荷马与大希腊主义的特洛伊冒险精神，也是得洛斯岛和特尔斐城中具有政治意义的神殿，即后来普卢塔克所说的"共同家庭"。它确保了祭司的影响得以持续数百年，就像教皇之于罗马。公元前600年左右，通过与另一个圣地的联合，它间接地为第一个希腊人的联合——近邻同盟奠定了基础。

在这个宗教同盟的基础上，地中海地区诞生了第一个历史上著名的国家同盟，其后又在这个同盟原型上发展出另一个同盟。大约在瑞士联邦出现之前1800年，在日内瓦国际联盟诞生前2500年，12个属于农民和渔夫的小地区联合起来守望相助。他们确定了疆界和水域，要求所有成员面对侵略者时必须联手对敌。国际法的中心思想不是来自于罗马，而是希腊，当然也起源于地中海。

大约就是在这个时期，有一个城邦——雅典，开始崛起并凌驾于大多数其他混战不休的城邦之上。

没有人能够预测历史，谁也不知道这一大批城邦中到底有谁能鹤立鸡群。因此，就当时而言，雅典不过是30个为了权力和荣誉打个不停的小城邦之一。

如果我们把目光放到地图上，那么你很快就能发现，雅典的地理位置和自然条件，使它注定会成为一个独特的居住地。它就像一个站在岸边的监护人，看着海中嬉戏的"岛屿孩子们"。它可以站在有利的位置看护并约束"孩子们"，"孩子们"则带回礼物给它。

欧洲文明起源于这个被称为大陆小碎片的希腊，确切地说，是起源于小碎片东边的雅典。雅典不但有自身的力量，还有地理位置带来的帮手；罗马却要排除不利环境的阻挠，缓慢而坚韧地发展。因此雅典能在百年之内迅速崛起，罗马却要花费500年的时间才能走向辉煌。

爱琴海拥有"数不胜数"的岛屿，而艾奥尼亚海隔开了意大利以南的岛屿，唯有科孚岛与大陆距离接近。东边的岛屿众多，紧靠着地中海通往黑海的要道，连通着欧洲和小亚细亚。数量众多的岛屿覆盖了这片水域,行经此间的船只都能得到风力相助。因此雅典的力量有一半要归功于这些岛屿和海风。

雅典这个名字代表了"典雅之美"和"文明之智"的不朽概念,它最初只占据了很小的一片地域:位于巴尔干半岛南端多山的地带。阿提卡以北受到山脉的阻隔,以西则有科林斯地峡的掩护,想要到达这里,只能通过一条坎坷的山路和几条嶙峋的山径。另一方面,阿提卡地区南部地势开阔、阳光充沛、气候干燥,非常适合橄榄、葡萄和无花果的生长,但不适合谷物种植。所以,它不可避免地转向了东方,也就是海的方向。正是凭借着紧靠科林斯地峡的优势,雅典很快就发展成了两个海湾之间的转运港。

比较一下阿提卡地区与邻近其北部的皮奥夏地区就可以看出,后者与海洋之间隔着湖泊,气候潮湿,冬季寒冷,土地肥沃。这些因素造就了一个质朴、冷静、节制的民族。

而在科林斯地峡的另一边,属于牧人山区的阿卡狄亚,已经成了世外桃源的象征。阿提卡南部的海湾吸引着所有想要寻找海港、探求商机或想寻欢作乐的人群,因此,雅典在这一片海域显得格外耀眼,早在它的思想和商品到达远方海岸之前,它的大名就已经通过水手口口相传到了海外。

尽管成了城邦同盟的首府,但这个城邦却没有天然海港。一开始,它距离海洋就比罗马要近得多,很久以后,这片沼泽地才接受了工程扩建。

大自然也为雅典的发展配备了比海港更加必要的因素。在雅典,有一块独立的岩石板层,它高于平地150米,周围环绕着30~50

米的悬崖，但顶部平坦。这个天然要塞有550米长，130米宽，真是一个早期定居的完美地点。从公元5世纪开始，著名的帕台农神庙就诞生在这里。

两种制度的碰撞

雅典的历史证明了，一个国家可以同时拥有财富和思想、商业和艺术。西方精神文明的源头几乎全部发源于希腊，在政治上征服了希腊的罗马只是学生和继承者，他们继承了希腊人的文学、智慧和艺术，但并不完全，反而令其失色甚多。

没有商业才能，雅典人的天赋就没有坚实的基础；没有地中海，金子就不可能运到自然资源匮乏的希腊。我们可以通过雕像和古典悲剧歌舞来领会地中海人心中对美的热爱；我们也可以经由讽刺文学和风俗画去理解他们的狡猾和欢乐，以及对金钱和诽谤的喜爱，还有忘恩负义和刁蛮恶毒。

从古至今，雅典人都具有商业精神和挣钱能力，而这又与他们对美和智慧的热爱结合。所有这些要素的根基都来自于他们不屈不挠地对自由的渴望，这似乎与现代法国人颇为相似，而且它们还有一个共同的邻居和敌人。这个敌人不时给予它们打击，这就是那个时代的普鲁士人——斯巴达人。

多山的斯巴达被阻隔在远离海洋的地方,它发展出的军国主义政治道德,使它比之后任何被称为"斯巴达人"的族群都要成功。多山贫瘠的内地乡村造就了一个个性坚毅的民族和节俭朴素的生活方式,狭窄的国土使他们产生征服邻国的决心。

在今天,乘坐飞机只需一小时便可飞越这些距离,在这片狭小的空间里,我们早期的英雄就是在这里奋勇作战,谱写了世界历史中的传奇。

在希腊人的认知里,斯巴达人并不是野蛮人,因为他们说的也是希腊语,但他们保留着奴隶制。暴君皮西斯特拉图斯33年的统治被后人称为"雅典的黄金时代",这证明独裁者不一定只对社会有害。总之,我们接受希腊人的民主精神时,就像接受任何与奴隶制并行不悖的民主主义一样,必须万分谨慎。歌德曾如是说:"希腊人确实是热爱自由的人,但每个希腊人都只热爱他自己的个人自由。因此,每个希腊人都可以成为暴君,只不过他们缺少机会。"

斯巴达人实行的是贵族执政的等级制度,其领导阶层是将军和政府官员。在斯巴达,个人利益服从于国家利益:在共同的进餐地点,所有的市民享有同样的食物;在某些情况下共同使用马匹、犬只、农产品和奴隶;士兵可以平均分配新攻下的城池。据说,有一次领导者兼立法者莱克格斯在刚刚割完的农田里散步时说:"怎么回事?这块田的主人活像刚瓜分完祖产的兄弟!"于是,在政府资助下,这个农田主虽然不会变得富裕,但至少不会挨饿了。

但是,如果某人体弱多病或者年老力衰,根据优生原则,他很可能会被杀死。这种保护强者反对弱者的观念表现在钱财和所有权方面:"人们对自己的同胞的畏惧更甚于敌人。富人宁可把自己的财产全扔进大海也不愿捐给穷人,而穷人最希望的事情便是抢劫富人。"

在斯巴达,整个民族的注意力都集中在战争艺术上,与现代法西斯主义的精神十分相似。斯巴达人将体育运动与战争联系在一起,甚至达到了严苛的程度:男孩的生活津贴受到限制,以促使他们成为更加机灵的小偷;女孩和妇女都要同男人一起进行体育训练,虽然她们不能跟男人一起进餐,这种做法就像是祖母穿着短裤跟祖父一起做体操。

这个国家崇尚武力,不重视任何教育,也蔑视智慧。什么时候市民必须结婚,什么时候国家征召都有明文规定。这个国家限制个人的自由,达到了铁腕的程度。斯巴达为今天的极权主义国家树立了堪称完美的典范。

斯巴达人重视集体和等级,他们的领导人可以按其偏好无限制地干涉公民的个人生活。雅典公民提倡和平相处,可以随意发表评论和哲学探讨。雅典给予市民几乎完全的自由,但这种自由在斯巴达全然不见。在雅典这个海上国家,一切都源于自由,这令希腊人的思想观念得以名垂青史。

航海装备升级

波斯是个横跨欧亚的大帝国,他们在小亚细亚残酷地镇压希腊人,所有希腊人都要向波斯进贡。希腊反抗波斯的战争开始后,希腊共和国的概念初步形成了。以强大陆军闻名的斯巴达也加入了希腊城邦同盟。

从早期海战的记载中,我们可以看到希腊海军的战斗精神。海战中,一队军舰向着敌船猛冲,试图把船头的撞角插入敌方船体,这需要速度和勇气的配合。在公元前660年的早期海战中,科林斯人就使用了这种战法与科基拉岛人作战;近代1866年的莱什诺海战中,奥地利军舰也采用了同样的战法,两分钟内便击沉了一艘意大利军舰;今天在水底发射的鱼雷,其实也是这种战法的现代化形式。

但是,这种传统战法不足以打败凶残的波斯人,毕竟他们也是出色的海员和战士,唯有采用更加新颖的战术和建造更强大的军舰才有可能。于是,地米斯托克利决定在三年内建造100艘三层桨战舰。

三层桨战舰的构思最初来自于腓尼基人,希腊人将之继承下来,并在萨拉米斯海战中大发光芒,最后随着希腊的衰落而逐渐消失。所谓三层桨战舰,自然有三层划桨手。最初的桨船都只有一层划桨手,随着船只体积越来越大,加上撞角战术对速度的超高要求,于是增加划桨手就变得理所应当了。三层桨战舰上首次出现了悬空甲板,这使得甲板高度增加,同时加强了船只的跳帮肉搏能力。

这种对单层作战甲板的改进，也许就是海战胜利的关键因素。由于没有紧闭的舱室，划桨手只能依靠甲板上的布料和皮革制成的遮蔽物来防止受到海浪、烈日和敌人的伤害。

地米斯托克利还发明了富人赞助制度，出钱赞助的富人可以光荣地被任命为某条战舰的舰长，但只有其中一位代表能上舰成为指挥官。

打造船只比培训海员快，有人曾在45天内制造出200艘战舰。只要有充足的木材，恺撒能在30天内建造一整只舰队。另一方面，船只损耗的速度也相当惊人，那时候的人们无法想象如今一艘船可以使用几十年。地米斯托克利对划桨手的训练是长期而严格的，划桨手要在岸上特别的训练设施里接受训练，有节奏地喊着口号划动划桨。

然而，主要的敌人并非波斯人，而是天气，被风暴摧毁的船只远远比在战斗中沉没的多得多。假如遇上一股只有1米的气流，就算是甲板高出吃水线2米，也没有人敢在这样的天气中于外海开战，他们只能躲在岸边。

为了训练优秀的水手，地米斯托克利引进了征兵制。这不但没有招来平民大众对他的怨恨，反而增加了他的声望。

波斯人的实力非常强大，历史学家考证，他们当时至少拥有600艘战舰，还有人认为他们可能拥有超过800艘战船，他们的海军全部来自被征服的埃及和部分腓尼基城邦。与此同时，只有雅典拥有海军战船,且数量仅为300艘。即便如此,波斯人还是输掉了萨拉米斯海战,这是为何?

从地图上我们可以看到,萨拉米斯湾过于狭窄,完全不能放下超过900艘战舰。而且波斯人的战舰体型高大笨重,更利于肉搏,失去了机动性。希腊的战船体型狭长,灵活机动,他们的水手都愿意为了保卫家乡而死战。

海战的结果证明了这一点,希腊战舰利用灵活性优势躲避着波斯人的锚钩,同时不断地利用船头水线以下的青铜撞角冲击波斯人的战船。波斯人的战舰挤成一团,根本施展不开,希腊人不断地撞击导致外围船只纷纷碎裂并沉入海底。波斯人失去了200多艘战舰之后,彻底丧失了战斗的勇气,他们开始撤退。

由于害怕失去海上补给线,波斯陆军也不得不开始撤退。这场海战成了波斯由盛转衰的转折点,同时希腊开始进入自己的黄金时代。

希腊海洋联盟是萨拉米斯大捷的结果,出于对雅典这一新兴海上强国的共同恐惧,这个联盟一直延续到了普罗彭提思,并囊括了小亚细亚诸国。阿里斯提德及其追随者力促大多数希腊民族承认希腊联盟委员会、联盟财政部和联盟海军,并给予他们支持,即使在和平时期也不例外。与此相反,斯巴达只打算在战争时期这样做。这是历史上第一次,一个城邦同盟迅速变成了一个联邦国家。

雅典成了希腊的精神领袖。斯巴达则退位让贤,愤愤不平地等待了半个世纪,才鼓足勇气发动大举进攻。雅典的民主政治并不稳定,党派体系腐败堕落、分崩离析。备受争议的地米斯托克利在胜利之后被流放六年。他流亡至小亚细亚并投奔了波斯国王薛西斯之子，后者以贵宾之礼相待，并封他为公爵。他在波斯生活了很长时间才去世，传闻中他有可能是死于非命。

伯里克利

伯里克利作为一个伟大时代无可置疑的霸主，在统治时间和个人魅力方面，只有奥古斯都能与他媲美。执掌大权的时候，他并非法定继承人，也不是奥古斯都那样的少年。奥古斯都是个放荡不羁的浪子，而他是一个身心俱已成熟的男人。

作为一个雄辩家，他的技巧高明，堪称无可挑剔。他只在重大场合发表演说，且能同时征服听众甚至他的对手。曾经有人问过伯里克利的一位政敌，问他是否是一个比伯里克利更优秀的摔跤手，那位政敌回答说："我是，但那毫无意义。如果我将他击败，他会发表演说否认他摔倒。然后他会说服所有人，最后连亲眼看见比赛过程的人都会相信他！"

虽然伯里克利统治的疆域比奥古斯都小得多，但他打的胜仗却不少。他一手创建的海军随他不断壮大，海战令他几乎成了所有民族的领袖。除斯巴达外，他们都慑服于他的权威之下。

虽然伯里克利出身于一个富裕的家庭，但他成了本阶层的敌人，一个由劳动者选举出来的领导人。在其统治期间，他打击了保守派，建立了历史上第一个，同时也是最好的一个民主政体。他是一个独裁者，却让市民相信自己参与了管理。他是一个军人兼战略家，以强大的力量维持了30年的和平。但到了晚年，不领情的雅典人提出对他的控告。在他与斯巴达的和约瓦解之后，他看到自己长期避免的战争即将到来。

作为一个政治家，他的聪明还表现在打着人民利益的幌子欺骗人民上。他允诺由国库来支付穷人去剧院的入场费，同时也付给陪审员薪水。他这么做只是为了得到民心，也就是选票，因为雅典每年都要进行一次选举，事实上他的专政持续了15年。他热爱权势，他善于用一个不那么坏的选择和一个看起来很坏的选择，让民众自发地支持他。而且他还听任诗人和歌手诋毁自己的情妇阿斯帕西娅，并借此声望倍增。

伯里克利是唯一一个被女人而非男性心腹操纵生活的希腊人。人人都知道阿斯帕西娅经营着名为"欢乐之家"的妓院，养着年轻的妓女。伯里克利为了这个女人还远征麦加拉。苏格拉底也相当听这个女人的话，尽管他对女色没有兴趣。在阿斯帕西娅的影响下，伯里克利抛弃了第一任妻子，并在前妻同意后，给她介绍了另一个丈夫。

伯里克利是个复杂人，一方面向雅典人展示他的清廉，他家需要的东西都得自己掏钱去市场上买；另一方面，他在出售自己庄园的农产品时，又漫天要价。他允许人们用漫画取笑他那奇怪的头骨。

米利都是他的情妇阿斯帕西娅出生的地方，位于今天的土耳其西部，伯里克利为她不惜远征萨摩斯，因为米利都和萨摩斯之间发生了冲突。因为这，伯里克利受到了市民的责难。最终他胜利归来，带回了钱财和威望，也因此得罪了斯巴达。

麦加拉的战争同样是这个原因，由于阿斯帕西娅的鼓动，伯里克利决意制裁麦加拉。事件的起因让人哭笑不得。据希腊喜剧诗人阿里斯托芬说，几个醉酒的希腊人绑架了麦加拉的名妓辛麦塔，然后麦加拉人报复性地绑架了"欢乐之家"的两名妓女，因此阿斯帕西娅鼓动伯里克利报复麦加拉。这导致了《反麦加拉法令》的出台，并使得斯巴达彻底与雅典决裂。这一事件成了伯罗奔尼撒战争的导火索。

在追随者心目中，伯里克利是个高贵的人，就像奥林匹亚诸神一般。实际上他是个凡人，并且有自己的弱点。他颁布了《公民权法》，宣布与非雅典出生的女子结婚所生的子女无法拥有公民权，但他随后爱上了来自米利都的阿斯帕西娅。两者的结合并不为当时的雅典人所接受，他们顽固地认为阿斯帕西娅是伯里克利的情人而非妻子。同样，阿斯帕西娅与伯里克利所生的孩子也完全陷入了公民权困境，在父母亡故后，他被雅典人送上了断头台。

阿斯帕西娅是个名声不佳但才华横溢的女人，她拥有大量的财富。她早期在妓院中生活，与伯里克利结婚之后开设了自己的妓院，这就是"欢乐之家"。这所妓院与其他妓院不同之处在于，它吸引了大量的学者、诗人、演说家和哲学家，包括苏格拉底、利西克勒斯、修昔底德以及伯里克利。这些名人大大增添了"欢乐之家"的名气，使得它成为雅典的知名场所之一。阿斯帕西娅与伯里克利结婚之后，甚至还在外面交往着好几位"男朋友"，这一切都是在他的默许下进行的。

伯里克利深知，以雅典为主导的提洛同盟与斯巴达为主导的伯罗奔尼撒同盟，迟早会有一战。这是由彼此完全不同的政治制度决定的，因此他一直努力扩张雅典的实力。他强化了提洛同盟，并巧妙地将平等性质的联合变成了以雅典为首的联盟。他四处征讨，镇压反抗，并将雅典的势力扩张到了黑海。30年和约的签订使得雅典有了一段较为安定的发展期，但雅典并不能躺下来享受和平，因为它与波斯的战争依然在继续。

《反麦加拉法令》颁布之后，加上雅典对科林斯的侵袭，斯巴达开始动员军队向雅典开战。伯里克利洞悉了双方的优缺点，决意放弃与斯巴达陆军交战。他退守雅典，指挥海军不断骚扰斯巴达军队的补给线。战争的第一年，完全是按照他的设想进行的，随着战事的进展，一场突如其来的瘟疫席卷了雅典，愚昧的市民将其归罪于伯里克利，但他们没有罢免伯里克利的职位，而是让他"戴罪立功"。可惜的是，在战争的第三年，伯里克利再次当选不久，也染上了瘟疫，他就这样离开了他深爱的雅典。

为什么他的失败被人遗忘，而他的胜利却流传至今？因为在他的苦心经营下，雅典的奴隶主民主制度日益完备成熟，在他的统治下，雅典经历了最为辉煌的年代。

由于他的施政，雅典不再以公民等级分配职位；因为他，通过薪金制度，为穷苦公民参与政权管理提供了一定的物质保障；因为他，公民大会、陪审法庭和五百人会议，完全成了雅典最高权力机关和执行机构。

在他死后，雅典最终败于波斯和斯巴达的联合力量，但斯巴达同样也失去了领导地位，不得不屈从于波斯的领导。

伯里克利兼具自信与聪慧，既拥有权力，也拥有对美的渴慕。他虽然功败垂成，但历史不会忘记他为雅典所做的一切。

雅典文明集聚地

如果在拂晓时分乘着汽船来到雅典的海湾，旅行者往往会不知自己身在何方。而在远方太阳升起之处，阳光衬托着山顶的神殿，这也许会令旅行者产生梦回故园的感觉。

正是这座孤独而峭拔的平顶小山，在雅典历史迎来黎明之前庇护着它，并在它的辉煌年代逝去之后，依然将它的美定格在此。雅典卫城建造在平原上，附近的特修斯神庙就像一位模特，美轮美奂之外，还给人一种冷傲的感觉。帕台农神庙，因为这座小山以及四周的风景、特殊位置和久远年代赋予的光环，显得独一无二。经过伯里克利同意，菲迪亚斯把它涂成蓝、金、红三色。由普卢塔克对它的描绘可知，在完工500年后，它依然如同刚刚建成时那样光彩如新。到了今天，我们只能面对一件残品，在古代画作中寻找它原本的容貌。

雅典卫城在现代已经成为一个传奇。从山下仰望,首先看到的是帕台农神庙的西边部分,这个角度看不到神庙损坏的部分,甚至也想象不到这座建筑会缺失了屋顶。因为在整个雅典卫城建筑群中,最抢眼的是帕台农神庙西边那八根巨大石柱和檐部。

越往上走,游客的印象就会越强烈。在山门,你将陷入一片废墟,也可以说是站在了一群无头雕像之间。就在你即将失望时,突然,右边出现了小巧的雅典娜女神殿,圆柱秀美动人,柱头和柱脚保存完好,只是女神失去了头部。圆柱中最美的一个托起了女神的右脚,被她巨大的羽翼保护着。长时间地注视着女神像,仿佛你会看到她的头部渐渐出现,最终在脑海中清晰地看到她,这就如一个人在冥冥中与死去的爱人神交,仿佛她仍在人间。

在东北方的不远处,厄瑞克忒翁神庙的另一个柱廊唤起了我们的回忆,就是在那儿,阿瑞斯试图亵渎雅典娜。但这位处女神奋力反抗,于是阿瑞斯的精液流到地上,生出了厄瑞克忒翁。在传说中,作为惩罚,雅典娜的侍女不会为厄瑞克忒翁支撑神庙,她们背对着他,余怒未消。当我们从后面看这座神庙时,她们更像是僵硬的石柱,不像是神女。这些以头顶石垫托起屋顶的少女被称为女像柱,此处体现了雕刻家的大胆,因为男人恐怕不乐意让女人来帮着托起屋顶。

她们都是年轻健康的女子,有着浓密的长发,但她们彼此的区别足以反驳希腊雕像具有模式化美这样的说法。这些女像中,有两位看上去精明而不友善,有两位娇美迷人,一位面目模糊,第六位则更显得聪颖又谨慎。

在30步开外的帕台农神庙，一切都比埃及神庙中的造物还要巨大，这些多里克式的柱子就像直接从地面下长出来似的。这里有一样东西是任何仿制品都无法呈现的，那就是仿佛正沿着破裂的大理石缝隙滴下的蜂蜜似的金黄色，这种颜色为帕台农神庙的石柱覆上了一层栩栩如生的肌肤。

神庙高处的阴影之中，有一组没有被窃走的长幅浮雕，它反映雅典娜节的盛况。这些骑士都是年轻的神祇或者王公贵族，他们在斗篷飞扬的风中显得神采奕奕。他们的马匹正在竞赛、跳跃或者昂首嘶鸣，洋溢着鲜活的生命力。

这里没有女人，只有裸体的活泼少年，偶尔加入一个年长一些的男子。因此，这个大理石队伍不免给人一种色情的印象，因为他们朝拜的是一位光洁灿烂的处女神。

我们在这里见到的神祇只是来宾而非主人，都被安置得不甚理想：波塞冬和阿波罗尤其显得像个过客；阿耳特弥斯忙着对付她的长袍；阿芙罗狄蒂正将阿瑞斯召唤到她膝前。

在帕台农神庙入口处的两根石柱之间，有一根保存完好的柱子，它脚下坐着一个异乡人，正俯瞰着希腊人的柏拉图主义思想。这是有着微黄褐色的西南角支柱，那个异乡人斜靠着，两脚悬在半空，因为这些巨大的台阶只供诸神使用，凡人无法攀爬。这些柱子曾经洁白如雪，但数千年的阳光已经将这些大理石渐渐晒黑了。

现在让我们来关注一下希腊的山水。岛屿和海湾就在比雷埃夫斯旁边，那是峰峦起伏的萨拉米斯岛和萨拉米斯湾，就是在这里，希腊于一天之内战胜了波斯。往南去，是大一点的爱琴娜岛，带着几根柱子的阴影。越来越多的岛屿进入视线，一直延伸到远处的科林斯海岸，最终消失在湿热的水雾中。雅典海岸向南的山脉折回处是卡伦纳角丘陵的一部分，在西北方，这些丘陵逐渐隐没于特尔斐附近。就这样，岛屿和海湾、海角和神庙、航海和神谕共同构成了一个极具象征意义的体系。

在地中海，人类再也不曾创造出一件与帕台农神庙拥有同样影响力的作品。直到今天，它仍然被世界各地的建筑师缩小比例仿制着。

为何人们仍然将"卫城"这个概念完全与雅典视为一体，而绝大多数人甚至不知道其他古希腊城市也有卫城存在呢？为何独有这样一个神庙，就跟它的几位创建者一样，被视为圣地珍藏在人类心中呢？

因为，一个有着上千年历史的文明就在这里臻至顶峰，每一块大理石都是一块纪念碑，铭刻着创造这个文明的精神。也因为，这个国家的力量和对美的判断力在这里融为一体。不过，在这里还有第三种力量深化了它的意义，那就是对于诸神的信仰。

一切似乎都是巧合。一位波斯国王烧毁了原本耸立在这里的古代神庙，随后，雅典建立起了连接并保护雅典及其海港的长墙。接下来，雅典进入了一个美观胜过实用、财政相对富裕的时代。

在这个时代里，雅典卫城才有可能重新修建；而只有伯里克利，才会为了修建工程冒险花费相当于现今3亿美元的巨资。它的修建速度也是超前的，没有现代机械设备相助，卫城山门用了五年便完工，帕台农神庙用了九年。而开罗附近的大金字塔据说用了50到100年的时间。现代雅典的重建在洛克菲勒充裕的资金和现代机器的帮助下展开，进行了二十多年仍然没有竣工。

一个令人惊异的事实是，希腊的悲剧基本上是三位作家的作品。而希腊人的建筑、雕塑以及花瓶却是由无数双手创造出来的，虽然四五个著名者便代表了成千上万个无名者，但纪念碑理应归功于他们这些无名之辈。令希腊人超越其他民族的，正是他们的这种普遍教养和综合水平。

最令人惊讶的是，尽管只有少数几个名字才能带上荣誉的光环，但却有成千上万人聚集在雅典，只为了美而尽心竭力。很明显，菲迪亚斯不是单靠一人之力完成雅典娜的雕像，更不可能独自把长达几百米的雅典娜节日场面雕刻在大理石檐壁上。

千百年来，从埃及的底比斯到雅典再到斯特拉斯堡，一个民族中的天才总是在众多无名建筑师的帮助下才能建起如此宏伟的建筑。雅典卫城作者不详的事实正好显示出雅典人的天资丰富，恰如其显示出的美术和工艺之多彩。

伯里克利了解他的子民是如何心怀怨恨、忘恩负义，于是让他的朋友菲迪亚斯把将用在雅典娜女神像外部的每一盎司黄金都精确称出来。但这种办法是徒然的，这位大师最终还是被起诉偷盗，并死于囹圄。建筑师伊克蒂诺逃往异乡，伯里克利也在这场诽谤式的审讯结束后离开人世。

对菲迪亚斯和伯里克利情人阿斯帕西娅的审讯几乎同时开始，因为他俩的缘故，这个国家的领袖也变成了被告。在审讯中，阿里斯托芬不顾独裁者的愤怒，将伯罗奔尼撒战争的开始归咎于他。雅典人还控告伯里克利，认为他指使菲迪亚斯按自己的形象将一个秃顶老人描绘在雅典娜的盾牌上。伯里克利的原告甚至要求他说清楚，他和菲迪亚斯在制造女神像时贪污的钱都花到哪儿去了，显然他们是想把这盆脏水泼到伯里克利的情人阿斯帕西娅身上。

雅典卫城作为希腊历史的精华，它全部浓缩在这里。跟2000年后的意大利文艺复兴一样，雅典的旺盛基本上只持续了40年。

希腊哲人全都适于物质，即水、火、土、气四大元素。康德为先验逻辑扫平了道路，而他们出现在康德之前2000年。希腊人从丰富多彩的现象中导出了统一的观念，正因为这样，他们才能同时保留如此众多的神祇而相安无事。

那些名人们

倘若有谁在公元前440年爬上雅典卫城，来到当时已经基本完工的帕台农神庙前的台阶上，在工人们劳作时的敲击声和喊叫声中，他可以轻易地看到：在短短一个小时内，有六个人是全雅典荣誉的化身，而在这一小时之后，他们更成了全世界荣誉的化身。

有三个人正慢慢攀爬着卫城山门高高的台阶。两个大胡子之中其中一个看上去大约50岁，正在给第三个年轻一些的人指点哪些工程已经完工,哪些工程还在筹划中。走在中间的伯里克利显然看起来更像主人,他的眼神透出奥林匹克诸神式的冷静,他非常清楚自己身边这个年轻的异乡人值得他花费的这些时间。这位异乡人好奇地打量着四周,他观察并聆听一切,并且立即将之纳入他可靠的记忆中。这个人就是希罗多德,伯里克利非常希望自己能在他的著作中得到一个好形象,因为每一个雅典人都想方设法要弄到一份希罗多德原稿的副本。

另一位大胡子沉默地爬着台阶,他有一张勇士般的脸庞,但别把他当成将军,因为深锁的眉头出卖了他。他是一位思想家,他有和伯里克利一样的长脑袋,虽然没有到那么反常的程度;也有跟伯里克利一样的短胡须,但他的头发更卷曲。他的名字是索福克勒斯。他是一位诗人,也是一位战士,他和伯里克利都曾在萨拉米斯海战中——为了希腊的自由而战斗。

在台阶的顶部,菲迪亚斯从喧闹的人群中挤出来与他们会面,全雅典最引人注目的女人就跟在他身旁。她没有族姓,也没有家庭,只称自己为阿斯帕西娅,比伯里克利小20岁的她,在伯里克利盛年时与他结婚,但却不被雅典人所接受。

这四个伟大的男人以及这个聪颖的女人都很清楚,他们现在正处于公众面前,他们的相聚将会成为今晚全城的谈资。

在稍远处,有一个男人正和一个不知名的年轻人说话,这个男人有音乐家的头脑,整个雅典城都把他视为厄狄尼索斯剧院一颗冉冉升起的明星,他就是欧里庇得斯,他因为敢于首次让女人登上舞台而大获赞誉。他的身边有一位年轻人正以锐利的目光打量着这位来自大洋彼岸的希腊贵宾，自己也踌躇满志地要成为一个伟大的历史学家或者政治家，他的名字是修希德底斯。

在北边不远的地方，一个30岁上下的男人坐在一群劳动者中间。他长着巨大的脑门，脑门下方是个圆润的扁鼻子，一张带笑的嘴隐藏在短胡须中。工人都坐在散开的大理石上，晃着腿凝视着下方的山谷。每当中间这个男人提出一个怪异问题时，他们都转过头来看他，然后就会有人大笑起来，这个人就是苏格拉底。

尽管苏格拉底异常敏锐，却没有发现有个年轻学生正在不露声色地观察他。这个人的眼睛比苏格拉底还要敏锐，也尖酸刻薄得多，虽然如此年轻，却不放过身边任何伟人，他四处寻找弱点。他就是阿里斯托芬，一位伟大的讽刺家、一位著名的喜剧诗人。没有他，雅典将不成其为雅典，不久之后，他就会将所有这些人都搬上喜剧舞台。

突然，几个少年蹦蹦跳跳地穿过山顶，他们追逐打闹，被石板绊倒，然后尖着嗓子大喊大叫，很快又放声大笑。跳得最远的领头男孩，他有一头漂亮的卷发，这使得所有这些脸色肃穆的男人都不由得转头去看他。

这位男孩就是阿基米德，这一年，他刚刚10岁。

文明的光芒

在雅典的200年辉煌期间，斯巴达没有创造出任何思想，也没有创造出任何艺术品。医学家、哲学家、诗人和雄辩家从雅典走向地中海各个殖民地，一些伟大的名字也诞生于此处。雅典是古代图书业的中心，柏拉图在此建立了他的学院。就在同时期，斯巴达仍在混沌之中。斯巴达以闭关锁国的政策，将智慧、戏剧以及音乐统统拒之门外，这个军国主义国家如此接近全世界文明的中心，却热衷于进行体育锻炼和射击，并对热衷讨论哲学的人进行严惩。

伯里克利煞费苦心地拖延着与斯巴达的战事，但性情猜忌且喜好改革的雅典人对他30年和平的统治失去了耐心。和我们这个时代一样，各党派总是先联合起来将当权派推翻，再商讨他们之间如何分赃。激进分子和贵族首先对伯里克利进行起诉，然后就是建筑师菲迪亚斯，最后是阿斯帕西娅。他们先是被判流放，后又改为狱中终老，若非伯里克利以最大的努力设法营救，阿斯帕西娅可能早已死去。最终，就像其他迫不得已的统治者一样，伯里克利不得不发动战争试图自保。雅典拥有希腊第一的海军，它的城墙堪比马其诺防线，伯里克利认为斯巴达可能会因为这回避战争。但斯巴达人提前发动了攻势，面对劣势，伯里克利不得不放弃阿提卡部分地区。敌人撤退之后，他本以为国家得救，谁知逃进雅典的难民有1/4都染上了瘟疫。紧接着，看到敌人退去，雅典人又指控他在工程中贪污公款。事实上，他却给雅典留下了丰厚的国库。

伯罗奔尼撒之战持续了27年，在伯里克利死后14年，一个时年35

岁的男人执掌了雅典的大权,他就是阿基米德。

在这里,我们无须讨论阿基米德的性格,只需要知道雅典再度向地中海世界展示了一位跟那些伟大前辈一样光耀千古的天才。因为需要一次胜利来鼓励长期疲劳应战的雅典人,阿基米德组织了一次对西西里岛的战役。换言之,这是新一轮希腊城邦之间的内战,只不过雅典这次挑选了一个比斯巴达要弱小的对手。战役开始后,阿基米德亲自指挥134艘军舰远征。但雅典的审判员对阿基米德发出指控,并要求他回国受审。在这样的情况下,阿基米德潜逃到了斯巴达人那边。雅典战败后,阿基米德积极复辟,接着他再次被废黜。他逃往北方,参与了波斯人的密谋,最终被谋杀。

如果说伯里克利因建筑不朽,那阿基米德就应将他的名望归功为艺术,因柏拉图在《对话》中介绍过他。柏拉图和他都属于苏格拉底的小集团,而苏格拉底是那个时代的永恒星辰。据说苏格拉底曾经在战斗中救过阿基米德的性命,两人的友情最终以各自死于非命而告终。

这次漫长的战争与阿基米德的生命一起宣告结束。

斯巴达人取得了最终的胜利,他们以铁一般的纪律长驱直入,在雅典卫城安营扎寨,并迫不及待地拆毁了长墙。在接收了雅典海军之后,斯巴达人要求雅典交出所有的殖民地,雅典人必须全都加入斯巴达领导的联邦,并任命了傀儡政府,就这样,雅典的民主政治摧毁了。

蛮族用武力摧毁了远比它文明的国家,却并没有给这个国家带去任何新的思想，同时使得这个国家逐渐迈入衰败。其实统治雅典长达50年的民主政治早已衰败不堪，实事求是地说，雅典之所以能够誉满古今，绝不是因为腐败变质的民主主义。在公元前5世纪，实现民主主义似乎为时过早。一个有市民、侨民、奴隶这三种居民阶层的古代国家，怎么可能发展出真正的民主政治呢？

唯一一个熬过了战争并亲眼看见结局的人是苏格拉底，布鲁图、安东尼、塞涅卡、恩培多克勒、恺撒等等这些人中，唯有苏格拉底是不顾对生的天然渴望，慨然放弃了逃命机会。从柏拉图的《雅典人苏格拉底的自辩》中我们可以看到，他的慷慨赴死也成了雅典人狭隘与愚昧的永久徽记。

所有这些伟人都是怎么死去的呢？他们没有一个战死疆场，也没有一个英年早逝。事实上，他们几乎都比他们的敌人长寿得多。希腊人宁可早逝的说法是不真实的，从荷马开始，人们的愿望就是在耄耋之年体面地辞世。

假如我们回顾一下雅典那段鼎盛期，就会发现，17个杰出的希腊人中，只有索福克勒斯得以不受妨碍地发挥了自己的天赋。而其他16人的命运都显示出社会对天才的不公。

这些伟人中，除了亚里士多德和德摩斯梯尼是时势使然而非同胞的迫害，其他人都是在民主政治中遭到了各种迫害。正是在这种民主政治中，我们看到了希腊人的敌意、急躁、嫉妒和忘恩。所幸的是，希腊人对美的感悟阻止了他们将艺术家连同其作品悉数毁灭，这对整个世界而言都可以算是一种恩赐。

公元前4世纪的古希腊雕塑家普拉克西特列斯的赫尔墨斯雕像能诱使人们去抚摸他的双足,他无疑是一座真正的从古典主义时期传到我们手中的古希腊大理石雕塑。400多年来,我们在世界上所有的博物馆里见到的那种搁在底座上,带着一个伟大名字,学者和收藏家反复研究的雕塑都是仿制品。就连那些檐部的装饰浮雕,也都是由不知名的双手完成的作坊作品,绝少出自菲迪亚斯或米隆。可奥林匹亚那座失去了右臂的赫尔墨斯雕像,是一块我们确实可以触摸到的被赋予了艺术形态的潘泰列克大理石,是普拉克西特列斯大师亲手凿出的作品。这座雕像就像救世主,满足了人们长久以来的期盼。

没有一件作品能像这尊赫尔墨斯雕像一样精致,它有这样的强烈暗示力,让我们觉得抚摸到的是活生生的人体而非石块。我们可以把希腊人这种理想的男性美描绘为"自然的优雅",因为从雅典到庞培,这一特质始终显而易见。亚里士多德教导学生说,所谓典型的希腊之美是不存在的。的确,没有必要对此给出精确定义,只要我们称赞一位年轻人仿佛一尊希腊神祇,人人都能理解其中的言下之意。

罗马人在艺术上并无任何建树,只有在模仿希腊人时,才可能拥有这种自然的优雅。罗马人拥有杰出的肖像画技法,这使得他们免于在艺术方面默默无闻。

只有希腊人才完全按照自己的形象创造诸神,并从不将他们理想化。因此,我认为一尊希腊神像绝不会比一个凡人的雕像更美。在评价一位漂亮姑娘时,我们会说:"她很像戴安娜。"而一个希腊人看到戴安娜的雕像时会说:"她确实和我的弗里涅一样迷人。"

埃及神有动物的脑袋;印度女神有20个乳房;北欧诸神有的是独眼,有的只有一只手。如果哪个希腊人把神祇画成这样,他将会被处以私刑。希腊的神是人性化的神,他们像凡人一样行事,他们有自己的缺点,也会犯错,他们并不总是预见未来,他们也同样屈服于天命。

希腊人的神祇与他们的关系非常亲密,这避免了信徒与神祇之间的巨大屏障。没有这些神灵,希腊人的生活会乏味得要命,这决定了他们的宗教带有神秘又浪漫的面貌。希腊诸神千姿百态的日常形象使他们比单一的无形神祇更加真实,而后者仅是一种无所不在的抽象概念。

希腊宗教是一种既无神学理论也无书面文献的宗教,甚至没有给想象留下更大的余地。在希腊,人人都可以创造自己的神,他们确实也这么做了。

希腊宗教的绝大部分肖像都是男性,同性之爱的盛行部分地促成了这种状况。所有的艺术家都是男人,他们习惯于描绘赤裸的男体。裸女雕像的数量极为稀少,女子都惯于将自己的魅力秘而不宣;少年们却乐于展现自己。柏拉图说,如果没有雅典那些无比美丽的少年,也就没有希腊哲学,正是由于对他们的观赏,这位哲人才心魂俱醉。

各地在看待女人时都是好色胜于好德。希腊人并不存在那种不幸的爱情，一个民族为自己的神祇都设计了如此多彩的爱情生活，又怎么会要求女人们克己寡欲呢？爱、美和荣誉，就是希腊人德行的三位一体。

希腊人的政治观和文化观具体表现在他们的神庙、雕像和悲剧中，日常生活不仅以戏剧表现，更被特别地绘制在花瓶上。因此，这些花瓶可以被视作希腊人的照片。这些花瓶廉价且数量众多，通常都不值钱，只有少数比较贵重。成千上万的花瓶被完整地保存下来，还有更多的则以碎片形式流传至今。如果我们把它们拍照并装订成册，这就是一本规范的希腊晚期历史指南，而早期的希腊在《荷马史诗》中已经得到了完美的映现。

花瓶有着多种多样的图案：有向狄俄尼索斯表达敬意的沐浴少女；有在奴隶的伺候下完成梳洗的姑娘；还有在狮子头型喷泉口边闲谈的人们。我们可以在图案中看到他们的酒壶和碗，纺织品的图案和布料，睡床和椅子的样式；可以看到：在宴会上，一个醉酒的男人正在呕吐，旁边女人托着他的头，还有一个画师正在勾画这幅场景。图案中有出发打猎、穿戴盔甲、仪态和舞蹈训练的画面，还有许多航海和港口的场景。当中没有过于正统的场景，尤其是没有被神化的人物。还有许多老人、病患、懒汉、醉鬼的讽刺画。

唯有希腊人，才会给自己的敌人修建神庙，只因他足够英俊；唯有希腊人，才会把阿多尼斯的生命分为两半，一半给阿佛洛狄忒，一半给了珀耳塞福捏，只因她的美貌；唯有希腊人，才会放弃纵火焚烧沦陷的罗得城的计划，只因担心毁坏一幅普罗托格尼斯的画作；唯有希腊人，才会宣布老迈的索福克勒斯无罪，只因他在审判中为他们朗诵了一首赞颂祖国的新诗。

好战者的挑衅

在公元前400年，这一年间差不多同时发生了三件极具意义的大事：斯巴达入侵雅典；迦太基再次侵袭西西里；凯尔特入侵意大利。地中海文明遭到了来自三个不同方向的袭击，在地中海东部、西部和北部，野蛮的军事力量以及财富征服了文明社会。

来自北方的侵略并没有造成太大影响，迦太基人的入侵简直没有留下任何痕迹。仅仅10年后，被摧毁的雅典长墙再度重建；28年后，斯巴达就会被再次复兴的雅典大败于海上。就在斯巴达取胜的头几年里，雅典的柏拉图正在创立他的学院，而普拉西特勒斯也将很快开始创造他不朽的雕塑。

没有哪个好战的民族可以最终征服一个智慧出众的民族。雅典是所有古代文明社会的巅峰，其不可阻挡的光芒使罗马在其后的几百年间黯然失色。然而，罗马人的崛起终究搅乱了迦太基人和希腊人的斗争。

希腊人和迦太基人最终要为争夺地中海的大岛发动战争。迦太基人是为了扩张领地，意图夺取距离迦太基最近的殖民地；希腊人则是为了保护殖民地，虽然这个殖民地距离本土相对较远。迦太基人对西西里岛的兴趣更加浓厚,因为这个岛距离迦太基只有三天路程。双方的商业精神都不占据绝对优势,因此船舰种类便成了某种程度上的决定因素。为了对付最初的科林斯式三层桨战舰,迦太基人派出了四层桨的大型划艇。

这次战争更深层次的原因还在于雅典年轻一代的自豪感。他们在阿基米德的率领下,利用了深受迦太基人压迫的西西里人提出的抗议。当时雅典正处于伯罗奔尼撒战争中期,深受斯巴达威胁,根本没有做好充分战争的准备。然而,雅典人不顾本国战事不利的现状,依然为一个遥远的不属于任何人的殖民地发动了战争,这样必然导致最后的失败。

可是,西西里人不想成为迦太基的领民,他们就好像被德国和法国反复争夺的阿尔萨斯一样,对双方都没有好感。迦太基和锡拉库扎之间的战争,以及希腊人在公元350年的又一次进攻,都让西西里人承受了种种苦难。这个时代的中心人物是锡拉库扎暴君戴奥尼夏,他在公元前400年建立了一个与雅典同样强大的西西里帝国,横跨了科西嘉岛和波河河口的半个意大利。

尽管戴奥尼夏拥有伟大的胜利与成功,但是让他被历史记住的只是因为柏拉图曾试图与他共同治理国家。柏拉图下定决心贯彻他的理想,他并不满足于停留在柏拉图主义理想的思考阶段,更想要实现它。柏拉图试图建立一种新的国家,实现新的理想。

最终柏拉图的实验以失败告终,因为戴奥尼夏只不过是希望因为自己对哲学家的尊敬而大受赞美,这位暴君从来没有过放弃权力的想法。

没有那位暴君的命令，柏拉图只能待在王宫花园里，尽管他不断得到王室的宠眷，但仍处在被谋杀的危险之中。明白了这一点，我们就能更好地理解高乃伊在黎塞留、米开朗琪罗在朱利叶斯二世、伏尔泰在伟大的弗里德里克手下时的处境。

在那个时代，智慧和艺术是希腊人的专利。然而，体现着完美骑士精神的道德准则已经普及，这是我们对古代地中海世界与闯入地中海的蛮族加以区分的依据。流放生涯结束之后，汉诺之子被重新召回迦太基掌控政权，他没有杀害那些敌人，而是通过仪式宽恕了他们。

我们无法通过种族来区分古代地中海的这三个对手，也无法通过"纯净"的血统来分辨民族。因为早在公元前400年，希腊人、迦太基人和罗马人的民族混合情况已经与今天墨西哥的土著和侨民的融合一样复杂。我们只能从地理因素上区别他们。

唯一能在历史长河中保持特质的，只有土地。正如在尼罗河流域，引进的牛会根据气候与饲料的变化不断改变自己的体形，自然环境对地中海人的影响远比种族更为重要。自然环境是永恒的。海湾、港口、沙漠、季风、谷物与鱼类改变了生活在地中海沿岸的人类，其改变之巨远远超过人类对海岸的影响。

这是蛮族没有留下什么痕迹的原因。地中海周围既没有印度人也没有日耳曼人，生活在这里的就是原住居民，同时混杂着许多侨民。罗马人与日耳曼人的关系，比冰河时代的动物绘画与拉斐尔之间的关系更密切一点点：两者都在罗马帝国版图之内。所有语言学因素、考古学因素以及其他种种都无关紧要，在西西里、普罗旺斯、佛罗伦萨、巴塞罗那、萨洛尼卡、士麦那、海法和开罗，一个态度中立的非专业研究者只需要看看人们的面容，就会发现这些地方的所有男女都长着黑色的眼睛和头发；如果把他们中的任何一员与偶见的威尼斯或者亚美尼亚人相比，就会发现后者有着一双碧绿的眼睛，两者的相似程度简直判若云泥。

罗马的崛起

传说中罗马与迦太基是在同一天建成的，为什么在这场长达140年的战争中，罗马能获得最终的胜利呢？

这个原因也许简单得过分。罗马与海洋的距离不超过160千米，修建在一条可以通航大海的河边，既可以让当时的大型船只由海上直抵城中，又可以与肆虐海岸的海盗保持距离。直到今天，罗马仍在享受着海滨城市的优势，又不受海上的威胁。此外，罗马还控制着山海之间的军事要道，能避开南方的伊特鲁里亚人和北方的拉丁人的入侵。这种地理位置给这个内陆民族注入了团结意识，把人民培养成战士和公民。

早期的罗马人与普鲁士人和斯巴达人都极为相似，后两者彼此相似的程度更高。起初，只有贵族和地主治理这个共和国，后来所有的阶层共同参与统治。经由选举产生的两位执政官相当于斯巴达的两位国王，元老院则相当于一种世袭的上议院。

罗马的国体建立在自由和秩序的基础上，经受了一千多年的考验，只有英国的国体能与它媲美，但是两者并不相同。罗马人在书上记录下所有的事情，并发展出了从地中海传播至整个西方世界的法律观念。然而，法律和正义无法在缺少自由的情况下发展完善，因此，斯巴达和普鲁士拥有与罗马同样严格的法律，却无法征服世界。在军事纪律、节俭和严谨方面，早期罗马人与斯巴达人的相似度远远超过雅典人。

罗马人的军事发展远远超过了斯巴达，并且采用了新的策略来调和军权与公民权之间的关系。他们创造了一种集两者权力于一体的职位：独裁者。这个概念与"皇帝"一样，都始于罗马共和国。正如"元老院"、"执政官"这些词一样，"独裁者"也从公元前5世纪流传至今。但罗马独裁者的任命要受到两个限制：国家必须处在危险之中；他本人须在6个月后无条件地交还权力。

罗马的这种制度一直运转良好，直到苏拉和恺撒时代。这种制度对于平民比贵族更有利，早在公元前4世纪，就有一位平民获得了选举胜利。与此同时，罗马设法利用法律和国家结构与周边城邦组成联邦，这种制度在现代仍被我们沿袭着。

罗马人对国家的感情建立在自由和秩序之上，这为成长中的世界帝国奠定了基础。为此，罗马人需要的不是雅典人的贸易精神而是更强的纪律性；不是更多的创造性，而是更多的坚定性。希腊人付出惨重代价击退了波斯的入侵，更为弱小的罗马人却将凯尔特野蛮人的攻击阻挡在罗马城外。罗马人已经拥有了一个世界霸权所需的一切品质,唯一缺少的就是:航海技术。

他们从迦太基人那里学会了这项技术。直到公元前4世纪,面对沿着海岸线劫掠的希腊人,他们还得暂避其锋。目前发现的最早关于罗马海上航行的协议,是与迦太基签订的,协议规定,罗马人禁止在西西里以南海域航行。另一份与塔兰托的条约则禁止罗马人进入东地中海。罗马的历史,肇始于两次挫败。

这两份条约都是在第一次野蛮人入侵后缔结的,更确切地说,是罗马在沉重的巨额军费压力下签订的。蛮族领袖布伦努斯在烧杀劫掠之后便退兵了,他们想要做的只是抢劫而不是占领。

然而,有一颗流星在地中海地区快速划过天空,短暂却又耀眼,令所有竞争者都黯然失色。

征服者——亚历山大大帝

亚历山大大帝并没有出生在雅典卫城的光辉之下,而是诞生在原始的马其顿森林。他的童年时代,常遇见的不是智慧之鸟猫头鹰,而是吃人的狮子;他熟知的也不是雅典的演员和公共演说家,而是充满野性的猎歌和众多的普通人。那时国王和贵族的统治方式与荷马时代一模一样,这个野蛮的国度与恺撒时代的日耳曼甚为相似,而他的父亲正是第一个试图把光明带到这个国家的先行者。年轻的亚历山大在险恶的家族斗争和野蛮的教育方式中长大,这一切都在亚历山大的生活和事业中留下了野蛮的气息,他可能轻易就会沦为成吉思汗或者盖撒里克之流,跟他俩一样建立一个短命的帝国。

可事实完全相反,亚历山大成了历史上最为不朽的人物之一。这必须归功于他的父亲,这位国王把那个时代最伟大的思想家带回了宫廷。从亚历山大14岁开始,这位思想家就对他进行了精心的辅导,他就是亚里士多德。他就像来自文明世界的特使,被派遣到了一个无法琢磨的野蛮家族里;他又像是来自海上的一缕清风,带着思想的种子来到了这片蛮荒之地。希腊人的思想为这个荒野之子注入了尊严、宽容和智慧。

如果亚历山大像他的父亲菲利普那样仅仅拥有强壮的士兵,或者只知道把先进的战争装备运用到战场上,那他就不会比成吉思汗精彩多少。他利用在征服邻邦希腊之前吸收的伟大思想,把自己塑造成了一个罕见的既有武力又有智慧的征服者。恺撒和拿破仑都曾将自己比作亚历山大,但也只不过是在某些方面与他相似而已。

菲利普首先击溃了底比斯人,随后给了雅典人一段和平时期。事实上,在科林斯大会上,菲利普把斯巴达人之外的所有国家都联合起来,建立了一个国家联盟。菲利普就此成了希腊联盟的领袖,尽管他是一位外国国王。

作为王储的亚历山大亲眼看见了这一切,他看到他的父亲,那位半野蛮人的君主,号召希腊人向远比马其顿开化的波斯国宣战。

菲利普对权力的热望不断增长，然而却以谋杀、废黜和更多的谋杀告终。

没有哪个君王像亚历山大一样，在如此险恶的环境下接掌大权。他的目标是征服波斯，让波斯人俯首称臣。但是，雅典和底比斯暗中行动，准备和波斯结为联盟，共同对抗这个马其顿人。亚历山大继承的希腊联盟领袖地位摇摇欲坠。直觉告诉他，要宽恕雅典，并摧毁底比斯。最后，他成功了。

亚历山大之所以能享有赫赫声名，一是他在如此短暂的时间内征服了无数领土和民族；二是他体貌俊美。亚历山大明白这一点，他有意让雕刻家和历史学家，以及诗人为自己大作宣传，让他们捕捉自己的种种轶事，并为子孙后裔留下记录。亚历山大热爱名望更甚于权力。

正因为亚历山大最初的计划并非征服世界，而是让波斯人臣服，所以他才会向东进军。迄今为止，耀武扬威的希腊人、迦太基人和波斯人向着地中海方向前进。亚历山大在不知不觉中成了传播希腊文明的使者，据说他最初的目的只是找出陆地的尽头。身为希腊人，他们还经常被迫同自己的同胞开战，今天我们普遍认为这是亚历山大把希腊人从波斯人手中拯救出来的解放战争。实际上，这只是两个强大君王之间的一场争夺，一场把平民从一只铁腕交给另一只铁腕的争夺。

当时，迦太基人是希腊人唯一的竞争者。提尔在腓尼基的国境之内，位于现代的海法以北。在亚历山大早期所经历的一次战役中，他与迦太基人便在此地交锋。而在他到来之前，数千提尔人便已仓皇逃往迦太基。

在尼罗河附近,亚历山大轻易就迫使阿蒙神的祭司宣告他是阿蒙神之子。他在尼罗河入海口附近修建了举世闻名的亚历山大城,这座与他同名的城市一度成为地中海最伟大的海港都市。

亚历山大站立在尼罗河三角洲西面无人居住的岬角上,在他之前的埃及统治者,从未想过在这里建造一个把埃及和地中海连接起来的避风港;他修建了十字交叉的笔直街道,这是史无前例的创举;他用字母命名街道;他还标出了伊西斯和宙斯这两位彼此竞争的守护神各自的神庙所在地。只有在那个时期,埃及才真正成了一个地中海国家。

亚历山大的双重个性显而易见,他既是来自马其顿丛林的蛮族,也是亚里士多德的高徒,没人能辨别到底哪种个性占据了上风。

亚历山大交替使用战斗和演讲来转移危险,并以此证明了自己的天才。他将敌国的首都波斯波利斯付诸一炬,然而又把波斯国王大流士的遗体运回这里,以皇家礼仪安葬;他亲自促使一个抗命的将军在全军面前接受审判,可过不了多久,他又处死了这个人无辜的父亲和朋友。亚历山大喜欢与朋友把酒论道,然而有一次,一个知心好友取笑了他的先祖,亚历山大恼羞成怒,当即将这位朋友杀死。

亚历山大所受的教育无法令他免于这种疯狂。最终,疯狂达到了顶点,他居然相信自己的血统乃是源自赫拉克勒斯、阿基里斯、狄俄尼索斯和阿蒙神。他强迫侍从以波斯方式跪伏在他面前,使得这些人牢骚满腹最终叛变。他还强迫高级军官迎娶波斯贵族家的女人，这非但没有调和矛盾，反而让双方的关系更加恶化。

亚历山大邀请老师亚里士多德的外甥来记录他的言行，这位仁兄对朝拜仪式直言不讳，结果被杀头。稍后，他再一次把帝王崇拜引入希腊国教之中。

这看起来都是些为人诟病的小节，但这再一次显示了入侵和领土征服的短暂性，只有征服了人心，才能使征服持久于世。最后，亚历山大准备征服阿拉伯：为了填平他在埃及和巴比伦之间的权力真空带。为了填平一条又一条这样的真空带，这位帝王耗费了他的一生。

最终，亚历山大以人类历史上空前绝后的想象力，建立了一个规模宏大的帝国：在一个所有交通手段都很缺乏，甚至道路都较为稀少的时代，来自南俄罗斯的草原特使，可以在这位帝王的接待室里遇到一个来自尼罗河源头的埃及人。同时抵达这里的，还有伊比利亚人、凯尔特人、伊特鲁里亚人、罗马人和迦太基人。同时，亚历山大的工程师们还在准备着各种计划，其中包括幼发拉底河的灌溉、波斯湾岛屿的殖民、在得洛斯与特尔斐兴建新的神庙等等。

亚历山大一生功勋赫赫，但因缺少主旨而显得支离破碎。他在如日中天之际突然逝世，享年33岁。

但是，他的成就是不可估量的。那个时代最珍贵的文明和语言已经散播到半个亚洲乃至埃及。这位希腊人建立的霸权旁落之后的很长时间内，希腊文明仍占有支配地位。在阿拉伯部分地区，它存活了600多年，在叙利亚和尼罗河流域绵延千载，直到被阿拉伯人征服为止。

亚历山大也表现出无愧于所受希腊教育的不朽姿态。在底比斯，他保护诗人品达的住所不受侵犯；在波斯，他像中世纪骑士一般对那位逃亡国王的母亲、妻子和女儿礼遇有加；在提尔，他允许迦太基大使及其随员安全地乘船回家。同时，在奥林匹亚的比赛中，他还发布诏令，要求所有希腊城邦接回他们的流放者。

他既非希腊人也非基督徒，他打破了希腊人和野蛮人之间的界限，以一个野性的年轻部落所特有的激情保护了希腊的智慧遗产，使它战胜了自身的种种纷争与持续内战，并将它发扬光大传递到世界各地，这些都必将永远为世人所铭记。

亚历山大港

埃及的亚历山大城是以那位伟大帝王命名而留存至今的唯一一座城市，其他的三座都已经像他的亲生儿子一样消失在亚洲。在这位帝王死后，辽阔帝国顷刻分崩离析，被几位极具野心的将领所瓜分。埃及的亚历山大城被托勒密所占有，这座城市不只是一座拥有优良海港的地中海城市，还是一座古代世界中的现代化都市，同时也是未来海港的典范。

这个海港在公元前最后三个世纪中一直都是世界的智慧之都，没有哪个海港能像它一样连接起三个大陆。这个海港还拥有历史上最著名的大图书馆，它的收藏完整性就算是现在的任何一家图书馆都无法比拟。300年后，当它被大火烧毁时，一座无可替代的古代纪念碑就此坍塌。

当时，富有的当权者不惜重金求贤纳士，广聚天下贤才，同时对思考和写作的内容都不加限定。作为希腊思想和学问的中心，亚历山大城完全能与雅典媲美，甚至在某些方面令后者相形见绌。亚历山大城的精神和海港，便是地中海的两个伟大象征，保存了亚历山大大帝最伟大的创造。

早在亚历山大时代之前，海船和远洋贸易就已经非常现代化，亚历山大大帝并没有在这个方面做出改变，他一直与海洋保持着距离，这也是他没能建立起世界霸权的原因。公元前的地中海已经是个海运发达的海域，古代最富庶的港口都在这里，它们之间竞争激烈，但却远离着尼罗河三角洲，那里地形复杂而且难以通航。

希腊人已不再是海上霸主，但他们的影响仍存在。因此我们可以看到，地中海许多地方的硬币上都描绘着海豚、锚、乌贼、大海蛇、水鸟和螃蟹。

古代的大海港也是工业中心，船队定期往返于各港口之间，有点像阿尔卑斯湖泊沿岸的定期汽船。直到公元前400年，所有的海港依然兼具军港功能，都有强大的武装。那时，海盗是一种被许可的职业，甚至还视为比海上贸易更有勇气的行为。直到后来发现了商贸带来的巨大利润，这种观念才开始改变。

亚历山大城海港的设计极为超前，因为他们料到了将来的船只规模会越来越大。公元前5世纪时，希罗多德提到尼罗河上的船只重达130吨,仅仅半个世纪之后,便已出现了262吨的战船。哥伦布航海旅行时所乘的船只有150吨,据说公元前3世纪的亚历山大号战舰,居然达到了1050吨之巨。

除了体型之外,当时的船速也令我们吃惊。腓尼基的海盗只需3天便可从罗德岛到达提尔,这意味着船速达到了每小时6海里,这些船一般只在转弯或者靠港时才使用船桨。亚历山大是第一个使用系锚铁链的人。

地中海的地理学直到公元前500年才真正开始,他们都相信地球是个扁平的圆盘,四周围绕着海岸,奥林匹亚就是它的中心。直到希腊学者为大流士绘制地图时,这种观念才被抛弃。就在那时,沿着欧洲西海岸航行的迦太基人发现了不列颠群岛,但迦太基政府跟所有现代政府一样死板,对自己的"哥伦布"严加谴责,并禁止通航大西洋。

由于希腊人早已使数学臻于完美,地图绘制技术便得以前所未有的高速发展。当伽利略和开普勒为他们发现的"日心说"而遭受凌辱和苦难时,毕达哥拉斯和柏拉图同样教导学生说地球是圆的,亚里士多德还证明了这一点。亚历山大大帝同所有征服者一样,只对自己的领土感兴趣,他让人记录了西亚和印度的地理,却没有绘制地图。

亚历山大时代过去以后,在公元前3世纪,才发明了系统测量,这是一种对指定区域的实际计算。有一个例子可以证明希腊地理学的高度:艾拉托色尼算出直布罗陀的位置是东经36°21′25″,而我们的测算结果是东经36°0′6″。

由于没有发明磁针,古代地中海水手无法用罗盘来定位,但他们用标明丘陵、山顶、暗礁和树的办法来指出良好或糟糕的登陆地点,以及能够提供饮水和避风所的高级神庙。腓尼基人首先开始记录星座,特别是最适于确定航向的小熊星座,但其在夏天之外的季节就很难辨认。航海事业一到冬天就陷入停顿状态。希腊人非常了解这些基本原理,所以他们在公元1500年左右在西班牙萨拉曼卡开办了第一所航海学校,重新传授欧几里得和托勒密分别在18个世纪和14个世纪前完成的学说。

如果我们将古代城市的面貌与现代城市比较,那么在白天,雅典与巴黎并无太大不同。一旦夜幕降临,古代的世界就会变得寒酸又不真实。眼中所见一片黑暗,漆黑一片的古代海岸完全不能提供任何指向,最大的港口也只能放出暗红色的明火。

古代最著名、最奇妙的灯塔,是亚历山大城的灯塔。海港也同样令人惊叹,它的城墙与街道平行的建造方式在当时可算是别出心裁。近一千米长的实心防波堤也是一个巧妙设计,长长的防波堤连接着法洛斯岛与海岸,灯塔就建造在防波堤东端的法洛斯岛上,灯塔因此岛而得名。这座早期的摩天大楼高达100米,修建在高出水面15米的平台上,人们可以顺着斜坡骑马抵达入口。这座灯塔的外形高贵,一二层为八角形,第三层呈圆柱形,这是一次建筑史上的革新。灯塔覆有屋顶,可以防止部分雨水和风暴的侵袭。但是一段圆木或者树脂燃烧的火焰只能照亮11千米,于是人们在此安装了一面凹镜，可以把光线反射到海上32千米开外，这是一项可以与电灯媲美的发明。

亚历山大城的灯塔沿用了16个世纪，被公认为世界奇迹之一。它拯救了无数水手的生命，经受住了许多次地震的考验。然而，在公元1300年左右，跟其他意外毁灭的希腊遗产一样，它突然倒塌了。

罗马的崛起

亚历山大的帝国仅仅存在了13年，这在地中海的历史中只不过是一段小插曲。在他死后，他的帝国随之崩塌，罗马和迦太基很快投入了远远超过以往的资源，再次开始了他们的竞争。

罗马是个内陆农业国，在迦太基的海军威胁下不得不开始向海洋国家转变。它在与强敌作战的过程中逐渐超越了敌人，最终取得了胜利。

迦太基和罗马争夺霸权的战争持续了140多年，直至罗马取得了最后胜利。在战争的初始阶段，罗马有三项优势：它在地中海中部有基地；它把先进的陆战技术应用到了海战上；它的子民都是穷人，他们全都野心勃勃、好战且富有牺牲精神。相反的，富裕的迦太基巨商们想要继续享受，幻想那些唯利是图的士兵会充分地保护自己。就算是在公元前，世界的变化仍然十分迅速，然而迦太基人固执地坚持着前5世纪时的古老传统和垄断精神，却忘记了当时已经是前3世纪。

靠着巨额的黄金资产,只有40万公民的迦太基依赖着高达6万的士兵,控制着它在非洲和西班牙殖民地上将近400万的原住居民。

亚历山大大帝去世之后,仅存的地中海两大国家便是罗马和迦太基。希腊人失去了海上霸权,却在亚历山大的推动下赢得了文化方面的地位。西西里人试图在反对迦太基人的斗争中碰碰运气,他们侵入突尼斯和尤迪卡,最终铩羽而归。迦太基人声名日隆,许多希腊殖民地都愿意接受他们的保护。在那个时期,迦太基帝国包括了巴利阿里群岛、马耳他、科西嘉岛和大部分西西里岛及撒丁岛,还有利比亚、半个摩洛哥和半个西班牙,所有这些地方都流行布匿语,这是迦太基人的官方语言。他们都是迦太基的附属臣民,都顶着一个意味着屈从的头衔:同盟国。

迦太基人的海军士兵全部来自这些外族,比如西班牙人、凯尔特人、科西嘉人和努米底亚人,他们自己的公民只在敌人入侵本土时才派上战场。也就是说他们几乎从不上战场,却有着优厚的待遇。一大群貌似庄严的花花公子装模作样地表演着尚武精神,他们带着镀金盾牌、穿着昂贵的盔甲招摇过市,向年轻的女士们炫耀着他们几乎从未用过的象牙剑鞘。这支军队对大象的使用,激起了各地的恐慌。据说这些大象是亚历山大大帝从印度带来的,而迦太基人用黄金买下了这些巨大的动物。当最早的战象出现在意大利时,仅凭它们的亮相就取得了胜利。但是,这些战象也是最不好伺候的战争工具,时常令它们的主人心神不宁。

作为水手的迦太基人是令人畏惧的,因为他们背后是悠久的迦太基传统。他们把商船改装成最好的战舰,并且大规模地制造四层桨和五层桨巨型战舰。待在船上如同在家里一样自如,迦太基人对船桨的熟悉程度远胜长矛,更希望为战船而非马车献身。一次与罗马的海战中,他们损失了500艘船却仍不败,可见他们的海军有多么强大。所以,当罗马人开始组建海军时,便是以一艘搁浅在墨西拿的迦太基五层桨战舰为模型。

在这次震撼世界的斗争中,大自然扮演了一个偏爱罗马的角色。那时的意大利中部拥有丰富的森林资源,罗马人有足够建造大批船只的坚固木材,这些材料比西西里岛提供给迦太基人的木材更加坚固结实。另一个令迦太基人处于劣势的因素是,他们的港口淤积严重,很难防守。

就在两位竞争者之间的第一次战争打响前不久,罗马和迦太基还并肩作战反击西西里岛的希腊人。希腊人不得不转而向巴尔干国王皮拉斯求助,皮拉斯从东北方挥戈而来,一路捷报频传,顺利的战事进展很快将他麻痹,他甚至自诩为亚历山大精神的真传者。但事实并非如此,皮拉斯这个冒险分子很快失去了他赢得的一切。西西里岛仍被掌控在同盟者手中,最后,这个地中海的风暴眼必将引来另一场大战。

前两次布匿战争长达63年,其中有军事行动的年份足有40年。根据统计,这两场战争总共有15万罗马人和400艘战船参战,我们可以据此估算出战争的惨烈。如果再考虑到古代战争范围不大且人口稀少的情况，这两场战争的持续时间和人力投入，可能已经超过了现代战争统计量的10倍以上。

在公元前260年，迈利海战的第一次胜利之后，罗马这个更年轻也更强大的民族共同体开始渴望统一整个地中海。在此次海战之前，罗马人屡战屡败，抑郁多年。直到这一次，罗马巨舰的登船板落到了敌船甲板上，战斗变成了罗马人擅长的陆战模式。那一刻，罗马人迎来了久违的胜利。

西西里岛变成了罗马的第一个海外行省，同时也成了它最早的粮仓。锡拉库扎，一个比罗马更美更大的城邦，也沦为罗马的殖民地。曾经被禁止在某些海域航行的罗马人，如今却逼得强大的迦太基人缩减其殖民地版图。与此同时，罗马扎根于西地中海，迅速建立了强大的海上霸业，并延续了600年之久。利用敌人所赔偿的巨额赔款，罗马建立了一支新的海军。所有这一切发生时，地中海沿岸的其他民族都在袖手旁观，一方面是出于短视，另一方面也是惧怕着罗马的威势。尤其是埃及，它的繁荣令它得以保持完整的平静，在那里，亚历山大的继承人之一，一位平庸的托勒密及其子嗣正统治着这个公元前3世纪最富裕的地中海国家。

罗马的每一个特征都在向世人宣告它正在向顶峰迈进，这个强大的尚武民族一心要夺取地中海霸权并向东方扩张，尽管它还不曾与希腊人交过手。第一个罗马使团出现在雅典时，希腊人视罗马人为下级合作伙伴，但他们允许罗马人参加地峡地区的运动会。大约公元前230年，第一个罗马运动员一举夺得桂冠，这让那些除了会说拉丁语之外别无所长的观众大吃一惊。他的真正意义在于，他是年轻的西方世界遣来的危险使者，第一个向希腊人通报新纪元的罗马人。

新兴罗马的辐射范围不仅包括东方和西方，更囊括了北方区域。在这一地区，为了保护自己免受凯尔特高卢人的袭击，罗马人甚至与迦太基签订协议瓜分了西班牙，以便腾出手来发动另一次战争。正是这次战争，造就了地中海历史上另一位不朽的人物。

伟大的家族中，总是儿孙们比父辈更加优秀；而现实生活里，那些坐享其祖先遗产的家族却要普遍得多。尽管族中其他子嗣并不优秀，但哈米尔卡、哈斯德鲁巴尔和汉尼拔却将永远为世人铭记。他们是一窝雄狮，他们为自己赢得的光环可以和亚历山大相媲美，却更具悲剧色彩，他们因轰轰烈烈的失败而显得更加高贵。

迦太基人不得不与反叛的利比亚和摩洛哥部落开战，哈米尔卡取得了这些激烈战役的胜利，这使他认识到罗马扩张的危险性。数十年来他一直跟罗马人在海上征战不休，从一个岛打到另一个岛，现在他突然意识到，迦太基这个古老的海上霸权，可以通过迂回的方式来打击最年轻的海上势力罗马。于是他花了数年时间在西班牙修筑军事基地，当他在战斗中牺牲后，指挥权落入他25岁的儿子汉尼拔手中。

此时刚好与亚历山大的初步胜利相距一个世纪，就年轻人能达到的高度而言，汉尼拔一点也不比亚历山大逊色。这个修长的半野蛮人是个勇敢的骑兵和剑客，与亚历山大一样成长于军中并接受过希腊教育，但他的老师是个斯巴达人。在背信弃义方面，汉尼拔似乎比任何一个希腊暴君都过分，但他废除了活人祭祀。他的斯巴达导师教给了他高明的御敌之术，他的父亲在个人格斗和兵法上是当时最好的老师。对这两个伟大民族间你死我活的斗争，这对父子都有着强烈的历史使命感。罗马夺走了他们在非洲的权威，在和平时期以命令和威胁攫取了撒丁岛。为此，他们两人心中都充满了对荣誉和复仇的渴望。

在公元前218年，恐怕没人敢想象有一支军队会长途跋涉，穿越阿尔卑斯山脉和亚平宁山脉，从西班牙经由高卢推进至意大利。意大利人无比震惊，因为当时阿尔卑斯山的斜坡还不属于意大利联盟，而是被凯尔特部落掌握着。显然，汉尼拔穿越了圣伯纳德隘口，而2000年后这个关隘再次被拿破仑利用。

当迦太基战象乘船横渡莱茵河，并摇摇摆摆穿越阿尔卑斯山时，它们的身影已经留在了人们脑海里。它们托着一座高塔，站在一个古代大圆盘上任人围观，两位全副武装的士兵坐在高塔里侦察敌情，就像现代的坦克兵一样。在26天内，汉尼拔率领4万多人的大军从莱茵河到达了都灵附近，在行军途中他不得不应付那些充满恶意的原住民，并为此折损了一半人马。这次穿越阿尔卑斯山的壮举，令后来的拿破仑远征也相形失色，只有玻利瓦尔在1815年横越安第斯山的壮举可与之相比。

这次战争留给我们的第二幅画面是阿基米德。他利用凸透镜和投石机从岸上大破罗马战舰。城市被攻破，他要求即将杀害他的罗马士兵给自己几分钟时间来解决一个数学问题，无知的罗马士兵最终没有答应这个要求。

第三个画面是汉尼拔发明的钳形攻势，在坎尼战役中，他运用这种新战斗阵型包围并歼灭了两倍于己的罗马军队。

这一系列生动的画面多么光彩夺目，而在所有画面之中，最精彩的一幕无疑是两个年轻人之间的大战。汉尼拔在提西努斯获胜时只有18岁。西庇阿同样继承了他父亲的雄才大略，这个女人们的宠儿长相迷人，有着一头飘逸的卷发。

这场历时17年的战争中，有一件令整个意大利情绪沸腾的事件：一路获胜的汉尼拔在攻克罗马城之前的最后一刻停止了前进，他那些败事有余的同胞抛弃了他，把他扔在那里任他身处困境。最后，他焦头烂额地回到家乡，力劝人民讲和，然后离开了自己的祖国。这是一次令人失望的放逐，他是被莎士比亚遗忘的一位悲剧人物。汉尼拔逃到克里特，再逃到小亚细亚，他不断地煽动新的敌人反对罗马。距离他最初开始这场世界大战的35年后，几乎已被人遗忘的汉尼拔终于落入了罗马人的陷阱，当他看到罗马凶徒出现在他房屋前时，他选择了服毒自杀。

而西庇阿这位为罗马取得霸权的胜利者，与许多古代英雄一样，也死于自愿放逐。其去世时间很可能与汉尼拔同年，他最后的愿望是希望长眠于罗马的土地上。

第二次布匿战争的结果震惊了世界，这次战争之后，整个地中海都落入了罗马人手中，并持续了5个世纪之久。失去殖民地之后，迦太基又设法以一个商业国家的身份继续生存了数十年，而且还活得相当潇洒。然而,他们除了商业外别无所成,没有如雅典一般的文明,没有诞生诗歌或悲剧、神庙或雕像、哲学或自然科学,它很快就销声匿迹了。

如今,胜利的罗马开始将它那带着撞角的五层巨舰和标志着鹰徽的军团派往希腊。公元前200年左右,曾经被迦太基人欺压的罗马,开始为自己寻找新的战利品了。意大利几乎被完全统一,向北将伦巴第和利古里亚收入版图,防御高卢人仍是最好的理由。这个最有效率的地中海民族不断扩张的动力,是对于世界霸权的渴望。就这样,他们在1个世纪内,建立了古代最伟大的帝国,也是世界上最伟大的帝国之一。

人们一旦行动起来就会有一种惯性,这种惯性有时候会成为民族性格。他们凭仗着有条不紊的决心,慢慢地获得一个又一个行省,唯有英国人领会了其间的真谛。

汉尼拔死后,罗马人在陆上和海上都无往不利,公元前191年,他们在爱琴海赢得了最初的胜利,整个地中海地区几个世纪的命运就此被决定下来。

罗马人早就开始玩弄那种不顾其他民族意愿而伪装成其解放者的诡计。这套新的罗马制度,比如保护小国免受大国侵害,"占据"而非"征服"战略要地,从敌方内部削弱敌人等,已然成了如今的征服者们竞相效仿的楷模。

到如今,罗马的魅力已经到了无以复加的程度,以至于两个地中海东部国家自愿加入罗马,从而建立了亚细亚省。罗马继承并采纳了希腊人的一切,却仅仅靠着军队和铁的纪律就把文明高度发达的希腊人和其他民族一并置于自己的掌控之中。一个起初在文化上处于劣势的政权，最终实现了长达300年的统治，其奥秘就在于它全盘接收了被征服者的高度文明。

罗马人习惯在陆上作战，因此海战中他们始终不得安宁，直到他们发明了登船桥。这次由陆地强国对迦太基取得的海战胜利，意味着经验败给了机械学。这也得益于罗马人以巨大的代价建立了两支新的海军。

罗马人成功的另一个原因，基于一种常见的美德：节俭。罗马上上下下都勤于储蓄，头一两百年中，从其他国家搜刮来的财富都被珍藏起来，并随着它的势力扩张成倍地增加。在罗马的上升期，金钱并不像在迦太基那样为人所崇拜，只有能够创造出有效价值的那部分"活钱"才能享受此等待遇。

无权无势的希腊是罗马的母亲，而在它臂弯中成长起来的罗马并不掩饰对它的崇拜。在罗马人的社会里，使用希腊语是教养良好的一种表现，贵族子弟均高价购得希腊奴隶，以学习其语言。

伟大的亚洲战争开始于公元前2世纪初，在此过程中，罗马降服了一个又一个亚历山大后裔的国家，把它们统统变成了罗马的行省，最终打造出了环地中海一周的版图，一个前所未有的地中海帝国。

罗马人竭尽全力当上地中海海岸的主人，而非地中海的主人。在这片广袤无垠的区域，深蓝与碧绿的波涛之间，只存在一支真正的力量，那就是海盗，其老巢大多建造在渺无人迹的克里特岛。这些海盗是远洋商人的商业伙伴，经常把最好的奴隶卖给他们。海盗造成的恐怖，困扰着整个地中海的海上贸易，商人们通常选择冬天出海，因为那时海盗们正在休假。

不论罗马人如何扩张，迦太基再度繁荣毕竟是对罗马的一种威胁。老加图对迦太基的憎恨远过于对它的恐惧，他绝不是最伟大的罗马人，却是"最罗马"的罗马人。

他的体形健康、消瘦而强壮有力，棕褐色的皮肤伤痕累累，一双蓝眼睛锐利似寒冰，头发略带红色，声音具有穿透力，这是老罗马人的典型。他对享乐和财富毫无所求，他对自己德行的关注超过了对权力的欲望，他有效地打理他的巨额财产，跟手下一起吃麦片粥和玉米，在精美的住宅里睡硬板床。他所做的一切都出于对神的信仰，而非为了充当同伴的楷模。

作为真正的清教徒，加图展现给人们的既不是财富，也不是知识和文化，而是他的德行。他的生活朴素，没有穿过一件超过100德拉克马的衣服，除了马夫之外，没有买过任何年轻的奴隶，甚至从不将房屋刷白。他说过："我感到遗憾的只有三件事：曾把一个秘密泄露给妻子；曾经度过懒惰的一天；还有，我本可走路去某地，却选择了海路。"

加图只有在担任检察官时才会感到快乐，因为他可以监督公民们的道德，告发那些不道德的同僚，对马车、珠宝、食物、衣服的奢侈程度加以限制。与此同时，加图还有惊人的商业头脑，一面剥夺富人用清水浇灌花园的权利，一面却使自己越来越富有。在90年里，始终如一的加图是最有道德，也最让人难以忍受的罗马人。他的伟大功绩就是彻底摧毁了迦太基,不过这是否算得上一项成就还是两说。

汉尼拔的后继者是一个狂热的野蛮人,一个仁慈的独裁者。他的统治持续了60年,并在90多岁辞世时留下了一个年仅一岁的幼子。他的名字叫作马西尼萨,被公认是那个时代最幸运的人。他的游牧王国紧邻迦太基,当他想在迦太基建都时,这给了罗马人干预的借口。迦太基人害怕激怒罗马人,拒绝了马西尼萨的要求。

在毁灭迦太基之前,加图亲自来到这里进行告别拜访。即将沦陷的迦太基展现了最后的荣誉:城市议会解放了所有的奴隶;他们把武器分发到每一个小贩手里。所有人都奋力反抗庞大的罗马军队,迦太基人在最后一战中勇于赴死,幸存者都被卖为奴隶。罗马人摧毁了所有的房屋和街道,罗马元老院下达的命令让西庇阿将军都不寒而栗。作为古代最强大的城市之一,迦太基繁荣了5个世纪,罗马人没有把它变成罗马行省,而是彻底地摧毁了它。加图充满仇恨的梦想实现了,但全世界的同情都给了迦太基。

几个月后,罗马再次在地中海一个偏远的地区科林斯,制造了相同的毁灭。他们恢复了远古祖先的野蛮性情,出于彻头彻尾的嫉妒和仇恨,毫无必要地摧毁了两座最古老的城市,把当地人卖为奴隶,并留下了一片废墟。

亚历山大也曾如此对待底比斯,但是从来没有哪个希腊人这样残酷地对待一个被征服的敌人。自亚历山大时代之后,希腊哲学和宽容之道盛行的时代便一去不复返了。

罗马的故事

罗马人的建筑是伟大的，尤其是道路和海港。尽管他们在海上击败了对手，但他们真正的天赋还是在陆地上。尤其是那些海港，包括人工港、防波堤、人工岛等等。在罗马，雕像的面容与希腊有着截然不同的表现，他们更重视智慧与力量，而非单纯的皮相之美。罗马人与希腊人完全不同，他们不想理解生活或是享受生活，他们只想支配生活。那些与众不同的罗马人，如阿格里帕和奥古斯都，都是少数的例子。

令我们感到惊讶的是，最早将拱形结构应用到海港建筑中的就是罗马人，他们修建的防波堤就带着这样的风格。虽然在最开始时，他们因为不了解冲积地和三角洲的关系而导致赛琉西亚的新港口淤积泥沙，但这不能掩盖他们的智慧光芒。

当罗马人把他们的港口和城市分开建造的时候，他们表现出了对陆地之外自然元素的精通，这是一个伟大的创举。气派的建筑从陆地扩展到海洋，他们沿着防波堤建造公共广场、大礼堂和纪念碑。弥赛诺港和拉文纳港都是先有港口，随之才诞生了城镇。在拉文纳港，罗马人从潟湖中开出水道，这样可使港口免遭淤塞之苦，其技术与今天的水坝一样令人印象深刻。

尼禄的父亲主持修建的奥斯蒂亚堪称罗马人的杰作。恺撒也以地道的罗马方式把他的领导才能应用到海洋上：他建立了一种新型船只，从而实现了以船只运送军队的计划；他成功地让4万大军从布林西迪横渡大海；他还建造了一种轻便划艇，用来对抗维内蒂人的高帆船，用撑船竿顶部新增的弯刀切断敌船的风帆和绳索，以俘虏它们。

但恺撒依然对付不了海盗，早在公元前1370年，海盗就已经活跃在塞浦路斯一带。直到最近的航海著作里，还在警告船员们要小心非洲北部海岸的假灯塔，那儿的暗礁后面埋伏着等人上钩的海盗。恺撒时代的海盗如同今天的伞兵一样，惯于在意想不到的地点登陆，迅速占领城门或城堡，接着开始劫掠海港的仓库或者岛上的神庙。

海盗出现在公元前100年左右，其国民包括逃亡者、奴隶和被开除的士兵，他们一致决定要报复驱逐他们的社会，为了报复而毫无顾忌地杀戮俘虏。海盗们的地图上有着上千个小记号，这会告诉他们在哪里可以找到可靠的补给，在哪里可以放心地藏匿自己的财富和女人。

海盗的猖獗导致了商路断绝，这使得各地无法交换物资，富裕的罗马逐渐落到了饥荒的境地。最终解决这个问题的是庞培，他将地中海划分为13个水上行省，每个水上行省的安全都归属最近的陆上行省，类似如今将店铺门口的卫生划归店铺负责。在严厉打击海盗的同时，他还创立了招安方式，允诺只要海盗首领放弃抵抗，他们将会被依法授予土地和自由。在几个月内，地中海东部就清净了。据说这位罗马领袖销毁了1300艘船，带回了400艘船，只杀掉了不到1万名海盗。

在海盗猖獗之际，一场密谋和一场公开革命已经在撼动罗马的根基。帝国的胜利带来了大量的金钱,金钱带来了奢侈,紧接着腐败乘虚而入,腐蚀着这个节俭的民族。将军和议员的头衔被明码标价出售,主人们只顾在宴会上纵情狂欢,而毫不顾忌是否会激怒一旁沉默的奴隶。

罗马帝国东部的那种无法无天大大助长了奴隶贸易的盛行,奴隶越来越便宜。在得洛斯港,一天卖出的奴隶数量就超过一万多名。奴隶无偿为主人劳动,而主人付出的只是一点点面包和水。加上连年不断的战争,使得农民深陷贫困而无法自拔。在公元100年,罗马演说家曾说过:"意大利的野兽至少还有自己的巢穴,而农民和战士,他们号称是世界的主人,却只剩下阳光和空气!"

戴着镣铐的奴隶整天都要在皮鞭下耕作,又被成群地囚禁在黑暗的马厩和地牢里度过剩下的时间。在这些被命运压垮的人之中,有一个人获得了一个机会,从而得以发挥自己的天赋。李维乌斯·安德罗尼库斯,一个被解放的希腊奴隶,在公元前3世纪开创了拉丁文学,翻译了《奥德赛》,并用希腊语创作了悲剧。

罗马人的宫殿就这样建筑在奴隶的尸骨之上,这份横财摧毁了罗马简朴的美德,而这种美德曾使罗马这个贫穷小城邦成长为世界强国。

新贵们从新行省中赚得百万身家;为了购置贡品,附庸国向收税官、军队承建者和银行家们大肆举债;作为行省高级官员,这些人放弃了秉公执法的重任,徇私舞弊包庇侵吞公款的罪行;他们的子孙无须投身军旅,因为他们已经交过免役钱;罗马曾经取得了无数胜利,但如今战争也变成了利润丰厚的买卖。就连意大利境内的盟国都有背叛之忧，所有的征兆都指向了革命。

为了预防革命，有人勇敢地挺身而出，但他们的行为终究是徒劳的。以格拉古兄弟为代表，他们没收富人们500英亩以上的土地，并把它们分给穷人。议员、财富继承人和银行家也无法容忍这种事件，他们最终被杀害，历史的潮流终究不可逆转。

格拉古的失败导致了和平解决方案的彻底破产，农民和无产者被迫发动了对资本主义者的战争。直至恺撒逝世时，这些战争已经在意大利持续了50多年。外国统治者米特里达提斯六世和朱古达把自己装扮成受压迫者的救星，从外部介入了罗马帝国的内战。罗马第一次用所谓的自愿征募制代替了征召制，这时无产者成为军队的核心力量。现在，军队的供给、士兵的战斗精神和英勇，全都取决于国内的政治形势。

时代与社会革命造就了罗马第一个独裁者，这位名叫苏拉的贵族利用他属下的无产者军队，打破了中产阶级的统治地位。这种贵族与无产者的联盟在历史上屡见不鲜，显示出野心勃勃的领导人为保住权力而不惜逾越阶级。反动分子苏拉在罗马街头打败了七次当选执政官的马里乌斯，还镇压了意大利人民的起义，并自夸为国家的救星。在如此混乱的局面下，来自北方的日耳曼野蛮人和来自东方的希腊人趁机发起了进攻，却分别被马里乌斯和苏拉击败。正是这两个不共戴天的仇敌保全了罗马。

罗马的内战引来了不少野心家，苏拉费尽心力地击败了这些敌人，保全了罗马的统治。苏拉不仅是一个政治家，更是一位将军和贵族，有着比普通罗马人更为丰富的想象力。他缓慢而又费劲地解决着社会问题，他喜怒无常，总是傲慢又愤世嫉俗，他在方方面面都与加图相反，也跟心胸开阔的马里乌斯截然不同。马里乌斯死后，他成了唯一的统治者。

罗马共和国第一次放弃了它的法律，把独裁者的权力交给了一位强大的将军。不过，传统是如此强大，以至于苏拉在临死前一年自愿退休。他是第一个主动下台的独裁者，这是一个历史上几乎无人能效仿的榜样。

地中海目睹了无产者夺取大权的崛起过程，并不是第一次，却是最重要的一次。斯巴达克斯本是色雷斯的自由民，后来被俘虏成了奴隶。意义非凡的是，他是历史上第一位成为统治者的奴隶。公元前70年前后，他令罗马帝国度过了惴惴不安的三年。

斯巴达克斯带着70个人逃脱了敌人的魔掌，并很快扩充成了一支7000人的大军。从此以后，所有自下层崛起，并震撼了地中海的革命家都将他奉为祖师，这些人之中，最后一位名叫墨索里尼。

对现代人而言，罗马人比希腊人更富于吸引力，因为他们更重视智慧与力量，而非男性之美。恺撒就算不是地中海最强大的统治者，也会是最成熟的那一个。

在恺撒的青年时代，罗马人满脑子都是对财富的渴望，在此之前，他们一贯节俭。当时的罗马居民有200万人，拥有投票权的就有90万之多。金钱能够主宰选举的结果，也能决定军队的归属权。与生俱来的商业精神帮助希腊人建立霸权，历史以同样的方式引导普鲁士人和新德国从尚武民族转为商业民族，并将他们引入大海。

在恺撒时代，商人数量已经超过了战士，昔日在战场上所向无敌的贵族子弟全都潜心于贷款业务，人人都做海上投机买卖，都持有各种股份，都在兴建和购买房产，都在包租船队。卢库勒斯胆敢废除小亚细亚过高的利率，罗马的资本家当即剥夺了他发号施令的最高权力。

或许是出于对希腊文明的向往，也或者是对自身品味的不满，整个希腊，包括建筑师、演说家和医师，统统被富有的罗马征服者买了下来。由此，罗马的政治家、演说家和哲学家也希望过上好生活。作为一位战士和将军：卢库勒斯将军一反前50年的谦恭谨慎，从被自己征服的波斯运来了一船黄金，用它们在罗马帕拉提诺山丘上建造了美丽的宫殿。他的名声来自于频繁地举办各种华丽的宴会，却很少有人知道他曾征服了半个亚洲。西塞罗，一个富于哲思的政治家，在晚年却欠下了克拉苏高额债务，只为住上一栋巴列丁伯爵的宫殿。

他们全都是将军，就连演说家西塞罗和银行家克拉苏也不例外，否则你在罗马就一文不名。庞培胜利回国时，船上装满了落败海盗的武器、失势国王的珠宝、王冠和神像。长长的马队驮回了大袋大袋的金银珠宝，其后跟着王子和人质，包括波斯国王的七个儿子，被俘的阿拉伯人、犹太人和奴隶及自由民，最后是穿着亚历山大式束腰外衣的庞培本人。

年轻的恺撒目睹了许多这样的场景，他深深地明白自己是个穷人。恺撒出生在一个没落的名门望族,但这些头衔带不来任何财富,他下决心要变得富有且强大。他欠下了大量债务,还成了许多年轻时髦女人的情夫,这令他更为人所注目。

30岁时,恺撒背负着最糟糕的名声进入了政界。为了获得成功,他先是站在资本家一边,很快又转向平民政党。作为人民的朋友,他与沿街叫卖的小贩、卖花者、马车夫、理发师和长笛演奏者一起工作。他还决心当上大祭司,并从克拉苏手中夺回这个职位。作为一个无神论者,这种伪装对他而言相当有趣。

直到快40岁时,恺撒才开始步步高升。即便在那时,他也是被视作鼎足而立的三股势力之一。庞培住在罗马,克拉苏也住在那里,这时的恺撒却在高卢。他勇敢地离开了罗马,表现出了他作为一名优秀战士的英雄本色。在他出任总督的五年中,他把自己麾下的四个军团发展成了一支私人卫队。既然庞培抢先占领了东方,他便前往西方寻求征服和荣誉。恺撒认为自己的权力不是来自于元老院,而是来自民众大会。事实上,恺撒正在剥夺元老院的权力,这是数百年来的第一次。在格拉古兄弟的精神感召下,他把新的农田分给人民,并且为退伍老兵和平民提供援助。

恺撒生命中年富力强的10年几乎都在高卢度过,对于一个性格挑剔的人来说,这是个巨大的牺牲。恺撒对抗身体虚弱和头疼的药物就是简单的食物、强行军和野外生活,这弥补了他年轻时放荡生活的危害。在士兵中间,恺撒过着没有女人、没有奢华也没有文化的生活,他和手下一起吃普通的麦片粥。在开赴西班牙之前,他几乎没有任何实战经验,由此看来,他对日耳曼人和高卢人取得的胜利比拿破仑更加辉煌。

恺撒有着所有军事天才的通性，那就是对环境的快速适应性，他可以在激烈的战斗中保持冷静，也能始终保持绅士风度。他同样也是个不择手段的人，他长期是庞培之妻的情夫，但在她死后，竟把自己的女儿嫁给庞培。可惜的是，他的女儿死得太早，没能阻止两人翻脸。公元前48年，恺撒率领着他的军队向罗马挺进，在法萨卢斯一战中，他击败了庞培。庞培逃往海外，被谋杀在埃及的土地上。

恺撒是罗马共和国下一个为期四年的独裁者，他年老时的生活决定了他在历史上呈现的形象。与他相反的是，亚历山大始终是个非常年轻的人。亚历山大极早的起步和迅疾的步伐预示着过早的结束，而在他那个年龄，恺撒才刚开始他的政治生涯。军队、执政权和王位，都是亚历山大生而继承的遗产，而恺撒却要长年为人民服务，通过不断地联盟来巩固自己的力量。亚历山大基本上实现了他的梦想，而恺撒却被谋杀，倒在了他的世界宏图即将展开之前。

与亚历山大相比，恺撒与地中海的关系要密切得多，他是地中海的儿子，他的帝国也是地中海帝国。亚历山大始终是个半野蛮人，而恺撒从来不是。他远比亚历山大更像一个希腊人，而绝非一个异教徒。

第二章　争斗中的地中海

地中海的宗教

　　这片诞生了耶稣的土地，是一片寒冷的不毛之地，在昏暗的风景中矗立着一座用灰黄两色石材筑成的城市。但就在不远的北方，有一块泉水充足、草木繁茂的绿色山地，那就是加利利。这两种地貌之间的差异，代表了两地之间信仰的差异。一边是强硬刚性的犹太教，渴望热衷战斗；一边是基督教，趋向谦卑言行和牧歌式的和平。

　　希伯来人这个游牧部族曾经生活在尼罗河中部，今天生活在那里的是学会了种植谷物的贝都因人。早在荷马时代之前，希伯来商人就开始使用那里的一条沙漠商道。迦太基人出现后，希伯来人的商业版图更加扩大，他们从阿拉伯和印度贩运胡椒、熏香给尼罗河流域的国王们，这些闪族部落还养牛，种植葡萄和橄榄。但巴勒斯坦的土地从来都算不上丰饶，这迫使当地人从事商业活动，像腓尼基人一样经商致富。

　　希伯来人对海洋有一种匪夷所思的陌生感，对陆地也是如此，这也许能解释他们为何能将智力和逻辑培养到令人吃惊的程度。想象力的匮乏使他们能清醒地思考，但同时失去了艺术天赋。

强烈的贫富分化妨碍了中产阶层的崛起，使得巴勒斯坦的农民贫困到极点。以赛亚预言了整个民族的衰落，自此以后他们都被称为犹太人。幸运的是，在50年之内他们便得以回到家乡，因为巴比伦王国被居鲁士征服，他大度地释放了这些犹太人。他们返乡之后，遇到的境况与许多年之后的欧洲一样，军队、政府和地主都把他们拒之门外，因此他们不得不更多地投身于商业之中，他们学会了更高级的贸易模式。他们当了几百年的波斯和希腊国民，希腊人甚至占领了他们位于尼罗河口的海港。但埃及人和早期罗马人需要商人，于是许多犹太商人再次漂泊海外。

从文化上来说，巴比伦文明推动了犹太人的进步。祭司们在放逐过程中成了犹太人的领袖，他们采纳了巴比伦人传说中的创世、天堂、人类的堕落、巴别塔、大洪水等说法，甚至还接纳了巴比伦人严格遵守安息日的习惯。

最终令这个默默无闻的小民族闻名世界的原因，是他们与神的关系。摩西在很长一段时间内都被认为是神话的源头。

希伯来人的"一神"信仰并非来自哲学，而是通过合并减少诸神而形成的。它的起源并不神秘，而更为世俗，也更具爱国主义色彩。希伯来人的神通常是战争之神或者民族之神，是一个团结一致的象征符号。

犹太人在地中海海滨看尽了诸多地中海国家的兴衰，却没有参与到角逐中去，他们只是努力地将商路拓展到近在咫尺的塞浦路斯、安提克和罗得岛。

地中海的空气中充满了哲学气息，这种哲学接受了犹太人的道德标准并预演了基督教教义。一种关于人类不朽命运的信仰从声色犬马中剥离出来，转向纯精神的领域。

那么耶稣的价值究竟何在？

他迈出了无比重要的一步，他拆去了犹太教堡垒的大门，向全世界敞开了怀抱。犹太族相信自己是神的选民，以这种信仰逃避着压迫，并警惕地捍卫着它。而耶稣则将这种信仰发展成了一种世界性的宗教，他战胜了民族和信仰之间的分裂，因为他密切关注的是如何拯救人类。

古代最强大的三个人都是犹太人的朋友，亚历山大将犹太人大规模地迁移到新城；恺撒保护犹太人，反对希腊式与罗马式祭仪；奥古斯都免除了犹太人遵守某些帝国法令的义务。

这些政治家的动机建立在保守和犹太人的财富之上。因为自从罗马法规定可以在家庭内部分割遗产以来，农民阶层就开始限制孩子的数量。再加上意大利人口减少的局面。而犹太人无论在哪，都是商人，他们有能力给许多孩子分配财产，他们还因自己的一神论引起了当权者的好奇心。由于对旧有神祇的厌倦，当时的欧洲正在追求来自波斯和犹太人的习俗，地中海周边的科学精神已然衰退之时，对神迹的热爱却滋长起来，吸引了所有背离旧神祇的人。

一时，信奉犹太教成了罗马社会的时尚。为了迎娶犹太王阿格里帕的姐妹们，两位东方的国王甚至行了割礼。尼禄的妻子和许多罗马名媛都是犹太人，或者是主张保护犹太人。知识分子开始对自己的多神信仰感到羞耻，希腊作家也接纳了一神观和道德原则。

但与此同时，犹太人也因财富和世故招来憎恨。拒不承认其他的宗教信仰，他们想让自己无形的神统治整个世界。

经过长期战争，庞培击败了犹太国频繁的叛乱，并将它变为罗马保护国，更像罗马人而非犹太人的希律王，他用神庙、剧场和比赛取悦罗马人，但同时也因为同样的原因得罪了犹太人。结果，两边都视他为叛徒。

他的大理石圣殿不是为了吸引犹太人而设，而将罗马金鹰设在大门上更让犹太人倍感屈辱。这也成了犹太教徒的眼中钉、肉中刺。

在希律王死后，奥古斯都最终把犹太变成了罗马行省之一。

然而，在这个城市和它的圣殿毁灭之前，犹太经历了一次长达20年的起义和一场为期4年的战争，以及对这个大城市的一次长期围困。犹太人悲剧性的结局引起了当代人的敬佩，这是他们历史的高潮。再没有一个民族能像他们一样，万众一心地为捍卫自己的信仰而付出如许牺牲。当贩夫走卒只为精神而战，只为一种理念、一个神而战的时候，它便成了历史上最具英雄主义光辉的片段。

罗马的兴起

奥古斯都是个继承人，我们可以根据许多雕像和硬币来了解他。他一直活到了76岁，他的妻子利维娅兼有冷酷与热情，是历史上最迷人的女人之一。

奥古斯都对人性颇有了解，他用高超的技巧蒙蔽了元老院，扮演人民中的一员，经常引退又被力劝复出。他当过13次罗马执政官，最后成为终身皇帝和大祭司。无需政变威胁，他就让皇帝这一职位悄然走进历史。在他手里，一切变得轻而易举。他向历史演示了一位老练的政客如何取代一位天才的统治，并被后人认为是一个伟大人物。

奥古斯都利用恺撒获得了全部权势，而且还把恺撒视为前车之鉴，不断警告自己不要重蹈覆辙。

奥古斯都用温和的方式避免激怒任何人，在旁人看来，他是一位高级政府官员而非皇帝。尽管他对战争不甚了解，却完全信任他的将军和军队，除了瓦卢斯之外，没有一位将军让他失望。亚历山大和恺撒的指挥才能在他们的时代独一无二，但奥古斯都却把战役指挥权交给别人。

他的杰出统治为他赢得了"奥古斯都"的称号，也就是"陛下"的意思。他懂得如何选拔人才，阿格里帕是他的朋友，最后成为他的女婿。阿格里帕是一个勇于行动的人，他代替奥古斯都出征，在亚德里亚海东岸的亚克兴海战中取得了胜利。

克里奥帕特拉是地中海创造出来的最美丽的女人，她在历史舞台上的活跃时期，正是她褪去青涩之后，未经风霜之前。她拥有希腊式的思想，又分享了罗马人的政治才华。她没有生活在文艺复兴时代是个幸运，因为那样她只会遇到博尔吉亚，而非恺撒。

恺撒从海上而来，占领了亚历山大城并进入托勒密的王宫。他走进王宫，埃及的女王躲了起来。在那段时间，女王仔细思考该如何做，可除了发挥女性的魅力之外，再没有其他可以求助的力量了。接下来，埃及女王让奴隶用昂贵的地毯包裹着她，把自己当作臣服者献上的礼物送到了征服者面前。

克里奥帕特拉就这样征服了恺撒。

恺撒死后，她又向安东尼表示了臣服，这似乎是弱者唯一的选择。她希望借此机会改变埃及的命运，但她最终还是失败了。

安东尼和屋大维的海战决定了世界霸权的归属，在这决定命运的时刻，双方都各自严阵以待。屋大维远道而来，他的海军占有数量上的优势，安东尼的海军不如对方，但他的陆军更为强大。

屋大维谨慎地逐步推进，使得安东尼的诱敌计策失败，由此他认为命运抛弃了他。在同船的埃及女王建议下，他决定与屋大维进行海上决战，这意味着他忽视了陆军的作用。

安东尼的部下没有信心与对手在海上决战，他们中有人开始向屋大维靠拢，对此安东尼并不以为然。直到他的朋友也弃他而去时，安东尼才发现自己已众叛亲离。

这时，克里奥帕特拉决定带领自己的舰队退出这场战斗，她不想像她的妹妹那样被放在战车上当成俘虏展览给罗马的民众。第二天早上，她带着旗舰"安东尼亚"号和60艘战舰离开了安东尼阵营，没有受到任何阻拦。由于屋大维的命令，阿格里帕放过了埃及女王的舰队。她的舰队穿过了那些正在战斗的罗马人，把血与火都留在了后方。

这个变故使安东尼失去了冷静,他抛弃了那些正在浴血战斗的战士们,同样驾驶船只离开了战场。他驶向南方并与克里奥帕特拉会合。

安东尼放弃了他的战舰和军队,使得他们群龙无首,最终导致全军覆没。屋大维成了地中海的主人,他一直追击克里奥帕特拉和她的情人到埃及,迫使他们自杀。屋大维还杀死了恺撒里昂,他是恺撒和克里奥帕特拉的儿子,是恺撒留下的唯一可能与屋大维竞争的对手。

当战败的安东尼和60艘克里奥帕特拉的战舰逃走时,这已经不是一个爱情故事那么简单了。它意味着一个疲惫而贪图享乐的罗马人,把罗马传统移交给了一个野心勃勃的年轻人。这是一场内战的终结。

亚历山大城落入了屋大维手中,于是他得以从埃及运回大量的谷物喂养罗马人民,至少有25万人得到了免费的面包。

但罗马人并没有因为这个就更爱戴他,话说回来,当时的罗马人能爱戴谁呢?罗马人忍耐了他很长时间而没有造反,大概是因为他们早就厌倦了内战,只要能有稳定的生活便足够了。

现在,罗马这个老旧的石砖城市变成了一座壮美的大理石城市。在一个晴朗的日子,罗马最迷人的建筑——万神殿,在罗马城中心宣布竣工。在恺撒遇刺15年后,最后一个独立的地中海国家也成了罗马行省,一个时代结束了,200年的战争落下了帷幕。奥古斯都的雄心已然实现，罗马帝国统治下的和平降临人间。

地中海空前绝后的成了一个和平之湖，并一直延续了300年。奥古斯都把"无所不在的和平女神"刻在钱币上，黄金时代似乎晨曦初显。

和平伴随着君主制一同出现了，尽管有着诸多暴行和缺陷，罗马帝国仍然给人类树立了榜样，证明了专制统治者能建立一个缓慢发展的、位于民主政体基础上的世界霸权，并为数百万人提供保护和安全。但是，这最早的帝国没有创造属于自己的文明，道路、建筑、法律、伟人，都是在共和国时期发展起来的。

独裁者的决策造就了奥古斯都时代的艺术，他想扮演伯里克利的角色，可惜他身边没有索福克勒斯那样的剧作家，没有品达那样的诗人，也没有苏格拉底那样的哲学家。

有四位诗人在这个时期出现过，奥古斯都对维吉尔最亲近，他希望维吉尔写出一部与《荷马史诗》相媲美的著作，但维吉尔创作的《埃涅伊德》在意大利以外的地方毫无生命力。另外三位伟大的罗马诗人是奥维德、贺拉斯和卡图鲁斯，他们宁愿反对政府而非支持它。

虽然奥古斯都取得了巨大的成功，但他的个性却剥夺了皇帝的许多快乐，这是他为了自身双重意义所必须付出的代价。他一方面试图扮演道德家，另一方面又派手下去调查那些他看中的女人；他自己就是个浪子，却不得不与过着娼妓式生活的女儿断绝关系；他摧毁了最亲近的人，就像拿破仑对待亲人一样；他过世之前，一直饱受恐惧和焦虑的折磨。

他的恐惧不仅是因为继承权问题，奥古斯都最后的目光转向北方，阿尔卑斯山的方向。那里潜伏着来自日耳曼人的危险，这是地中海在基督时代第三次受到来自北方的威胁。

辛布里的恐惧

绝大多数被地中海吸引的民族都不盛产航海家。早在罗马人到来之前，高卢人就乘坐皮革帆船抵达过不列颠群岛，但他们并没有去远洋探险；日耳曼人更是彻头彻尾的旱鸭子。那时吸引这些民族来到地中海的不是海洋而是海岸。他们有着足够的土地，那么到底是什么吸引了他们前往地中海呢？

他们要寻找的，是更好的土地。地中海的阳光海岸、肥沃的土地、温暖的气候和湛蓝的天空早就在北方流传，对比日耳曼人幽暗的橡树林、贫瘠的灌木地，地中海无疑是天堂。在他们位于波罗的海、匈牙利、普鲁士等地区的领土上，没有谷物、没有水果，也没有葡萄酒。

公元前113年，一支奇怪的军队越过了阿尔卑斯山。这支军队其实就是一个民族，包括了所有的族人，他们的大车上带着妻子和儿女、家具和帐篷，兴高采烈如同郊游。这个消息传到罗马时，那里顿时陷入了一片恐慌之中。

这些外来者的战斗方式极其原始，但他们靠着这种原始和野蛮逐步地推进着，一年又一年，经过一场又一场苦战，他们所向披靡。他们杀死俘虏，并把最小的献祭给他们的神，上年纪的女人会收集献祭者的内脏进行占卜。虽然罗马曾与许多蛮族交战，自己也干过许多残忍的事情，但这些外来者的做法对他们来说仍然闻所未闻。

这些日耳曼人、辛布里人和条顿人，经过10年的大举入侵，仍未攻到罗马城下；但在高卢、罗讷河与塞纳河畔，甚至远达西班牙埃布罗河流域，他们让当地人无比震惊。他们占领葡萄园，用俘虏的头骨做篱笆。每次胜利之后，他们都会派报捷使者去罗马，可怜巴巴地请求一小块土地，等谈判开始后又突然发起进攻。编年史家们记述了这种日耳曼式的狡诈和背信弃义。当马里乌斯经过八年苦战将他们击败时，他看到无数日耳曼妇女为了避免成为俘虏，将自己的孩子推到大车下面，然后自杀。

"辛布里的恐惧"已经变成了罗马的一个可怕传说，这也是恺撒前往高卢的原因之一。意大利之所以要征服法兰西，就是为了保护自己免受日耳曼人的侵害。早在公元前1世纪，法兰西就饱受日耳曼侵扰，其原因和2000年后并无二致，都是因为它的土地更肥沃。几个世纪之前，高卢人从希腊殖民地那里学会了酿造葡萄酒和压榨橄榄油，又从罗马人那里学会了种植谷物和饲养绵羊。这些都为他们带来了更多的窥觊。

罗马的最终失败可能要源于奥古斯都，他过于偏爱那些日耳曼人,甚至认为这些金发的条顿人是生性懦弱的种族。他给予一些日耳曼部族土地和特权,并接收许多大公的儿子在罗马为官。这些金发的条顿人很快获取了那些骄纵女子的欢心,变成了她们的情人,条顿的金发很快就在罗马流行起来。在这个问题上,贺拉斯甚至比奥古斯都看得更远。

奥古斯都还喜欢雇佣日耳曼人充任自己的卫队,这些外来者在罗马皇帝的卫队中学习了能学到的一切知识。正因为如此,这些日耳曼大公的儿子才能在回到家乡后,在原始森林里更为轻松地歼灭罗马军团。

这就是奥古斯都在其最后一年遭遇惨败的原因。这位罗马皇帝希望能做出一番超过恺撒的功绩,他在晚年时发起了一次针对日耳曼人的征战,计划在易北河与多瑙河建立罗马防线。他率领大军来到波罗的海,并在此登陆,15万罗马士兵生平第一次在野生丛林里过冬。日耳曼人阿米纽斯以前是罗马骑士,于是他装扮成法卢斯军营中的罗马人,侦察到了罗马军队的所有情报。

我们很难见到日耳曼人在公元9年大胜罗马人的记录,因为胜利者不会写字,失败者又不愿写。能回到家的罗马人微乎其微,这支罗马大军被古代的"第五纵队"引入了沼泽和丛林深处,统帅法卢斯最终自杀身亡。

奥古斯都就这样垮台了,他没能活着看到复仇的那一刻。

奥古斯都统治罗马的时间很久,他却选择了一个拙劣的继承人。在接下来的55年中,先后有四位皇帝上台,虽说没有能将庞大遗产摧毁殆尽，也称得上是挥霍无度。这些颓废放荡的继承人有三个死于谋杀或自杀，唯一一位患有精神忧郁症的提比略倒是熬到了退休。卡里古拉去世后，元老院为了新皇帝争吵不休，最后执政官卫队把一个瑟瑟发抖的老学者拖了出来，这就是克劳迪乌斯皇帝。

尼禄多才多艺却屡遭诋毁，他在位期间弥合了前几任皇帝与元老院之间的裂痕，迅速地稳定了国内形势，并迷恋于建造各种工程，譬如科林斯运河。

尼禄的结局也并非完美，他死于食物中毒。保守的元老院宽恕了尼禄暗杀和纵火的罪行，他身为皇帝却在节日时担任歌手的行为严重冒犯了罗马的尊严。元老院要惩罚的正是希腊人所赞美的艺术、天才和美。罗马民众在开始时支持尼禄，但当他们看到埃及船装载的并非谷物，而是建筑用沙子时，他们也背弃了皇帝。

在尼禄之后的继任者中，弗拉维攻陷了耶路撒冷。这些继任者都乏善可陈，唯一可说的就是皇冠第一次戴到了平民头上。

犹太人反对罗马人的起义持续了20年，当殖民地的掌权者试图没收神的圣物和神殿资产充作赋税时，一个民族联合起来驱逐胜利者也就不足为奇了。巴勒斯坦聚集了整整300万犹太人，在亚历山大城，起义和大屠杀交替进行，罗马人最终取得胜利。据说有4万人在围城战中罹难，只有两个人最终被俘。

公元79年8月24日，这一天的灾难和毁灭超过了任何战争。这一天，维苏威火山埋葬了庞贝和赫库兰尼姆两座城市。这些城市的居民没有死在人类之手，而是死于上帝之手。这些人都是在刹那间死去的，几个世纪之后城市被挖掘出来时，展示在人们眼前的是一个被定格的古代都市。

在我们这个时代,所有的文物都只能以碎片的形式揭示古代世界。只有在庞贝,全部的生活片段被一场突如其来的火山灰保存完好,似乎在向我们神秘地微笑。

保罗改宗

在星光照耀下,一群贤明的长者在雅典卫城附近的阿瑞斯山冈上集会,他们聚在一起主持了一场对一个陌生人的精神审判。

受审者是一位50岁左右的男人,他或许留着灰白色的胡子,穿着托加袍笔直地站在那儿,像一个真正的罗马人演讲时那样伸出右手。他的罪行是鼓吹新兴的基督教教义,也许这一罪行不足以让这些长者给他毒酒,但监狱和锁链已经离他不远了。

在普通人看来,这个男人实在过于大胆,竟然胆敢在这里——雅典的中心,宣扬这个新教义。他难道不知道这里是嘲弄与傲慢的故乡吗?在这里有互为敌对的斯多葛派和伊壁鸠鲁派,两派学者都认为自己优秀得多。

那一天,与雅典人对峙的人就是使徒保罗。他造成的影响,把他的生命带到了一个更高的境界,使他成为古代最有影响力的人之一。正是他把犹太教的新兴基督教改造成了一个世界性宗教。

只有善于行动的人才能从经历的动乱中受益,这种非凡的进取心正是保罗与其他使徒不同之处。保罗出生在小亚细亚的塔尔苏斯，当时，这个城市与亚历山大和雅典都是希腊文化的中心。他在这里先后接受了希腊和犹太教育。他的父亲是一个帐篷匠，他继承了父业。他在30岁时回到了耶路撒冷，在那里，他用法利赛教徒的所有热情来反对犹太基督教这个新兴小教派。

耶稣两个主要使徒的历史都开始于他们对他的否定：彼得背叛了神，而保罗杀害了神的门徒。后来，他们相遇、并互相忏悔了自己最黑暗的时刻。他们唯一能做的，就是投身于传播他们曾不公正地对待过的基督教教义。他们这样坚持了30多年，最终弥补了他们不信耶和华的过错。

保罗是一个伟大的人，最初彼得否定主，在与保罗的一场著名辩论中再次显示出了这种软弱；彼得在耶稣临死前的背叛是可怕的，相反，保罗这个从未见过基督的狂热教徒却很容易理解耶稣；彼得没有任何关于世界的知识，而保罗几乎无所不知；在罗马帝国，很少有人知道彼得的成就，神学家们甚至怀疑他是否来过罗马；事实上，圣彼得教堂应该叫作圣保罗教堂，那座经常被人亲吻的青铜雕像携带的不应是钥匙，而是书本和剑，因为这是保罗的标志，他既是学者也是勇士。

同时保罗也是一个天生的罗马人，这使他能自救于生命中两次最危险的处境。罗马血统赐他阳刚气质和与生俱来的高贵，这令最高长官惊讶不已。而更重要的是，这为他的教会带来了数以千计的罗马人。他是罗马教会的奠基人，不是因为他在这里被杀死，而是因为他在这里奋斗了许多年；不是因为他在这里作为殉教者牺牲，而是因为唯有罗马社会的人，才能建立罗马教会。

他皈依的方式也十分符合罗马人的性格，在砸死了耶稣门徒司提反之后不久，保罗骑马前往大马士革，目的是要用石头砸死那里的其他耶稣信徒。在路上，耶稣以其最著名的形象出现在他面前，这种显圣形式无疑是罗马式的。保罗和他的同伴骑在马上，他们从发狂的马上惊叫着摔下来。一道电光把他抛在地上，这不是幽灵或者别的什么，而是一种超自然力量。因为不可能用武力降服这种力量，保罗立刻选择了投降。

这富于戏剧性的一幕在《福音书》中可谓独一无二，它结束于一种真正的罗马气概。保罗没有因为自责或懊悔而撕扯头发、苦苦求饶，而是立刻以男子汉的气概提问："我应当做什么？"他把沮丧抛在脑后，在成为基督徒的同时，也成了一个甘为耶稣献身的勇士。

保罗一直都是单身——彼得却结了婚——他身边总少不了朋友。他像年轻人一般爱憎分明，他是一个真正的城市居民，出生在塔尔苏斯，生活在安提克、以弗所和科林斯，最后是罗马。

他从来不曾要求其他人供养他，他总是依靠自己的手艺获得食物，即便在生命末期依然如此。

一个晚上，他以一个有关希腊的例子证明自己的主，他的言辞犀利，最终却无法改变那些固执的头脑。

保罗开始指责这些贤人无知、草率、充满偏见，并以即将到来的末日审判威胁他们。这一切都让那些法官放声大笑，并进一步认为保罗是个危险人物。保罗想方设法从牢房中逃了出来,第二天他逃到了科林斯。

在雅典和科林斯,这两个属于罗马帝国的城市里,迫害这个犹太教徒的不是希腊人,而是犹太人。他们跟保罗曾经的作为极其相似,都极力反对这个新兴小教派。保罗设法取得了将他的使命带往地中海沿岸的许可,他把自己打扮成一位不存在国家的大使——这在他生命最后的15年里是常有的事。

保罗在耶路撒冷被捕,以老人的身份被囚禁了两年。犹太人把他移交给罗马人,这一遭遇和耶稣十分相似,却更加坚定了他的信念。

有预兆显示保罗将死于罗马,在保罗第一次被宣布无罪后,某些魔鬼引导着他再次来到罗马。在那里,一位厌烦了这一切纠纷的法官判决,将这位罗马公民用剑处死。

盛极而衰

君主王朝的优点都在于具有连贯性,缺点则是会交替出现不合格与合格的君主。最好的解决办法是,强大的统治者宁可选择有能力的陌生人,而非无能的亲生骨肉。

奥古斯都的选择机会遭到了死亡和阴谋的破坏,皇位由谁来继承取决于少数军官的垂青,他们会在一个军营里宣布一个新皇帝,有时候三个军营会分别产生三个新皇帝。元老院的老议员涅尔瓦称帝之后发现收养王储更为可行，因为他没有儿子。从那时起，接连出现了四位通过收养方式得到大权的皇帝，而这四位皇帝都很出色。

从图拉真到马可·奥利利乌斯的近90年中，这四位皇帝给了罗马最好的管理。党派之争和私人军队之间的打斗终于停息，叛乱和暗杀也不复存在。

图拉真了解海洋，他在亚得里亚海和台伯河修建港口，在苏伊士修复运河，还有那座横跨塔霍河的著名桥梁，这些杰作都展示了人类严谨且富有建设性的天资。图拉真与反叛的帕提亚人进行了长期战争，他沿着亚历山大大帝的足迹再次造访印度洋。在他的统治下，罗马帝国的版图达到了有史以来的最大面积。这位西班牙裔罗马人，他酷爱读书，塔西陀、普鲁塔克等人都生活在这个时代，并受到了他的保护，《新约·福音书》的作者约翰也是如此。在这一时期，权利与和平共同达到了新的高度。

图拉真在收养继承人哈迪安前犹豫了很久，因为这位养子活泼又外向的天性与他截然相反。哈迪安是一个西班牙人，他却第一个蓄起了哲学家式的胡子。他继位之后，立刻放弃了与日耳曼人和不列颠人作战，只建立了边墙和要塞来防御敌人。他放眼世界，标榜秩序，他给军队带来了一个新的女神，名为"纪律"。他统治的一半时间都在旅行，他最喜欢的地方是雅典。他规定他的继承人，必须依照他的先例收养一个天赋出众的侄子。

马可·奥利利乌斯，是一个讨人喜欢、优雅灵敏、善于思考并雄心勃勃的17岁青年。安东尼·庇护是他的叔父，在阴谋丛生的世袭王朝里，皇帝和继承人这样融洽的关系极为少见。这种罕见的情景持续了23年，这位年轻人娶了老皇帝的女儿之后也未曾有任何变化。安东尼乌斯74岁那年，他在城外发烧去世。

马可·奥利利乌斯40岁才当上皇帝，在此之前的八年里，他一直担任一个堕落义兄的助手，痛苦地忍耐着后者。王子们必须接受长时间的连续学习，他不得不在这一过程中不断向年长者证明自己，正是这一过程教会他如何达到理想与现实的和谐。治理国家对他来说并不新鲜，只是责任而已。马可·奥利利乌斯始终在积极地研究人性、社会制度、罗马帝国及其行省、帝国的附庸和敌人、平民和富人的需求、国家和人民的关系。

这四位皇帝都是独裁者，都是在执政官和元老院搭起的舞台上行动的暴君。但实际上，他们却能认真听取人民和军队的呼声与意愿。

我们得回想一下其他富有哲学思想的王子们，比如弗雷德里克大帝。他把思想与行动划分为两个不同的世界，把闲暇时间全交给智慧和音乐，毫不关注君王事务的学习。而马可·奥利利乌斯则是个关心每个细节的新教徒，他从不疲劳、从不烦躁，还从不愤怒。但命运似乎决定要考验他，他的统治开始于火灾、瘟疫、洪水、地震和谋杀，不久还陷入了长期战争。日耳曼部落再次进攻，同时他还不得不出兵平复犹太人、埃及人、帕提亚人和高卢人的叛乱。

他反对基督教的原因有很多，最主要的一条是，他认为自己完全是一个罗马人，是恺撒之后所有皇帝中最具罗马人本色的一个。

马可·奥利利乌斯在58岁那年死于一场战争。他在继承人问题上表现出了一种古怪的懦弱，他亲眼看见了两次自由收养的结果，完全误解了儿子康姆达斯的性格，进而恢复了世袭法则。于是，这条精心筑成的伟大帝王之链就此中断。

四海之内皆兄弟

罗马就像一座巴洛克式大教堂，穹顶之下是一个辉煌璀璨的中心，数千人能聚集在此共同享受一个伟大建筑所提供的保护。除了神之外，人们可以在这里找到大教堂应该拥有的一切：宁静、秩序、安全和尊严。神在罗马帝国已经变成了一种强烈的权力欲望，脱离了内心情感，转而固化为黄金和大理石。

罗马帝国是一幢森冷而庞大的建筑，有6000万人生活在整齐的城区里。到处都有类似的罗马城市，以弗所、士麦那、帕加马的居民人数都超过10万，亚历山大城有100万，罗马城则有200万。

这一切都是以罗马民族精神出发来设计规划的，罗马的建筑师设计的拱形导水渠，把水从遥远的山泉输送到城市中。在尼姆、马赛、塞戈维亚以及地中海沿岸，这些长达数千米的拱形水渠穿越整个乡村，令人印象深刻，叹为观止。同时，前所未有的条条大道分别连通了罗马和阿尔卑斯、拜占庭，以及雅典。尽管它们被计划用于军事目的，但同时也促进了商贸发展。道路两边冒出了无数客栈，它们全都脏乎乎的。这些客栈都充斥着骗子、皮条客、医师、驯兽师之类的三教九流,比我们现代旅馆的住客复杂得多。

罗马邮政按照波斯样式建造起来。恺撒引进了驿传制度,每隔一定距离就换人或者换马。不久又出现了定期的四轮邮政马车,传信的奴隶一天要跑64千米,甚至96千米,直到他们倒毙途中。当时的秘信会藏在兔子胃里,但仍不保险。人们有时会把一个奴隶的头发剃光,在头皮上写完信再等他头发长出来,收信人剃光送信人的头发便可取得秘信。

这些备受赞美的秩序,只有在官僚政治下才可能出现,而这种官僚政治成了其后所有官僚政治的原型,并像罗马法律那样不断重现:每一件事都被规范化、数字化及系统化;造币、度量衡和货币制度一概实行统一标准;粮食和原材料需进行高效的整体分配。当时,地中海地区就等于罗马帝国。

这样的情况造成行省越来越多,在神圣罗马帝国统治下的和平年代,各地君主们很容易产生宾至如归的感觉。图拉真是第一个以君主身份进入罗马的外省人,这着实令罗马人吃惊。在他之后,更多的人接踵而至,包括外国人甚至从前的敌人。

奥古斯都把帝国扩张为22个行省,但这仍然无法使穷奢极欲的罗马满足。据普林尼估计,光是购买中国丝绸、印度珠宝和阿拉伯香料花掉的财富就高达数百万。奥古斯都征服埃及这个地中海最富有的国家之后,获取了大量谷物,除此之外,还有整船的玻璃、亚麻布、花岗岩、雪花石膏和玄武岩,甚至还有青铜和乐器。除埃及之外,还有整个小亚细亚为罗马提供谷物、羊毛和工业品。在那个商业帝国里,熙熙攘攘地挤满了腓尼基人和希腊人的继承者。

安提俄克是个奢靡至极的帝国城市，它利用地理优势向大都市发送各式各样的贵重物品。它越来越富裕，甚至吸引了造币厂落户，一度成为罗马帝国内最引人注目的城市。最终，它的轻浮毁灭了自己。公元6世纪，安提俄克的居民在城墙上对一位来谈判的波斯国王大加嘲讽，这位国王一怒之下突袭了这座城市，将所有居民都卖成奴隶。

　　在地中海的东南角，亚历山大与安提俄克同时处于繁荣时期，但它的发展与后者截然不同。虽然同为商业中心，同为贪婪的罗马服务，同样是个充斥着金钱、讽刺和阴谋的大城市，但是它已经取代雅典，成了希腊文明的焦点。第一位托勒密为这座城市打下了良好的基础，学院、图书馆和博物馆，这些建筑成就了亚历山大城的名望。这座城市里聚集了大量学者，历史、地理都得到了长足发展。由于允许解剖，这里出现了许多伟大的医生。欧几里得在此教学，艾拉托色尼计算地球的大小与今天一样准确，希罗还制造了第一台蒸汽机。

　　阿基米德在这里接受教育，并从数学研究转向军事机械和武器研究的新领域。与此同时，机械师们还能调节尼罗河的水流量。除了19世纪的巴黎之外，再没有别的城市能够拥有亚历山大那样发达的文化、财富、艺术和科学。

　　在所有行省中，希腊是拥有最多追随者的一个。各个时期的罗马各个阶层都崇拜这位伟大的母亲。皇帝们一个赛一个地努力平息希腊人因为科林斯的毁灭而产生的愤怒，恺撒临死前还修建了一座新科林斯作为首都。奥古斯都在希腊修建道路,这是希腊2000年来唯一的优良公路,雅典曾给予罗马不计其数的利益和教导,而这些道路则代表了罗马对雅典低声下气的感激之情。罗马只懂得考虑道路和法律这方面的问题。

枯萎的花冠

资金和士兵是罗马帝国屹立不倒的两大原因,或者还可以加上航海,但那也是建立在资金上的。在那个时代,海上旅行的速度并不比现在慢上多少。顺风的情况下,从那不勒斯到科林斯只需5天,即便是今天,这样的航行也需要2天;从罗得岛到亚历山大只需3天;从墨西拿到亚历山大只需6天;还有旅行者只花了24天,就从乌克兰东南方的亚速海到了埃及。

航运的发达带来了商贸的蓬勃发展,各大城市和港口都十分繁忙。以罗马为例,在它的港口里可以看到许许多多来自天南海北的物产,包括高卢和不列颠的牲畜、瑞士的干酪、卡尔西顿的金枪鱼、塔兰托的牡蛎、埃及的小扁豆、叙利亚的李子、亚美尼亚的杏、波斯的桃子、西班牙的羊毛和波尔多的葡萄酒。

货币的购买力极强,一只羔羊只需0.5元,一加仑葡萄酒只需一个分币,一个哲学家一天的生活只需4个分币即可满足。相比之下,士兵们的薪饷非常高,一个士兵一年的薪酬是50元,退役时还会得到皇帝的补贴1000元。在长期服兵役之后,奴隶们也能赎回自己,并变得十分富有，那些贫穷的贵族不得不一边蔑视他们，一边向他们献殷勤。

跟别处一样，罗马人的堕落程度主要体现在两个方面：腐败和奴隶制。

老加图曾大声抱怨说："倘若没有其他国家能让罗马害怕，那罗马会变成什么样？"他是对的。高利贷，也就是古代的银行业，在老加图时代就出现了。当时的利息约在48%左右，这在现在看来简直不可思议。苏拉统治时期有一个联合股份公司，罗马共和国向它借贷3000万元，10年后就得偿还给它1.5个亿！在皇帝们的纵容下，这种惯例扩展到了对欠债农民的征用、殖民地的掠夺、商业战争和奴隶贸易等领域，就像现代一样。那个时代产生的盈余并没有被用于再投资，而是浪费在了奢侈品消费中，这种纸醉金迷的生活必然会导致政治腐败。

奴隶制也是一样，它在帝国的统治下，用比人口增长更快的速度成长。数百万罗马人的奴隶都由附属国的市民补充，因此，在价钱下跌的同时，奴隶的平均教育水平却提高了。罗马暴发户的家里往往拥有数百名奴隶，除了随从、厨师和男仆之外，还有家庭教师、医师和音乐家。

在较早的时期，只有家务和园艺工作需要用到奴隶，但在罗马的建立过程中，出现了超廉价的工人与奴隶竞争。因为到了冬天，人们可以将这些工人赶出门外，但必须负担奴隶的生活费用。资本家对无休止的战争感兴趣，因为这增加了投资机会，也降低了奴隶的价值。一场胜战之后，奴隶的价格不是往常的25元或100元，而是4元或8元，但一匹带鞍的好马却可能价值300元。由于过分低廉的价格，奴隶们的身份和尊严也随之降低，被称为"会说话的工具"。唯一能让人们重视的，只有深谙性爱之趣的东方美人、懂得制造毒药的奴隶以及擅长绘制色情壁画的奴隶。

基督教犹如一股新生力量闯入了令人厌倦的旧世界，它的思想即使不算新鲜，但至少形式颇为新颖。在教会和政府之间，年轻的教会希望与年长的政府结盟，但政府却长期保持着消极态度。

基督教成功的原因，在忠诚、哲学和世故之外，还有第四个也是最首要的一个原因。基督教是无依无靠者的信仰、被压迫者的希望、穷人的慰藉，而在罗马帝国，这种人比军团士兵还多。耶稣基督在加利利最早的朋友和信徒，就是数千名乞丐、工匠、农民、老年妇女、穷人和文盲。

在地中海社会以令人吃惊的速度崩溃时，基督徒的普及趋势起到了力挽狂澜的作用。假设日耳曼人在4世纪入侵时，遇到的是一个异教的罗马，他们的取胜将毫无阻力，古代文明也会就此沉沦。

伟大且强大的罗马已经衰老，虽然它看起来仍然威严，但殖民地的范围却开始萎缩了。唯一堪与罗马帝国的衰落相媲美的，就是沙漠在公元4世纪沿着小亚细亚和北非海岸持续延伸这件事了。

历史以其伟大的逻辑在重演。此前，年轻且充满侵略性的罗马崛起并保护了希腊文明将近500年。如今，希腊文明已经由罗马那双衰老疲惫的双手托付给了年轻而风头正盛的基督教。在地中海古代世界，罗马人和基督教徒最伟大的功绩，就是保全了希腊文明。

戴克里先归隐

外来者对地中海沿岸的入侵，代表了一段300年的历史。事实上，帝国会毁灭，但民族永远不会消亡，他们会融入其他民族之中。罗马人、犹太人甚至印第安人都没有被消灭，胜利者往往会和被征服者融合，吸收他们的人口和传统，经历一个逐渐转变的过程。

作为地中海的征服者，哥特人、汪达尔人、法兰克人、阿勒巴尼人、匈奴人和伦巴第人创造的一切功业很快都烟消云散。被他们征服的民族并没有灭亡，入侵者没有带给他们任何东西，却接纳了他们的一切。所谓罗马帝国的陷落，其实只是一个慢慢老化的政治实体将要分裂成更年轻部分的过程。3世纪到6世纪，罗马帝国就像一位传说中的富裕国王，把自己的10个女儿嫁给了10个陌生、尚武、险恶的王子，并把王国分给了这些咄咄逼人的继承人，同时依然以自己的生命力将整个王国长期维系在一起。

第一个也是最危险的求婚者是哥特人，他们来自斯堪的纳维亚，是技术高超的航海家。他们沿着河流来到南俄罗斯，并在黑海再次成为水手。第聂伯河分开了这支民族，把他们分为东哥特和西哥特。250年左右，他们推进到了多瑙河口，成了罗马人的邻居。当时的罗马皇帝是第一个具有阿拉伯血统的菲利普斯·阿拉布斯。东西哥特交替困扰地中海约一千年之久,其大举入侵始于一次冲突。在这次冲突中,罗马皇帝阿拉布斯被击败,他被劈开头颅死在了战场上。

在阿拉布斯继位之前,罗马在一年内出现了六个皇帝。在整个3世纪,相继出现了大约50个皇帝,其中绝大多数都是战士,所有这些皇帝都死于非命。

从当时创作的浮雕中,我们可以看出罗马帝国正在外来者入侵的压力下摇摇欲坠。由罗马军团推举皇帝,这一制度导致混乱不断升级,终于令战士们变得优柔寡断,以至于将新的选举机会拱手让给了元老院。

在3世纪末期,有两个强大的、出身卑贱的伊利里亚籍军官先后占据了皇位。他们中的一个——奥利安,扮演了太阳王的角色,宣布太阳为皇帝的神,同时他把罗马打造成了一座堡垒。作为皇帝,他还镇压了多处行省的叛乱。而且,他还是第一个头戴东方式王冠和身穿金丝绣袍的罗马皇帝。

他的继任者戴克里在当上皇帝之前是皇家侍卫,他的王位竞争者最初是个划桨手,后来成为驻扎在布伦港的罗马帝国不列颠分舰队司令。这位对手后来在不列颠自立为皇帝,其政权持续了七年之久,直到他被杀身亡。

戴克里先是一个地道的暴君,他废除了奥古斯都建立的长达300年的半共和制度,选择了一位搭档和他一起统治,同时皇帝下面还有一位"亚帝"。他把整个皇帝团队称为神的家族,他还引进了一种谨慎的四辖区管理模式。这样一来，他就复兴了曾创造了四个最好皇帝的收养制度。

戴克里先是一个国家社会主义者。他剥夺了臣民们的自由，但以提供食物和庇护为回报。在军队、运输业、食品生产等必不可少的行当中，儿子们必须继承父业；每个地主都要为其手下人的赋税负责；中产阶级和神学教育都无法继续存在。此时还出现了历史上第一份最高价格限定表，它管制着工资和商品的价格，管辖种类从黄金到鸡蛋无所不包。它不但规定物价，还限定了各种职业的薪水标准，从剪羊毛工到律师，应有尽有。警察局和国家监狱的总部设在罗马。

戴克里先还管理着帝国的宗教，他毁坏教堂，恐吓公共集会，没收教会财产。他不断地把自称基督徒的人赶出政府，并完全不顾法律规定驱逐他们。

戴克里先既不是杀人犯也不是花花公子，也不曾肆意挥霍，他是一个杰出的公正的统治者。他做出了历史上罕见的事情，那就是主动放弃最高权力。戴克里先在55岁时退休，并迫使懦弱的联合皇帝以他为榜样，这样就给年富力强的"亚帝"们腾出了位置。戴克里先在他的家乡达尔马提亚修建了一座豪宅，在那里，戴克里先——一个奴隶的儿子，过着一个绅士般无忧无虑的生活。

他那个不甘寂寞的搭档不久之后就介入了王位斗争，与儿子反目成仇，经受了新的战争和失败，最后神秘地死去。他徒劳地试图把戴克里先从田园生活中引诱出来，但后者丝毫不为所动，向世界证明了一个像神一样被崇拜的统治者，也可以在晚年选择灵魂的宁静，而非接受权力的诱惑。

第一个基督教皇帝

当我们从高空俯瞰伊斯坦布尔时，很快可以发现这是一个得天独厚的城市。它位于两片海洋和两块大陆的交汇处，这是一个在全世界都独一无二的地理优势。它的右边是深蓝色的黑海，左边是温柔起伏、波光如镜的马尔马拉海。

造林人栽种的林木通常无法给他本人带来多少乐趣，同样，这座城市的建造者君士坦丁也未来得及享用这座城市，但他的名字因此流传下来，就像亚历山大一样。这使得他比其他的罗马皇帝更为子孙后代所了解。

君士坦丁与奥古斯都相似，都是经过多年的党派斗争赢得了统治地位。他出生在塞尔维亚，是一个官员与酒馆老板之女的私生子。但他受到了精心的培养，作为皇帝的女婿，他就像奥古斯都一样成了理所当然的继承人。

君士坦丁与奥古斯都有着相似的头型，严肃而警惕的表情，但他没有奥古斯都那么深藏不露，也没有后者那么虚伪的表演天赋。君士坦丁在基督徒受迫害之际，立刻将基督扶持成为帝国的支柱，但同时承认这是一个权宜之计。他直到临死才接受洗礼。他比试图窥探别人的奥古斯都强大，也更孤独。与亚历山大相比，君士坦丁是个更加勇敢的统治者。

在君士坦丁伟大的一生中,也有黑暗时刻。君士坦丁的搭档曾与他为敌,结果被君士坦丁的儿子击败并俘虏。然而,他的儿子后来遭到了继母的迫害,最终被毒死。一切真相大白时,这位皇后在她的浴室里被活活煮死,她的兄弟和外甥也被一种极其血腥的方式清除殆尽。

这些伟人身上最令人惊讶的,就是他们在经历了巨大悲痛之后,仍能继续开创伟大事业。君士坦丁开创他的新事业时已经年近50,到他死时,已经完成了30年统治期。把罗马帝国的中心向东方迁移,无疑是一种全新的思想。或许君士坦丁的目标不是奥古斯都,而是亚历山大大帝。

与他交战的对手撤退到了拜占庭,这才使得君士坦丁发现了这块地方独一无二的地理位置。就像拿破仑所说:"谁拥有了君士坦丁堡,谁就拥有了全世界。"

传说中,这位皇帝最初是打算在小亚细亚的斯库台附近打地基,但一群雄鹰抢走了测量绳,飞过马尔马拉海,把它们扔在了欧洲。这样的提示使君士坦丁特意去咨询了特尔斐的神谕和星相家,最终他选择了现在的地址。

五年后,为了让这个城市神圣化,他以自己的名字将其命名。在大量的节日中,为贴近罗马时尚,他举办了大规模的比赛。同时向那些已移居此地的元老院议员们展示这座城市的杰作:传道者的新教堂、皇帝的陵墓等等,还有为人们提供葡萄酒和橄榄油之类的奢侈礼品。

年轻的基督教没有自己的艺术,它只好借用希腊艺术。当议员们第一次登上新元老院的台阶时,他们发现元老院门外摆着林多斯的雅典娜像、多多纳的宙斯像,还有特尔斐的巨蛇柱。在君士坦丁堡的新广场上,基督徒的保护者,皇帝本人的塑像就像阿波罗一样矗立在高高的岩柱顶端。

在当时的各种官方文献中,"神"这个词的含义是模糊不清的。对于民间的街谈巷议,君士坦丁有着一个政治家的敏锐听觉。基督教在经历了严酷迫害之后,已经拥有了更加强大的内在。当皇帝意识到这个强大团体必须被承认时,他便把基督教的象征物画在了盾牌和旗帜上,而他仍以阿波罗的形象出现在世人面前。

君士坦丁曾被视为第一个基督徒皇帝,但他本人其实是个没有信仰的人。作为一个专制君主,他改进并完善了两位前任留下的极权国家。在著名的尼西亚参议会上,君士坦丁显示了独裁特征,后来的教皇们继承了这一点。他既是皇帝,又是教皇,他是第一个身兼两者权威的人。

这个彻底的独裁者,用东方的风俗、衣饰以及首都的新防御工事来培养自己的自信,一直等到最后一刻才归顺了装饰在旗帜上的十字架。他在一次对波斯的远征前身染重病,于是接受了洗礼,基督徒们封他为圣徒。

君士坦丁之所以被誉为"伟大",主要是他认识到了基督教的使命。身兼皇帝和教皇之职,统率着"一群幸运信徒的精神团体",实际上它已经成为当权政府与教会的同盟的领导者。如果教会没有分裂,那么它很可能在下一个千年的世界霸权之争中获得胜利。

外族的入侵打断了这个进程。君士坦丁在其他方面都很有远见,唯独对外族人入侵的危险却认识不足。他是第一个对日耳曼裔官员和宫廷随员委以重任的人,甚至邀请日耳曼人渡河去惩罚高卢人。法兰克人进入高卢、阿勒曼尼人横渡上莱茵河、汪达尔人进入匈牙利,这些举动都得到了君士坦丁的容忍甚至鼓励。

在君士坦丁死后,他的儿子被谋杀,其后家族的一半成员也惨遭杀害,只有一个无人关注的五岁小孩幸免于难,一个主教和一个阉人把他培养成了一名牧师。当君士坦丁的两个亲戚开始共同统治国家时,这个孤独的小家伙正在君士坦丁堡学习修辞学。那时,他遇到了一个来自乡下的希腊哲学家,并通过他理解了新柏拉图学派哲学的智慧。他看到过许多宫廷暴行,也听说过许多他的家族的流血事件,这一切都是以基督教的名义进行的。他对自己本应相信的基督教产生了怀疑,接受了流传自希腊的古代思想。

24岁那年,他被一个孤僻的皇帝从柏拉图学院强行召回。虽然他没有一丁点战士的特质,却被派去同外族作战。他成了皇帝的妻弟、搭档,以及莱茵河地区的军事指挥官。阿勒曼尼人已经进入高卢,他们所到之处烧杀抢掠无恶不作。这位王子是个真正的罗马人,还可能是一位天才人物,他总是战无不胜。在斯特拉斯堡,他赢得了伟大的战役;在巴黎,他建立了自己的司令部。

他的名字叫朱利安,他既是将军,也是思想家。从某种意义来说，他是第一个巴黎人，因为这个城市刚刚建立时，正因为他的名字才得以家喻户晓。

朱利安在鲁特西亚修建了一个城堡，这个塞纳河边的古老城市曾因恺撒而广为人知。朱利安在军队中极受欢迎，嫉妒的皇帝因而下令把他派往波斯，那个地方一贯以发配皇帝的对头而闻名。朱利安本打算服从命令，但在军团的送别宴会上，那些不愿接受这个改变的人揭竿而起。他们在夜间闯入将军营帐，给朱利安提供了两个选择：要么死，要么马上登基。

这戏剧性的一幕，得到了所有发起者的支持，最后也以必然的结局收场。几个可能是喝多了酒的军官，便创造了一个历史上的转折点。这是罗马士兵第一次以这种方式，用他们的盾牌推举出了自己的新主人。这是尚武的日耳曼人给地中海文明带来的第一个小小改变。君士坦丁堡的皇帝派出了一支军队来对付这位叛逆者，朱利安也率领着他的军团向君士坦丁堡挺进。正在此时，皇帝突然驾崩，这避免了一次不必要的内战。

朱利安在硬币上的肖像看起来并不狂热，事实上也是如此。由于继承了柏拉图的思想，他总是力求做到宽容，但这种努力常被他对基督徒的愤怒所颠覆。他的天性接近马可·奥利利乌斯，而后者正是基督教的敌人。然而朱利安缺乏明晰的洞察力，也不具备辨别轻重缓急的能力，他总是有些神经质。

朱利安没有禁止也没有消灭基督教信仰，他只是取消了对基督徒的优惠政策并禁止公开布道。他为异教的牧师们构想了一个组织,还为一流的思想家任命了政府要职。但三年后,他在波斯阵亡,也许死于某个基督徒士兵之手。

他试图复兴古代思想,但这段短暂而令人激动的尝试毫无成效,留给后世的只有一个知识革命者的典型形象,以及一个从他的时代开始就不断出现的称号:"叛教者"。

罗马的第一次浩劫

400年左右,日耳曼人第一次使地中海遭遇了大规模的毁灭。民族迁移早在200年前就已经开始,但在马可·奥利利乌斯统治期间,这种迁移才发展成一场哀鸿遍野的惨剧。东方的蒙古人横穿亚洲,赶走了比他们更早抵达南俄罗斯的北方部族,生存的需要和同样的好奇心使得后者杀向地中海。古代迁居地中海的民族带来了自己的一切并促进了地中海的发展,但日耳曼人什么都没带来,同时几乎毁灭了一切。他们在数百年后又突然消失得无影无踪,连一丝痕迹都没留下。

南下的西哥特人原本臣服于拜占庭皇帝,他们向当时的皇帝瓦伦斯请求赐予土地。瓦伦斯没有与他的官员达成一致,暂时把渺无人烟的色雷斯地区部分土地开放给他们。但西哥特人的数量超出了罗马人的预计,双方的摩擦日渐增多,最终爆发了起义。公元378年,皇帝瓦伦斯御驾亲征,但在阿德里安堡战役中轻敌冒进导致一败涂地，损失了三分之二的兵力，自己也受伤被抬进一处当地农民的茅屋。获胜的游牧民并不知道他们最大的战利品就在这里，于是疯狂地烧掉了所有的茅屋，瓦伦斯就这样死掉了。

继任的皇帝不得不暂时与这些人达成协议，双方暂时结成了盟友。提奥多西是最后一位重新统一罗马的皇帝，他临死前把年少的儿子托付给一位半外族人。

这个半外族人就是斯提利科，一个默默无闻的汪达尔人的儿子。他让帝国的两个部分陷入长期的对抗之中，把战争从罗马带到君士坦丁堡。罗马的贵族经常怀疑他是日耳曼人的间谍，他的混血儿生活是一场悲剧。他的成就是反抗另一个日耳曼人阿拉里克。

410年夏天，阿拉里克的部落劫掠了沦陷的罗马，这是罗马遭受的第一次浩劫。1500年，悲剧再次上演，这次的导演是新的日耳曼部落，前后两次相隔1000年，却没有一丁点进步。当阿拉里克打算乘船前往非洲时，他突然死了。

继西哥特人之后，汪达尔人赢得了遗臭万年的声名。在他们掠夺罗马之后，他们的名字就被用来指称那种最凶残的毁灭形式。

他们从东普鲁士出发，横渡莱茵河，穿越高卢，抵达比利牛斯山脉并为躲避战乱继续南行，直到北非沿岸。盖撒里克是第一个，实际上也是最后一个汪达尔人国王。他统治了半个世纪，很可能是唯一一个在国王宝座上寿终正寝的外族人。他自称是"陆地与海洋之王"，并靠着他的舰队让整个地中海都陷入了恐怖之中。

450年，北方四个大族正走向征服之路。属于斯拉夫族的捷克人前进至波西米亚和摩拉维亚；盎格鲁人、撒克逊人和朱特人渡海抵达不列颠；而凯尔特族的不列颠人在他们到来之前就逃到了布列塔尼；汪达尔人和阿兰人在西西里和非洲建立王国，匈奴人也策马前来。

在所有这些民族中，匈奴人是最有趣的，因为他们并不用基督教作为入侵借口。匈奴人属于突厥-蒙古人种，是一个充满野性的马上民族，他们曾经征服过中国许多地区。他们一直保持着自己的天性，把弱者留在无穷的征途中，只有强者一代又一代不断向前。在5世纪，他们统治着一个松散的游牧帝国，其版图从西伯利亚直到丹麦。

当他们的盛名传到地中海时，罗马和君士坦丁堡之间，基督教各大教派之间，以及日耳曼部落之间都在进行着无休止的内战，匈奴人的名字就此变成了胜利的同义词。农民甚至贵族都投向了敌人，因为他们无法再忍受罗马人的野蛮，只能去外族人那里寻求仁慈。

"小圣父"阿提拉在多瑙河畔有一座木质宫殿，但他只睡硬板床，吃得也简单。他总是和他的骑兵在一起，生活在户外，即使是召开政务会议时也不例外。拜占庭的皇帝任命他为元帅，并向他进贡。君士坦丁堡的人们下意识地认为阿提拉是一种需要驯化的野兽，但实际上，阿提拉比同时代的皇帝们更像一个有责任的统治者。

当拜占庭大使谋杀阿提拉的计划败露之后，阿提拉得到要求的赎金就释放了他们,还赠给礼物和马匹。但是,他给策划此事的提奥多西二世送去了一封信,指出皇帝应为自己的所作所为感到羞耻。

在他身上还发生了许多罗曼蒂克的爱情故事。拜占庭皇帝的一个妹妹犯下了一桩风流罪,于是皇帝把她强行许配给一个朝臣。这个姑娘把自己的困惑告诉阿提拉,并赠他一枚订婚戒指让他迎娶自己。已经有了许多妻子的匈奴王意识到了这件事可能带来的荣誉和利益,他立刻派使者面见皇帝,请求迎娶这位公主,并要求用半个帝国当嫁妆。皇帝的拒绝引发了战争,阿提拉率领他的骑兵离开巴尔干向高卢进军,在香槟地区的卡塔洛尼平原被击败。这是无敌的匈奴人迄今为止遭受的第一次挫败。

尽管阿提拉遭受了一次失败,但他依然有足够的力量使罗马颤抖不已。教皇李奥一世来到阿提拉的营地里,试图收服这个外族人。这时,享受过诸多新婚之夜的阿提拉突然暴卒在又一个洞房花烛夜之后,很可能是一个日耳曼女人谋杀了他,日耳曼民族的史诗《尼伯龙根之歌》中还记叙了这个女人的事迹。直到临终前的一刻,匈奴王还在念叨那位赠他戒指的罗马公主。

在阿提拉死后,他那从莱茵河延伸至高加索的庞大帝国立刻瓦解了,他的继承人也随之遇难。

永不睡觉的统治者

公元500年左右,西地中海和南地中海成了条顿基督徒的内湖。奥多亚克终结了罗马帝国。然而,诸如非洲的盖撒里克、意大利的阿尔里克、法国的阿提拉等所有入侵外族都梦寐以求的地中海王国,却并非由奥多亚克,而是由他的对手东哥特人西奥多里克建立的。在长达30年的时间里,西奥多里克都维持着一种对意大利、西班牙、法国南部、雷提亚和达尔马提亚的松散统治权。

继西奥多里克之后,一个拜占庭人成了地中海最强大的统治者。他在反对日耳曼人的斗争中脱颖而出,并在近40年的辉煌统治中消除了来自日耳曼人的重压。

但丁在《神曲》中选择查士丁尼作为罗马世界统治权的新象征,这或许是因为查士丁尼成功地把帝国和教会联合起来;也或许因为他是最后一个能将整个帝国维系在一起的人。在君士坦丁时代过去200年后,他可以轻易地凭借日益强大的基督教信仰来统一地中海。然而,他更渴望的是权力,而非信仰。他终究是一个老式的罗马独裁者,更渴望统治地中海的海岸,而非臣民们的心灵。在皇权和宗教之间,还有第三种力量,那就是法律。通过法律,他尽其所能地将他的两个使命合二为一。

查士丁尼是伊利里亚一个农民的儿子,同时又是君士坦丁堡一位高官的外甥,成长于军营之中。因此,他终生都表现出了战士和农民的品质。他希望靠自己的力量做任何事,希腊人称他为"永不睡觉的统治者"。他是一个天生事必躬亲的独裁者，对任何事都要发号施令。尽管他复兴了罗马皇帝的辉煌，并以东方式的风格将之进一步发扬光大，但他本人的目标却只是禁欲、宽容和仁慈，他又因自己具有的这些品质而自命不凡。

在他漫长的统治过程中，唯一得以永存于世的就是他的法典。这部法典在两年内便准备完毕，此后只有部分补充修订。它被计划用来充当教科书，并最终成了今天西方国家法律的基础。

当然，查士丁尼首先还是继承了前人那份已有千年历史的伟大遗产《罗马法》，其大纲源于第一个罗马王国时期的《十二铜表法》，具有极强的合理性和实用性。如果我们仔细研究这些法典，就会发现它在许多方面体现了皇帝的意愿。例如规定穷人与富人完全平等；规定对民众的过失应当予以体谅；对父权的显著削弱，以及有意识地反对犹太法律原则等等。

在君士坦丁堡，存在着蓝党和绿党两派。查士丁尼要尽量阻止两派联合起来反对他的统治。第一年，这两个联合起来的党派率领着潮水般的民众冲入皇宫，试图摧毁它。

那天是查士丁尼的妻子提奥多拉救了他。查士丁尼40岁时才遇到她，她是一个马戏班主的女儿。作为驯兽师的女儿兼妓女，她少女时代就参加了芭蕾舞团，后来在一次马戏团的巡回演出中吸引了皇帝的注意力。在那个慌乱的时刻，她设法使自己的丈夫冷静下来，并命令他的将军去支持蓝党反对绿党，从而为他们两人赢得了时间进而保住了皇冠。直到她死去之前，查士丁尼大帝都深爱着她，并始终以她为荣。

除此之外，查士丁尼再没有遇上其他需要镇压的叛乱。在牢不可破的专制统治基础上，他展开了长达20年的帝国统一之战。他的武器是海军，虽然他不是一个将军，但他懂得把海军交到真正的行家里手去指挥。他的将军贝利撒留，以急行军击败了非洲国王，当他驶入迦太基时，控制地中海长达百年之久的日耳曼帝国随着最后的汪达尔国王一起垮台了。

有所得必有所失，在查士丁尼击败日耳曼国王并占领西地中海的同时，他在东部的实力大大削弱了。为了征服西方的外来族，他不得不容忍东方的外来族，也就是向波斯人进贡来换取边界的安宁。550年前后，匈奴人和斯拉夫人步步逼近首都，同时，年轻的巴尔干各族侵入科林斯地区。塞尔维亚人和克罗地亚人也出现在帝国北部边界，第一次出现在历史的聚光灯下。在二十多年的战争期间，帝国在生命和金钱上付出了巨大代价，皇帝甚至花光了他继承的百万黄金。

查士丁尼对建造公共设施的兴趣很大，他在这些方面表现出来的学问和激情要远远超过战争。他对丝绸文化表现出了浓厚的兴趣，并使得拜占庭最终不再依赖中国，拥有了自己的丝绸文化。其表现为，两个僧侣从中国偷窃了蚕种，装在中空的木桶里偷偷带回了拜占庭。

查士丁尼善于从细节中获得快乐。但他却签署了一项比任何死刑授权都更令他名声扫地的政令，他关闭了雅典的学院。

查士丁尼积极地参与了所有的问题。他终年82岁，在位时间约为他生命的一半。同时代的人很容易把他和汪达尔的盖撒里克相提并论，因为他们统治的时间一样久。

查士丁尼全部成就中最重要的是，他为未来制定的法律将会延续下去。这世界上有许多种哲学或理论，但却只有一种正义，其原则能够得到几乎所有民族的认可。查士丁尼比梭伦、莱克格斯或拿破仑都更坚定地确立了这些原则，并更精心地发展了它们。在此后的1500年里，查士丁尼的法典带给各地人民的和平与欢乐比任何宗教都要多，因为直到1933年仍没有出现任何可与它媲美的法典。从这个意义来讲，查士丁尼堪称人类最伟大的领袖之一。

拜占庭的奥秘

当查士丁尼从新皇宫的窗口眺望金角湾时，一个若隐若现的白色穹顶出现在他的眼前，那就是索菲娅大教堂。今天我们看到的那四个优美的伊斯兰式宣礼塔那时还没有出现，大教堂的美主要体现在他的内部。

相比其他教堂那些令人厌烦的小分区，在索菲娅大教堂内部，有个巨大且没有任何支撑的庞大穹顶，它足以令任何人倾倒。教堂的正殿是个巨大的椭圆形，宽30米，长73米，地面至穹顶最高处为55米。阳光从40个窗口齐齐泻入，还有100只鸽子正在自由翱翔，据说查士丁尼是第一个放飞它们的人。

查士丁尼是第一个使君士坦丁堡成为地中海首都的皇帝。公元前几个世纪里，乃至公元后不久，这个都市还仅仅是一个省会。第二次重建之后，它才声名鹊起，但依然稍逊罗马和亚历山大等城市。提奥多西二世修建了巨大的环形城墙，附有100个城堡，直到十字军东征之前，都没有任何敌人能攻克这座城市。

拜占庭帝国始终是独一无二的，其原因就在于对仪式的重视。除了古埃及法老之外，再没有人曾把仪式神化到这等地步。拜占庭统治者的历史，实际上就是一部仪式的历史。

为了巩固这个国家的基础，皇帝和宫廷必须以身作则。他们得花上几个小时来练习姿势，甚至精细到了每个手指。这些都是宫廷礼仪师的影响，他们还设法操纵政治。

从那时起便出现了培养外交家的学校，它造就了威尼斯人和阿拉伯人巧妙的政治技巧。事实上，在这里，在欧洲境内，高贵、从容、谦恭等我们喜欢用来描绘东方人的品质都变得愈加完美。一位低调的绅士，能够欣赏一切异族的东西，善于以眼神和行动来表达自信，而不仅仅是靠辞令。

君王的伟大理应公开展示于观众面前，持续几个星期的加冕礼和凯旋大游行为此提供了最好的机会。这不仅展现了辉煌和富裕，也表达了一种合乎礼仪的尊严，没有哪个国家曾见识过如此壮观的典礼。在西方，除了西班牙宫廷和威尼斯公爵的加冕礼，也许再没有其他仪式能接近这样的高度。为了这样的典礼，查士丁尼曾一次就花掉了埃及一整年的收入。

君士坦丁堡通过在仪式的领域之外设置另一个领域来达到必要的平衡，这个领域就是广场社会。君士坦丁堡的广场就跟雅典的市场和罗马的大竞技场一样,是人们抒发感情、进行比赛、组织党派活动和观看滑稽表演的场所。在无休无止的节日和竞赛中,民众通过呼喊和歌声让自己的愿望得以上达天庭。在这里,君王倾听民间的呼声;演员、舞者、妓女和魔术师向人们展示另一种魅力;各个民族和睦共处,充斥着各种语言、风俗和商品。

尽管皇帝们手握极权、拥有勇士和牧师组成的强大力量,他们仍然愿意倾听群众嘲笑的声音。当他们如圣徒般出现在人们面前时,也总是乐于制造一种他们和百姓同属一个大家庭的幻象。皇后生孩子时,宫中所有侍卫都喝一碗她亲手做的麦片粥,而他们也确实会为这种小恩小惠感到光荣。

拜占庭帝国始于300年,灭亡于1400年,在这1100年里共发生了65次革命。107个皇帝中有三分之二死于谋杀,而许多大主教在位时间也不足一年。然而,人们的反抗从来只对个人,而非这种制度。只有埃及和日耳曼才有这样不曾经历变革的千年王朝。即使在8世纪和9世纪出现的,那些提倡打破旧习的有志者投入了全部的狂热,也未能颠覆这个国家。

这种稳定性的奥秘就在于仪式、人民和战士这永恒不变的三位一体。波斯人、希腊人、迦太基人和罗马人在迎来盛世之后,都耽于财富、好逸恶劳而忽略了自己的军队;而拜占庭的皇帝们除了最后几位之外,从未忽略过自己的陆军和海军。

同时,拜占庭人还充任了对付海盗的海上警察。在大约100年的时间里,他们最重要的任务就是剿灭克里特岛的海盗。在9世纪和10世纪,海盗们从克里特岛出发,挂着黑帆横行海上。直到960年,拜占庭帝国出动了2000艘战舰，满载着远征军、军事装备和新式希腊火炮出征。

君士坦丁堡得到了胜利，海盗们的老巢克里特岛在强大的力量前彻底沦陷。从此，黑色的风帆永远从蓝色的地中海上消失了。

沙漠之子的航海业

7世纪，地中海沿岸出现了一种新式的塔。

一座新教堂矗立在君士坦丁堡的海岸上，靠近这里的水手都能看到那白色的穹顶。希腊的圆柱时代过去后便是穹顶时代。雪松制成的所罗门圣殿，帕台农神庙的大理石柱廊，君士坦丁堡砖石结构的穹顶，依次展示了三种宗教的朴素、美观和虔诚。

然后，尖塔时代来临了。

阿拉伯人的纤细尖塔拔地而起，宛如凝固的火焰一般高耸入云。信徒们走到哪里，这种塔就会建到哪里，他们的行动比此前地中海地区的任何一种宗教信徒的行动都要迅速。

阿拉伯人的征服，不是一场宗教战争的胜利，而是一个野心勃勃的尚武民族的胜利。可以说，它从根本上不同于日耳曼人对地中海的征服，其区别之处在于阿拉伯人的思想基础。

穆罕默德的第二任继承者奥马尔在先知逝世5年之后占领了耶路撒冷，城中的基督徒没有受到任何伤害，阿拉伯人要驱逐的是波斯人。从耶稣时代到穆罕默德时代，罗马人持续控制耶路撒冷长达6个世纪。现在,它属于伊斯兰教徒了。从637年到1918年,除了一段短暂的基督徒控制期之外,这里一直都是伊斯兰教的天下。

没有一个伊斯兰教徒试图破坏耶稣基督的坟墓,毕竟他也是他们的先知之一。但后来,固执和狭隘带来了战祸和十字军东征。

我们可以发现,在7到9世纪之间,阿拉伯人主要的斗争对象是两股势力,拜占庭和日耳曼。沙漠之子的航海业发展之迅速令人叹为观止,可以确定的是,阿拉伯人不断击败拜占庭海军,向前推进到罗得岛和塞浦路斯,并完全探明了通往君士坦丁堡的道路。在那里,提奥多西的城墙和新式希腊火炮阻止了他们前进的步伐。这场阿拉伯人对君士坦丁堡的围城之战持续了整整七年,从阿基里斯在特洛伊城下扎营迄今,这是目前所知围城时间最长的一次。但是,君士坦丁堡始终坚如磐石矗立不倒,就这样,它拯救了整个欧洲。

伊斯兰教带来的文化影响是完全有益的,波斯人和埃及人学习阿拉伯语;阿拉伯人学习希腊的数学和医学;亚历山大、巴士拉、开罗、科尔多瓦诸城变成阿拉伯人的大学,并将它们的数学成果通过信奉基督教的学生传到巴黎、牛津和帕多瓦,地中海被卷入了一场新的思想运动。在200年的时间里,地中海的古老民族一直在向阿拉伯人学习代数学、十进位制、钟摆原理、天文仪器和麻醉术等知识。他们还学会了染色工艺、制革法、玻璃工艺、制陶、刺绣、织地毯、造纸、园艺、灌溉、栽种新品种水果、新的建筑法则、阿拉伯风格的装饰品,以及按特定传统培育动植物和镶嵌术,还有将水引至房子、庭院、花园等任何地方的技术。

两支军队首先在西班牙发生了激烈冲突。显而易见,一场壮观的种族大融合正式拉开了帷幕。这样的融合必将产生优化人种的效果,这在人类历史上屡见不鲜,也是人和动物之间最显著的差别之一。不久之后,他们就将制造出最优秀的混血儿,特别是在西西里。

大约700年,阿拉伯人已经征服了北非,而西哥特人仍定居在阿拉伯人极易到达的直布罗陀海峡附近。在北非,柏柏尔人和拜占庭人,也就是非洲人和希腊人,在相当长的时间内都在进行权力之争。711年,出现了第一个渡过直布罗陀海峡的阿拉伯王子,他可能是1500年以来第一个作为征服者进入西地中海的亚洲人。他的部下绝大多数都是来自阿特拉斯山区的柏柏尔人,他们与阿拉伯人以及留在西班牙的小部分罗马人和日耳曼人的后裔,被称为摩尔人及摩洛人,他们的人数至今仍有1200多万。这些混血儿区别于其他种族之处,就是他们的体格特别俊美。

在大约20年中,阿拉伯人和柏柏尔人一直结伴经由西班牙继续前进,尽管他们之间偶尔也闹内讧。在不断与反叛的基督徒作战的过程中,他们翻越了比利牛斯山脉,到达了法兰西的卢瓦尔河。732年,他们在图尔兹和普瓦捷战役中输给了日耳曼人。这一天是具有决定性意义的,它控制了阿拉伯人的前进步伐,就像300年前在此不远处的香槟地区,击败匈奴王阿提拉的胜利一样。

虽然阿拉伯人在这之后遭遇了几次挫败,但他们依然没有放弃。不久之后,科尔多瓦的埃米尔再次入侵,建立了一个阿拉伯文化的孤岛。幸运的是,基督徒的援助者查理曼大帝迫于形势返回镇压撒克逊人的叛乱，阿拉伯人得以站稳了脚跟。与此同时，阿拉伯的政治和文化中心迁移到了巴格达，富有想象力的故事由此流传出去，这成了西方传奇文学的源泉。

阿拉伯人在许多方面也是拜占庭人的学生，例如他们的造船术。跟拜占庭人一样，他们再次令苏伊士运河重新通航了100年。他们迅速学到了腓尼基人再世般的贸易技巧，经过地中海的洗练之后，他们的商业才华成倍地增长了。他们垄断了所有的远东贸易，还把生意做到了俄罗斯和波罗的海，最终成了东西方财富交换的枢纽，并引发了后续的灾难。

大约800年，查理曼充满惊讶地接见了哈里发哈桑·阿里·拉吉德派来的使节，歌手和历史学家把这个传奇故事告诉了全世界。商人们和学者们所传颂的这些故事披上了浓厚的神话色彩，因为在所有新兴民族中，阿拉伯人及其后裔似乎是唯一把智慧和英勇、高贵和优美合为一体的人。

一个逃亡的埃米尔在科尔多瓦建立了一个延续了300年的王朝，这座城市的学校和艺术开始声誉鹊起。放眼当世，唯有亚历山大城能与之相提并论。西方的基督徒被异教徒的文化和宽容震撼了。在这里，伊斯兰教徒和犹太教徒能够平等的共同工作；他们都是来自亚洲的逃亡者，都是基督徒们反对的目标。从800年到1000年，西班牙南部是整个世界的思想中心。

一个全新的灌溉系统使安达卢西亚变成了整个地中海最富饶的

国家。一位历史学家如此引用以赛亚的话："在科尔多瓦哈里发的统治下,剑和矛被铁锹和犁头击败了。"这是我们所能给予的最高赞誉。这个小国拥有17所学校和70座图书馆,来自世界各地的基督教杰出学者都能使用它们。到1000年左右,科尔多瓦已经有百万居民,是西方人口最多的城市,还拥有超过600座清真寺,900个公共浴室和50多万册藏书。在这里和其他西班牙城镇,有许多人都在中世纪蜚声世界,比如亚胡达·本·哈拉维、伊本·加比勒和阿里·哈雷西。

尽管西班牙的阿拉伯势力与东方的哈里发有所不和,但它依然立足于统一北非和半个亚洲的伊斯兰教势力,最远扩张到了法国的南部。从波斯湾到大西洋,都是这个思想帝国的疆域。

从没有哪一次外族入侵,能够像阿拉伯人的这次入侵一样令地中海受益良多。

两顶皇冠

大约在公元1000年,日耳曼国王康拉德二世在美因茨定制了一顶皇冠,这是一项三重冠,居中最大的弓形头箍上有个近乎正方形的十字,巨大的珍珠和宝石不规则地分布在皇冠各处。几百年来,这顶皇冠不断地在国王和教皇之间轮转,这暗示了整个中世纪的皇帝与教皇之争。

在中世纪的地中海地区,王权和教权之间的联盟以及冲突贯穿了整个历史，并呈现出一种复杂的形态。权力不断地分化并彼此斗争，而宗教则是一种专一的力量，在它的两个教派之中，罗马具有重要地位。从罗马帝国的末期开始，教皇开始常驻罗马，皇帝则在德意志或者法兰西的领地，其结果就是形成了地理学意义上的"双头怪物"。它的两个脑袋上一个戴着法冠，这代表主教；另一个则戴着王冠，代表着国王。头戴法冠的那个有权给另一个加冕或者拒绝这么做，而皇帝却没有任何能授予教皇的象征物。王冠来自上帝，而教皇是上帝的代言人，这种错觉是教士们的精明创造，它迫使国王必须更多地依赖他们，而非由他们依赖国王。

德意志人、法兰克人、撒克逊人、洛林人以及别的民族都有各自推举国王的方式，罗马教皇则掌控了为所有这些国王赋予头衔、赐予祝福、加冕并施以所谓涂油礼的权力。每一位国王都只能代表他自己的团体，而教皇却是一个国际性神权的代表。天主教会直接对分裂的欧洲实施着控制权，这样一来，它的势力就超越了地图上的水平线和国界。

没有神谕表明，牧师应该像在底比斯和特尔斐时代那样被视为一贯正确的人。所以，被期望有着超人智慧的罗马教皇，经常会为了维护自身和宗派的利益与国王乃至国家产生摩擦。

在这里，我们不可能仔细研究这场困扰了地中海500多年的教皇与皇帝之争。罗马帝国没有被外族入侵消灭，而是以影子王国的形式保存了下来。

在北方，贪婪的国王和主教之间的斗争，并不是为了传播一种区分虔诚者和愤世嫉俗者的真理，而更有可能是为了攫取更多的主教辖区、修道院和行省。

在一个日耳曼皇帝看来,罗马乃是世界霸权和基督教两大力量的合流之地。没有哪个民族的天性比日耳曼人更能适应世俗权力与基督教势力融合的状况。于是,出现了"日耳曼帝国即是神圣罗马帝国"这一荒谬绝伦的概念。尽管这种说法纯属一派胡言,却产生了意义深远的影响。

法兰克人定居在高卢,后来被称为法兰西人。在地中海各个种族中,他们是最有天赋的,也是最早稳定下来的民族之一。大约在750年,法兰克人迈出了决定命运的第一步。僭主珀平是一个基督徒,他为教皇提供了帮助,并要求教皇为自己行加冕礼作为回报。于是历史上第一次出现了这样的景象:一个国王牵着教皇的坐骑,当他跪倒在教皇面前时,教皇便把王冠授予这位国王,并替他的前额涂上圣油。

这一幕在日后引发了无穷的冲突。

作为报答,这位国王不得不向教皇保证,罗马城从此便是所谓"神的领地"。这样的法定地位十分含糊,并且有赖于如下协议达到平衡:只有教皇为其行过加冕礼后,日耳曼国王才能成为一位真正的皇帝;但实际上,教皇本人又只是国王的一个臣民。通过这样的方式,日耳曼人晋升成了罗马帝国的继承者,也是罗马帝国名义上的统治者。但他对罗马帝国的拥有权甚至还不如教皇对罗马城的拥有权那样历史悠久。这样一来,两派貌似高贵、实则奸诈的势力,或者说两个一拍即合的人物,肯定了彼此的权力。

就这样，第一个日耳曼人在地中海称帝的经历，为教权与皇权之争的发展过程提供了明晰的线索。

教皇与国王的较量

查理曼大帝是具有重要历史地位的三位日耳曼皇帝之一，但在我们的故事里，他只能处于边缘位置。他积极进取的一生显示出日耳曼人对于统治世界的强烈渴望，其根源一半来源于权力欲，一半则来自神秘的冲动。他的一生都在不断学习，从不以自己的种族或等级为荣，有许多证据表明他一直在努力摆脱自身的未开化状态。当他已经是个头发花白的老人时，他终于学会了阅读，并把这种技巧传授给他的孩子们。

在他漫长的统治时期，最令人惊奇的事件发生在地中海的罗马，这是史无前例的一幕。

由于教皇曾经在德国寻求过查理曼大帝的庇护，所以两人一直维持着极为良好的关系。这个法兰克国王并不需要做任何有损于他尊严的行为，比如屈膝于教皇或者为他执鞭随蹬。当他前往意大利并按照奥古斯都的方式重建罗马帝国的和平时，他并没有征服地中海的野心，除了北部的伦巴第地区之外。

800年的圣诞节，这个基督徒国王带领他的骑士和宫廷随员参加了圣彼得大教堂的弥撒。当国王跪倒在圣坛前时，教皇正在主持弥撒并假装正在专注地祷告。没人知道国王当时正在想什么，唯一可以确定的是，他本人对于教皇接下来的惊人之举毫无思想准备。

说时迟那时快，教皇拿起了早就预先准备好的皇冠，把它戴到了跪在面前的国王头上。突然间，一队罗马骑士出现了，他们一面踏步前进，一面高呼着："万岁和胜利属于查理曼，上帝加冕的罗马皇帝，万岁！胜利！"此时，乐声大作，激动的群众叫喊欢呼，显然一件伟大的历史事件就在他们眼皮子底下发生了。

当时，年逾六旬的查理曼目瞪口呆，但拒绝已经无济于事。事实上，这位精明的教皇又追加了一个让查理曼无法抵抗的姿态：他当即跪倒在这位刚刚被自己授予了皇冠的国王面前。不得不承认了这个既成事实后，查理曼默然回到了自己的城堡。接下来的日子里，他从一份庄重地宣言中得知，教皇"已将罗马的皇权由希腊人转交给了法兰克人，并晋升查尔斯国王为第四帝国之七十三任皇帝"。

当时的传记作家告诉我们，查理曼对此感到手足无措，恼火异常。当他还是一个孩子时，亲眼看到过他的父亲珀平为了让教皇替自己涂油而牵着马缰绳恭立在教皇面前。如今，他没有任何恺撒式的野心，却突然成了被加冕的皇帝。他与一位拜占庭公主的联姻计划也被这件事搅黄了。罗马这次象征性的任命更加巩固了其世界中心的永恒地位，而这正是君士坦丁堡几个世纪以来梦寐以求的目标。在中世纪，一个头衔就是一种姿态，通常比一次实际行动更为重要。但查理曼不是一个真正的征服者，而且也不愿意与拜占庭帝国交战，这次加冕礼更加妨碍了查理曼向地中海方向发展的脚步。

早已在476年灭亡的罗马帝国，因为一场突如其来的加冕礼而复活了。作为一个虚幻的象征，它又延续了1000多年。查理曼大帝是唯一不愿接受加冕礼的人，而后来的所有日耳曼皇帝都宁可牺牲数千人的生命，也要追逐这顶皇冠以及恺撒继承人这一荣誉称号。

从此，这些日耳曼皇帝艰难地翻越阿尔卑斯山，但他们从未转向台伯河去征服罗马。他们前往罗马，仅仅是为了像查理曼大帝一样，在圣彼得教堂接受加冕。这种观念有强烈的暗示作用，以至于连拿破仑都必须利用伦巴第王冠为自己增加恺撒式的威信。

教皇和皇帝均采用了封建世袭制度作为法定地位的一种标识，来巩固自己的势力。封君封臣制度的本质就是，领主将一块可世袭的土地授予臣下，使得臣下有安身立命之所，臣下则回报以忠诚。这种树状层级制度，一方面减轻了顶层的控制难度，一方面增加了整个系统的复杂度。

那顶使查理曼大帝大吃一惊的皇冠，其实是一件展示了教皇自私自利的礼物。它开创了罗马至高无上的先例，也导致了教权与王权之间势必存在且无休无止的斗争。

又一个世纪过去了，教皇格里高利七世，一个面相丑陋的工匠之子，他与日耳曼王子结成同盟，以反对米兰的民主党人和那不勒斯的诺曼人。而他想要打击的对象，则是高贵英俊的神罗皇帝亨利四世。

1077年，深受"破门律"困扰的亨利四世来到教皇下榻的伦巴第地区的卡诺萨城堡，在积雪满地的庭院里以忏悔者身份站了整整三天。教会很享受这份胜利，如此一来，教皇和教会的威信及势力顿时达到了顶点。然而，得意忘形的教皇没有想到，亨利四世的屈服更让世人看清了教皇那不受限制的权力的危险之处。不久之后，清除了后顾之忧的亨利四世卷土重来，这次他带着他的军队直入罗马。格里高利七世落荒而逃，最终惨遭废黜孤独地死去。亨利四世另立了一位教皇克莱芒三世，然后接受了这位教皇的加冕。

在一份格里高利口述的备忘录中，我们可以看到这位罗马教皇是何等自命不凡，在今天的梵蒂冈依然能读到这份原件，那是用华丽的拉丁文所写，仅仅只有几行。其内容如下：

"所有王子都必须亲吻教皇的脚。只有在教堂里才能提及教皇的名字。这个名字是全世界独一无二的。只有他才有权佩戴帝国勋章。他有权废黜皇帝。他有权赦免宣誓效忠的对象。谁也不能评判他的教令。只有他才有资格批评别人的命令。"

"置世俗之剑于君王之顶"的谎言流传了下来。不过，这场争执终于在300年之后结束了。1122年，教皇和皇帝在乌尔姆签订了和平协议，谁也不是胜利者。日耳曼的教会及其所有权没能独立于罗马教廷，而教皇的选举也同样没能摆脱皇帝的干预。许多势力强大的教皇仍然继续反对、诅咒、驱逐或废黜皇帝，反之亦然。事实上，权力斗争的问题从来就不曾平息。

地中海的新移民

在雅典港口比雷埃夫斯，雄踞着一只古老的石狮，它已经存在了15个世纪。海员在它身上刻下自己的名字，通常使用的都是希腊文或者拉丁文。但在1040年的一天，人们发现狮子身上出现了一种无人能识的奇特文字，这就是古代的北欧文字。使用这种文字表明，那些距离地中海千里之遥的北欧人写下了属于他们自己的神话。当这些被称为诺曼人的北方人第一次来到南方时，他们立刻成为人们，尤其是女人们关注的焦点。他们拥有地中海男人缺乏的优雅和俊美，高大强壮的体格，瘦削紧实的臀部，金色的长发以及明亮且具有穿透力的眼眸。

11世纪，阿拉伯人也到达了这里，同样成为地中海人感兴趣的新移民。他们有着东方化的希腊人体型，眼睛炯炯有神，头发乌黑发亮。他们身材消瘦，通常比北欧人矮小。他们熟习征战，擅长狩猎，对马匹和服饰饶有兴趣，此外还精通演讲，善于逢迎，对法律和礼节了如指掌。总之，他们与那些早前抵达地中海的粗鲁迟钝的条顿人形成了鲜明对照。

来到地中海的所有北方人中，诺曼人是第一个被同化的民族。日耳曼人迄今为止仍是野蛮人，而阿拉伯人又不愿信仰基督教。11世纪，西西里岛再度成了两种文明交汇的路口。在这个被阿拉伯人统治了两个世纪的国家里，沙漠之子和北方海洋之子戏剧性地会面了。

这些金发碧眼的骑士和强盗，通常小批小批地来到地中海，不像阿拉伯人那样总是以集团形式出现。他们之中最著名的一个骑士是欧特维尔王室中的罗伯特·圭斯卡德，他曾穿着朝圣者的服装漫游意大利，罩衫底下藏着一把利剑。这些人曾经试图染指君士坦丁堡，但这个东方帝国对他来说太强大了，于是他们转而把目标定为西西里岛。在罗马，圭斯卡德重演了皇帝们的闹剧，教皇授予他领地。他的继承人之一罗杰，甚至还让教皇加冕其为那不勒斯和西西里岛的国王。

只有精通航海的人才能如此迅速地征服这一切。罗马帝国的势力从来不曾扩张到北方的德国和斯堪的纳维亚，而来自这两地的北欧人都是北部海域的水手。盎格鲁-撒克逊人和裘特人，还有后来的丹麦人，都曾远渡重洋到达过英国。之后，斯堪的纳维亚人从俄罗斯来到君士坦丁堡，并成了当地著名的海军。直到九、十世纪，出现在地中海的北方人还多是士兵和朝圣者，当然也包括海盗。

浪漫的海盗时代早已远去，在地中海，打家劫舍不再被视为英雄行为。阿拉伯的沙漠民族学习航海技术非常出色，他们在8世纪就抵达了大西洋，据说1150年还曾登陆巴西。到9世纪，他们成了地中海的"恐怖分子"，洗劫过马赛、尼斯和奥斯蒂亚。这些野蛮人最初就是在这里学会造船的，柏柏尔人似乎是唯一一个天生既是骑手也是水手的民族。

只有诺曼底人从一开始就是真正的航海者，他们给地中海带来了一种新型船只：大划艇。这是一种有顶的全木划艇，长55米，可以承载多达400名水手，每只船桨长12米，配备9个划桨手，每分钟可划桨22~26次，每次划桨可令船只前进9米多。在急促的划桨进攻过程中，船速可达每小时8海里，通常情况下，船速为5海里或者2海里。这些划艇备有横帆，但只有顺风时才使用，因为当时还未发明抢风行驶技术。在不久之后，这种大划艇就以其独有的优势横行地中海，直到几个世纪之后才逐渐没落下去。

这种大划艇被推广开之后，诺曼底人和撒拉逊人仗着这种船让地中海变得危机四伏，他们之间时而结盟，时而互相攻伐。在很长一段时间里，甚至教皇都不得不向撒拉逊的海盗进贡来换取和平。在这样的背景下，商业城市不得不选择互相结盟并建立舰队来自卫，这一势力逐渐壮大，也就是后来的意大利商人获得权力的原因之一。

海上自由的观念便是在这个时代确立起来的，地中海南部和北部的诸多商业城市，以及凌驾于所有其他城市之上的威尼斯，他们的防卫力量越来越强大，越来越有取代第一次十字军东征时代的君士坦丁堡的趋势。正是在这个时期，阿马尔菲的学校编订了第一部海事法。就这样，恰恰在这个我们认为不甚宽容的中世纪，贸易和文化缩短了民族和语言之间的距离，并孕育了自由。每当两个城市之间产生纠纷时，其中一个就会把阿拉伯人召来对付他们的基督教同胞。

法律还是无政府主义，安全还是掠夺，协商还是威胁，没有人说得清究竟是哪一样在地中海占据上风。在许多海岸，所有这些因素并驾齐驱、争执不下。如果我们回顾一下热那亚的历史，会发现这个城市在17世纪曾遭到条顿人的蹂躏；18世纪一个执掌当地的法兰克伯爵陷入了与阿拉伯海盗的战争；100年之后，它又承受了非洲撒克逊人的掠夺。

在同一时间，威尼斯用一纸契约和大量进贡来安抚附近的海盗。作为交换条件，后者捉来奴隶以供威尼斯贩卖所需。热那亚人和圣殿骑士团联合起来对付柏柏尔人和撒克逊的海盗联军。

无穷无尽的外来者络绎不绝地涌入地中海海岸，每一支新来的队伍都会取代和抢掠之前的那一支。与此同时，这些队伍又因为不断地种族结合而日渐混杂。当腓尼基人驾着他们原始的粗陋船只从叙利亚来到希尔特斯再到直布罗陀时，他们更多的扮演了商人而非海盗的角色。1500年后，又轮到南方的撒克逊人和北方的诺曼人驶入古代腓尼基和希腊的港口。

在宗教热情之外，种族野心和渴望成为英雄的梦想，使得他们对未曾踏足的东方世界跃跃欲试，神话传说和英雄故事里的东方总是令西方人想入非非。他们不但希望获取财宝和黄金，也幻想着借此扬名，并得到上帝的赏赐。还有成千上万的人试图借此机会摆脱宗教迫害、修道院的规条，或者他们的妻子。人性的全部弱点和少量美德混杂起来，令他们毅然放弃安稳的生活背井离乡，驾船向着未知的远方前进。

把东方富豪的财富抢过来，这多么令人兴奋啊！成千上万的商人也加入了这一行列，在热那亚和威尼斯，这些商人开始进行密议，商议着如何在这笔史无前例的大生意里获得最大的利润。当然，有一小部分圣战参与者是为了寻求灵魂的救赎，但更多的人还是为了财富。

和今天一样，在最初的热情冷却之后，盟军首领之间开始互相猜忌。圣战参与者抵达拜占庭之后，他们对这个国家的王室、情感、习俗和礼仪大加践踏，甚至试图抢夺巴勒斯坦的土地。经过几近动武、充满仇视的艰难谈判，双方最终勉强达成了协议，带着各自的军队沿着不同的路线向亚洲进发。

1099年，耶路撒冷最终沦陷。征服者在城中大肆报复，"圣战军把所罗门神庙变成了血海地狱，鲜血几乎盖过人的膝盖"。圣战军首次进入他们试图解放的圣地时的种种作为令人不寒而栗。

耶路撒冷的拉丁王国从此陷入无穷无尽的阴谋和敌对之中，前后绵延了3个世纪之久，严格来说也不少于100年。第一代十字军的耶路撒冷王是第一个被选为国王的人，但他却以高贵的姿态放弃了这一头衔。一年后，取代他上台的兄弟把他封为鲍德温一世。这个称号为国王们和牧师们提供了一个典范，使得他们努力挑起国王和牧师之间，诺曼底人和法国人之间，洛林人和意大利人之间的种种争执。这统统是权力引起的问题。

基督教针对异端的圣战，演变成了五六个国家和王国之间的混战。诺曼底人攻击拜占庭人，主教攻击与他意见相左的主教，圣约翰与圣殿骑士团的新命令则针对耶路撒冷的国王，而德国人和拜占庭皇帝联手对付法国和诺曼底的国王。基本上所有的基督徒都在自相残杀，唯一缔结国家协议，从而令根本的宗教观念成为谬论的只有法兰克人和阿拉伯人。

大约是1220年，埃及的伊斯兰教主教向基督教主教提出了最合理的解决方案：只要圣战军撤退，他愿意把整片圣地拱手让出。

但是，贝拉基大主教拒绝了这个方案，因为他想得到更为富饶的埃及，而不是贫瘠的圣地。

最终，他两头都落空了。

西方人理查与东方人萨拉丁

关于基督徒和阿拉伯国王在圣战中签订的协议，最简单直白的解释就是两个人苦战多时未分胜负，最终达成了共识，要给后代留下体面的印象。这两个人就是狮心王理查一世和苏丹萨拉丁。

一块大陆和一片海洋分隔了他们的出生地、种族和宗教。然而，这两个天生的斗士和勇者尽管在信仰上有所冲突，却有着相似的教育背景、地位和才能，他们在性格上的差异更甚于在种族和信仰上的分歧。

英国国王的儿子理查，15岁那年被封为公爵。他接受了权谋之术的训练，很早就以王子的身份被遣送到陌生的国度，密谋反对法国国王。在那里，他表现得谦卑且宽容，很快就发展出了自己的势力。18岁那年，他在一次伯爵的叛乱中救了国王一命。20来岁时，他被内定为英格兰和诺曼底的王位继承人，当国王也就是他的兄弟去世后，他和他的哥哥之间立刻爆发了战争，因为那个在英格兰的哥哥早就对他嫉恨不已。

不幸的是，我们没有他们的可靠肖像，能够看到的只有理查的图章和萨拉丁的小幅画像，两者都模糊不清，令人失望。

理查从小在竞赛中和马背上长大，这削弱了上帝的影响力，宗教就跟贵妇人的彩色缎带一样，只不过是他盔甲上的装饰品。《圣经》在狮心王理查心中全无分量；而萨拉丁却成长在伊斯兰教的文化中心大马士革，终其一生都随身带着《可兰经》。

萨拉丁憎恨所有的基督徒，却没有极端地对待他们；狮心王理查并不痛恨伊斯兰教徒，却无情地杀害他们。在东方人萨拉丁身上，起决定作用的是宗教理念；而在西方人狮心王身上，则是性情。

耶路撒冷的拉丁王国身处东西方世界的夹缝中，它独善其身的唯一办法就是和伊斯兰教王朝、巴格达的哈里发和开罗的法德密斯王朝划清界限。而萨拉丁作为哈里发的将军，如果想扫平那些属于基督教领土的岛屿，就必须先打败埃及人。他花了10年时间，用他那东方式的耐性来远征，而狮心王则在频繁的本地纷争中分散了精力。萨拉丁征服了一个王国，在30岁那年当上了伊斯兰教主教，并且很快把早前征服者的战利品全部收入囊中。他收复了大约100年前落入土耳其人手中的耶路撒冷，把所罗门神庙重新变回清真寺，但他最大程度地赦免了基督徒。

萨拉丁比他的英国对手年长20多岁，他年过半百才登上权力的高峰，而他的对手在32岁那年便坐上王位，并且发动了圣战。萨拉丁的征服把欧洲推向了一场新的战役，哪一方能收复失地呢？这样的挑战使狮心王更加冲动难耐，雄心万丈，渴望冒险。他转向了西西里岛。

狮心王所到之处无不引发争端。他在西西里岛骤然发动圣战，以一个微不足道的借口洗劫了基督教城市墨西拿。在行进过程中，他顺便征服了塞浦路斯岛，并娶了当地国王的女儿，最后在攻下阿卡城六个月之后才姗姗来迟，并以救助者和巨额财产继承人的身份受到了欢迎。

狮心王曾经两次兵临耶路撒冷城下，却没有发动进攻，只因担心士兵缺水会导致失败。当萨拉丁为了争取更多时间备战而答应进贡又食言之后，理查一世为了区区200块金币对2000名人质大开杀戒。萨拉丁对被俘基督徒的宽大举世闻名，虽然这使他一度失去阿卡城。

狮心王总是在国与国之间辗转征战，过着紧张且动荡不安的生活。他离开英国的时间太久，以至于他的一个兄弟试图在伦敦篡位。得知这个消息后，狮心王不得不离开塞尔维亚去捍卫他的皇冠。不知道是出于疑虑还是恐惧，他过早地熄灭了战火，这使他的战果全部化为乌有，只剩下一小片海滩和一条通往耶路撒冷的走廊。圣地依然掌握在异端手中，而朝圣者手无寸铁。狮心王像战败者一样离开，回到故乡时，他身边没有一兵一卒。

狮心王的一意孤行令半个欧洲都成了他的敌人，因此他不敢冒险渡海。他也无法取道法国，因为他曾当面侮辱过法国国王。当他终于鼓起勇气穿越德国时，落入了几个间谍之手，这些间谍为奥地利公爵服务，而狮心王曾在阿卡城因为心情不佳冒犯过这位公爵。被关押了一段时间之后，狮心王被押送到德国国王面前，并成了阶下囚,尽管这违背了圣战军的公正权力。狮心王付出了巨额赎金之后才得以自由,为了这笔赎金,所有的英国公民头一次缴纳了个人财产税。回国之后,他很快就让出了大权,赦免了犯上作乱的兄弟,并回到了他深爱的法兰西。在那里,他找到了逃亡途中遗弃的妻子。

当他与萨拉丁握手言和时,他待之以国礼。他的友善、对孩子的慈爱、对女性的保护,以及亲切的眼神和态度很快为他赢得了圣人般的声誉。狮心王并不是圣人,但他确实如自己的梦想那样成了传奇的中心。萨拉丁是伊斯兰教和亚洲对抗基督教欧洲的最坚强堡垒;狮心王则是中世纪理想的化身,两者都在历史上占据了一方领土。没有人介意他们曾经挑起的那些战争,它们因为萨拉丁的去世而很快告终。但是他们丰富了地中海传奇的内容,萨拉丁像一个童话,狮心王则像一首歌谣,两者都是地中海历史中可圈可点的人物。

翩翩而来的威尼斯

君士坦丁堡即将覆灭。

12世纪,拜占庭皇帝康曼努斯的房舍是一座奢华的宫廷,为了追求辉煌而置安全问题于不顾。骑士、王子、诗人和方士都聚集在这个美丽的城市中,享受着没完没了的节庆,炫耀财富。然而,危机正从四面八方逐渐接近。南方,诺曼底的冒险家罗伯特·吉斯卡正带领士兵和海盗前来袭击君士坦丁堡的军队;东方,土耳其的苏丹们正在威胁爱琴海;北边,刚刚皈依基督教的保加利亚人正向亚得里亚海飞速进军,准备用军队的侧翼攻击海峡;西方,新兴的威尼斯正在对外扩张自己的海军势力。

天平正在逐渐向东方人倾斜,早些时候,这些东方人一直处于防守阶段,但如今一切都不同了。要拯救拜占庭帝国,唯有建立一支跟罗马当年抗击迦太基时一样强大的新舰队。

然而,当时的罗马是一个强大且处于上升期的共和国;今天的君士坦丁堡却是一个光辉灿烂的帝国,它那雕饰精美的船只停靠在黄金角的位置,船上彩旗飘飘、乐声悠扬。重现共和国精神的是威尼斯,它很快就会迎来了一个大发展时期。拜占庭皇帝虽然是全世界最富裕的人,女儿贵为德国皇后,却还得向威尼斯和保加利亚交纳贡品,且一代比一代交纳得更多。

十字军圣战开始后,由于威尼斯的教唆,圣战者在君士坦丁堡洗劫了一番才匆匆离去。他们没有得到任何惩罚,这导致了人们的反抗。当时的皇帝艾萨克二世却对此束手无策,最终还是以签订密约了结。

在罗马,德国国王头一次统一了意大利。他娶了一位西西里公主,从而开始做起德国人统治世界的清秋大梦。

诺曼底王室的珍宝被数以百计的驴运往北方,在冬天穿越阿尔卑斯山。这是一个重要的标志,代表着德国霍亨史陶芬家族的继承人已经把势力从波罗的海扩张到了北非海岸。德国对地中海的控制已成事实，只需要一次如同亚历山大大帝那样的远征，便能完成这幅想象中的宏图。罗马教皇英诺森三世饱受德国人的围攻之苦，他一定会认为皇帝亨利六世的暴毙乃是上帝的旨意。

然而在他们中间，在威尼斯屹立着年届八十仍如铁人一般的恩里克·丹德罗总督，他态度强硬，原本打算为了君士坦丁堡的命运耗上一辈子，现在他终于改变主意。当圣战军缺乏渡海的经费时，他告诉他们船费可以用战利品来抵偿。这个老奸巨猾的商人知道，那些战利品将在君士坦丁堡缴获。在这样的形势下，他想击溃他的两大对手，德国皇帝和君士坦丁堡的首领，以罗马主教之名重新统一基督教世界。这样一来，他就能成为地中海诸国的国王制造者和大财主。

他成功了。匈奴人、马札尔人、哥特人和阿拉伯人几个世纪以来一直企图征服却徒劳无功的君士坦丁堡，连同它那看不见的围墙和希腊之火，最终都陷落在威尼斯人领导的圣战军面前。圣战在它开始之前就走到了终点。1204年，一年多的围攻之后，一切都结束了。世界的中心在战火、鲜血和杀戮中灰飞烟灭。征服者把君士坦丁堡积累了七个世纪的古老艺术品破坏一空，几乎什么都没有留下，除了那四匹雅典风格的青铜马。

但是，胸中燃烧着仇恨之火的总督，他能毁掉的也许不止这四匹青铜马。他把原先约定的，要收取八分之三的拜占庭帝国战利品提高到了四分之三。他把爱琴海、克里特岛和埃维厄岛等港口和岛屿全部收归威尼斯。至于德意志民族，只分得这场王室盛宴的残羹冷炙。拜占庭依靠劫后仅存的一点东西避免了彻底毁灭，它在尴尬中又苟延残喘了200年。

圣战结束了。东方没有被基督世界征服，反而是西方落入了伊斯兰教徒手中，因为奥斯曼土耳其侵入了爱琴海。无论在宗教，还是军事上，欧洲都不曾在亚洲占到上风，倒是在商业上发现了挺好的市场和倾销渠道；科技、武器制造和航海技术获得了最大进步；法兰西和罗马教皇成为文化和商业的领袖；不计其数的诗歌和艺术从东方传到西方。

然而，在圣战之中及之后，有一个无与伦比的势力，就像美神阿芙罗狄忒一般从地中海上翩翩走来。

她的名字是威尼斯。

第三章　辗转飘零的地中海

水城威尼斯

　　一个七月的凌晨，大约四五点钟的时候，一位旅客乘船滑进了威尼斯宽阔的海港。从东方射来柔和的蓝绿色光芒，使得这位旅客感到自己正在靠近一片梦中的海市蜃楼，而非一座井然有序的大都市。他花了三天时间，搭乘蒸汽船从亚历山大港穿越地中海来到这里。海员们正在修理夜间损毁的栏杆，清理着桌上的灰尘和杯子，仆役们正在冲洗供旅客散步的甲板，昨天堆积如山的杂物已经被处理妥当。这一切都让人确信，现在已经是12世纪中叶了。

　　当人们从海上渐渐接近这座城市时，仍会觉得这个独一无二的城市正沐浴在如梦似幻的光晕里，这种印象在每个旅客离开时有增无减。在这么一片平坦的岛屿上，人们只能借助独特的建筑物才能辨认出它来。它看上去像是悬浮在海面上，还染着淡淡的粉红色，就算它漂走，你也绝对不会感到惊讶。

　　塔楼在晨雾中浮现，首先是最高的一座，之后越来越多。接着是低矮一些的建筑物，包括两个教堂的圆顶和五座钟楼。往来的蒸汽船和熙熙攘攘的码头，代表着新的一天苏醒了。细细的黑色水流从各个海峡汇入大海，房屋的轮廓越来越清晰，接着大理石宫殿也展现出来了。

整座宫殿是用粉色大理石建造的，我们可以看到狭窄的露台和它下方的两排柱子。在宽阔的码头上，没有任何突出或者高耸的建筑，连总督宫都是扁平的。不计其数的平底船停在岸边，在用来分隔公共区间的两根大柱子上，一个骑士和一头狮子的雕像守望着即将到来的船员，这一切象征着权威、力量还有共和载体。

在宫殿厚重的大理石门之外，设计风格骤然发生了变化。在半歌特式的前庭附近，出现了完全是东方风格的圣马可外墙。那个宽阔的开放式露天广场开口朝向西方，据考证是一个可容1000对男女跳舞的舞场。它被包围在其他长型建筑中间，支着许多柱子，带着一点不规则形状，因此也避免了任何沉闷的辉煌。

在圣马可广场这个平坦的区域里，只有一个标志看起来是指向蓝天的，那就是钟楼，它象征着天空。今天你可以通过梯子到楼顶，而在过去，你还可以骑马沿着螺旋的斜面攀升。没有其他市镇能在它的最高点上提供这样的奇妙景色，只有这座城市，因为构筑在海面之上，坐落在阿尔卑斯山对面，才有足够开阔的视野把它尽收眼底。

数以千计的烟囱像小塔楼一样竖立着，它们保卫着城市。一条条黑色细流像丝线一样沿着迷宫般的水路流淌，这些是窄运河，河上有接连不断的石桥，桥下就是潺潺流水。为了让装满货物的船只通过，这些小桥都被设计成拱形，这令它摆脱了单调的直线形态。

这里没有博物馆,没有纯粹的古迹展览。它比我们现在的生活节奏要缓慢,在这个地方,没有那些无谓的、折磨我们灵魂的匆忙。宁静源自那一堆堆的木桩,建在它们之上的房屋得以立于水面,它们彼此独立,很少被绿色的水草腐蚀。它们伫立在水面之下,在宏伟的宫殿外扮演着守护者的角色。

海湾之国

河流在地中海沿岸冲刷出三角洲,整个亚得里亚海的西北岸都是由河流淤积的沉淀物形成的,纬度较低的河岸线不断被更改,内陆面积逐渐扩大,直到今天仍未停止。这个地方之所以土地肥沃,很可能是从史前时代起不断被河流带来的泥沙淤积而造成的。

另一种力量足以与河流相抗衡,那就是海水。亚得里亚海北面盛行的东风加剧了这一对抗。据计算,亚得里亚海西北部海岸线将会在120个世纪后与伊斯特利亚半岛的边缘合二为一。

作为一个创造力十足的元素,波河在某种程度上可以与尼罗河相比,它们都打造出了伟大的海湾之国,并大大地越过了原本由海洋冲积而成的沙滩。为了驯服这股无坚不摧的激流,当地人不断地构筑新的堤防和水坝来限制它的力量。

只要把新旧地图比较一番,我们就能惊讶地发现,整整一代人付出的劳动只能开垦出这么一点耕地,这样的劳动量如果用来耕种现有的土地,收获也许会更大,就如同一支军队宁愿闯过要塞全军覆没，也不肯绕过它一样。那些构筑堤坝的工程师，他们祖祖辈辈都生活在这里，相比迁居别处，他们更希望在自己的家乡征服自然。

七个海湾和连绵30里的三角洲显示出了人类的力量，三角洲的结构是工艺和美学的完美结合。新的城镇不断在海边建立，内陆的城市和居民慢慢消失。

在所有的泻湖之中，条件最差的就是当年威尼斯人建立城市的地方。他们的定居之处既没有草地，也没有牧场；没有水源，只能喝雨水，除了鱼类，各种食物都很匮乏。荒凉的岛屿四周杂草丛生，里面出没着各种兽类，甚至包括狼。

渔民们似乎从很早就开始定居在那儿，关于他们的来历有不少猜测。古希腊地理学家斯特雷波相信这一带最早的居民来自布列塔尼半岛，罗马人则说他们来自波罗的海，大部分人认为他们是帕夫拉戈尼亚人的后裔，也有人支持最早的定居者是伊利里亚人的说法。毋庸置疑的是，他们在17世纪之前就已到来，为了摆脱匈奴人、哥特人和伦巴第人，逃亡者由阿奎里亚出逃至此。用当地的泥土来制造砖块似乎也是从这时候开始的。

这时，自由的联邦制国家和教会也以一种特殊的方式发展起来，并持续了一千多年。海域把这些岛屿分隔开，令它们在原始的武器装备前牢不可破。由于被孤立，穷人的生存更加艰难。没有先例和传统，所有的一切都由渔民和逃亡者自行创造。当他们在内陆地区无法获得自由，又不断受到邻国和游牧部落的骚扰和袭击时，岛民们自然会变得独立、冷静且热爱金钱，也许威尼斯是世界上唯一一个从不着力树立英雄的地方。它由众多岛屿组成，然而没有一个岛屿认为自己属于爱琴海。哪怕是作为一个国家，威尼斯仍然过着两栖生活。

节俭的威尼斯商人随时关注着海洋，他们唯一的奢侈品就是海军和建筑，这给将要到来的陌生人留下了深刻印象。他们用无可挑剔的技术驾驶着3000艘船，然而他们在岸上的雇佣兵却非常脆弱。威尼斯是伟大的，它从岛屿起家，不能将它与雅典相比，但它几乎可以跟奉行殖民扩张的英国相提并论。与英国相似，这个盛产贸易者的岛国诞生了伟大的画家和思想家。

与英国人和腓尼基人一样，既是因为地理因素，也是因为对海盗的恐惧，威尼斯人不得不建立海上霸权，将陆上的居民送往海上。首次大捷让这种不得已而为之的情况变成了他们自己的愿望，并使他们大受鼓舞。像腓尼基人那样，他们并不是为了追求美好的事物，也不是为了征服东方的梦想，或者争霸世界的野心。他们既是商人也是政客，因为自愿服从于公开的独裁统治而获得了最大的利益。

热那亚的敌对

另一个伟大的港口热那亚面向着城市和海湾附近高耸入云的山脉,它阴郁、陡峭、岩石遍布。热那亚也许是地中海所有城市中最有男子气概的一座,与阴柔而闲适的威尼斯相反,它表现得坚强而非美丽,敌对而非友善。

沿着港口,建起了一个个堡垒一样的银行和商店。主要的街道却缺乏伸展的空间,以至于那些住在豪宅里的男女只能通过窗户来搭话。

处于阿尔卑斯山脉和亚平宁山脉的山脚之间的这座港口,早在十五、十六世纪便吸引了伊特鲁里亚人和希腊人的注意,迦太基和罗马人曾经到过这片海滩。这让热那亚人滋生出一种活跃的斗争精神,但他们从来没有像威尼斯人那样成为殖民者。威尼斯依靠潟湖和运河掩护自己,热那亚却得在法兰西和德意志国王的围攻下寻求自我保护。

这两个最强大的共和国统治了地中海几个世纪。究竟是什么让一个小国赢得了这些有着悠久历史的殖民地呢?这些殖民地曾属于希腊人的最古老的海岸和港口,是波斯和阿拉伯文明中历史悠久的要塞。

众多原因中的一个,也许是因为小股力量能更好地团结一致,达成共识。在这两个海上城邦面前只有地中海,而法兰西、西班牙和德意志帝国则被其他海洋分散了注意力。这些城市有个传统:不追求象征性力量,只求得到商业权利。

这些贸易者没有把自己的旗帜插到别国城堡上的野心，也没有欲望在别的地方征服居民，或者把不顺从的人投入监狱。他们在自己的银行和城市里获得快感，继承的不是枪炮和王冠，而是商业垄断、货船以及一袋袋的金币。它们的代理人把巨型船只的货仓塞得水泄不通，等着西方的金子和其他货物来交换它们。

由于独特的地理位置，热那亚不断受到各方的窥觑和威胁。它陷入了地方上的纷争，外国势力也横插进来，法兰克的伯爵、米兰的公爵以及法兰西和那不勒斯的国王相互角力，造成了热那亚的政局剧烈动荡。在教皇和国王的争夺中，有两样东西贯穿了几个世纪：一是圣乔治的银行，它时而资助、时而欺骗十字军和穆斯林国王们；一是海军，它令整个地中海闻风丧胆。

同样是在威尼斯，圣乔治的银行和海上势力是均等的，但是第三种力量加剧了冲突，那就是想要独立的愿望，这最终决定了两个城市之间长期的敌对。这种愿望在威尼斯深入人心，因为它的地理位置孤立而不便利。当君士坦丁堡在6世纪要求得到威尼斯时，他们毫不在意地派出了一位公使，用优美的语言拒绝了对方。从陆地上威胁威尼斯的伦巴第人和法兰克人也受到了同样的挫折。

这些天生的水手和渔夫早就因他们的航海技术闻名于世，那个时代最杰出的将军纳西斯从潟湖上征集民众当领航员，运送哥特军队。凭着这门绝技，威尼斯保护了自己，在岸上打败匈奴人，在海上击退贝宾人。为了抗击海盗，他们开始武装船只。他们化解了诺曼人的侵略危机，这使作为航海家的他们声名鹊起。他们的船只数量超过了3300艘，不习水性的拜占庭人给予他们商业垄断权，这个数字在今天仍让人吃惊。

从十字军东征开始，经由海上船只运到欧洲的东方财富都属于威尼斯和热那亚的银行和公司。战争加剧了无政府状态，许多岛屿成为无主之地，对于大胆的共和国总督来说，这是在银行家扶持下成为岛屿之主的绝佳机会。然而威尼斯人的独立精神再次高扬，在连续三个朝代里，野心家们试图把总督变成代代相传的职位，但因争议太大而改为设立领事馆。随着总督独裁和领事制度的消失，那些实际上操控大局的商业之王也渐渐失去权力。在整个13世纪，威尼斯都被富有的贵族和参议员轮番统治着。独裁不被威尼斯人民所容忍，1355年，当法列尔总督试图封自己为"威尼斯王子"时，人民在"巨人之梯"的石阶前公开砍掉了他的脑袋，他的同党也被绞死在总督府小广场前的两根柱子之间。

多亏了那些栩栩如生的描写，我们才得以了解1284年比萨港口附近麦罗瑞亚发生过的那次关键战役，看看它就知道中世纪的海战是什么样的了。热那亚人有着悠久的尚武传统，他们的首领多瑞亚不但承担着指挥任务，还把他的整个家族都带上战舰共存亡，这种英雄主义色彩在今天的将领身上已经基本褪色了。

在八月的晨光中，比萨海军在热那亚人的注视中前进，并在亚诺河口抛锚。在他们做战前祈祷时，一个神像掉下船跌入河里，所有人都惊呆了。下午，当比萨人鼓起勇气扬帆起航时，号角和喇叭齐鸣，箭和石块如冰雹般落下。

双方的战船接驳战开始了，他们试图冲上对方的甲板，双方倒下的战士不仅仅是因为对方的武器，更有可能是被敌方弹射器射到甲板上的油脂和肥皂水滑倒。战船用熔化的铅和热水互相攻击；双方的指挥官能在各自的船上看清对方的脸。比萨的长官因头部受重创而拖慢了行动，比萨的旗帜被扯下撕碎，只要旗杆屹立不倒，处于弱势的比萨人仍有信心反败为胜。但当旗杆彻底倒下，一切就都无法挽回了。36艘比萨战舰和两艘运输船或沉或降，5000名将士阵亡，8000名沦为俘虏。仅仅一日之间，热那亚就瓦解了比萨的进攻。

100年后，威尼斯击败了热那亚，这是它最后一个对手。实力占有优势的海军再一次创造了神话。

那时，商人和海军并没有严格区分开，船只是用于航行还是运输也并不明确。最大的运输船也许是货船，被涂成蓝灰色。而作为战船，它们会尽量展现色彩，也许是明亮的黄色，或是白底上画着红色十字。那时候人们尚未学会隐藏武器装备，而是挑衅性地展示出来。

最常见的战船还是狭长式的船，它已经存在了好几个世纪，并被一直使用到18世纪。它们的船身刻着美丽的名字，这些战船适合在怡人的天气里航行。这些巨大的战船通常归几个人共同拥有，他们当中的一个会随船出海。

在战争期间，热那亚人派出他们的领事，有时兼以舰队司令的名义；而在威尼斯，只有贵族才能指挥大规模海战，而且要事先发誓：哪怕独自面对25艘敌船时也不得逃跑。

在平淡的航程过后，船员们发现等待他们的也许并不是殖民地，而是市场和商机。如果见到石门上刻有一只带翅膀的狮子，热那亚人会很厌恶，因为它代表着威尼斯的狮子圣马可。热那亚和威尼斯都把自己的贸易拓展到了幼发拉底河和黑海流域。

100年来，威尼斯和热那亚的银行家们在争斗中耗费的鲜血远远甚于金钱。最初，君士坦丁堡也曾介入其中，联合热那亚人对付威尼斯人。热那亚取胜之后，拜占庭把威尼斯的商业垄断权交给了热那亚。热那亚人封锁了达达尼尔海峡，君士坦丁堡立刻把忒捏多斯岛还给了威尼斯，因为这个岛屿掌握着达达尼尔海峡的出入。

两个世纪以来，威尼斯给人的印象是太幸运、太富有了，因此招来了嫉妒和憎恨。所有人都联合起来，包括哈布斯堡王朝、巴尔干半岛的匈牙利人还有热那亚人，他们从海上入侵威尼斯的泻湖，并且对它进行封锁，直到它陷入了饥荒。威尼斯人把他们的海军司令比萨尼投入监狱，但在最后关头又放了出来，他在丘基亚边远的岛屿上成功地将包围者引入陷阱。在短时间内，他迫使多利安人的32艘战舰和5000名士兵倒戈投降，这真是漂亮的一击。

很多年前，编年史学家就认为，威尼斯人打起海战来是其他任何人都无法比拟的。

因为在这样的情况下，商人当起了士兵，这些两栖动物来到岸上，证明他们不是只会游泳。银行家们倾向于用钱买武器，聘请雇佣兵，让瑞士人为他们打仗。

民族怨恨的伤口招来了"上帝之鞭"。当他们从瘟疫中看到神的惩罚时,这种说法也许是恰当的。1350年,据说在短短两年间,就有2500万人因染上瘟疫而丧生。

瘟疫导致的后果之一是苦修者的泛滥,他们用鞭打自己身体的方式来赎罪。他们的人数不断膨胀,以至于在黑死病爆发前,教皇不得不禁止苦修者去地中海旅行。

腓特烈二世

腓特烈二世在地中海上的安科纳出生时得到了两个名字,腓特烈和罗杰,这是他祖父和外祖父的名字。德国人总是有着染指意大利、控制全世界的野心,在他的父亲亨利六世那一代,这个梦想已经接近实现。亨利六世是霍亨斯陶芬王族成员,娶了有西西里岛继承权的罗杰二世之女,生下的孩子就是腓特烈二世。德意志和西西里的联合使剩下的部分意大利领土岌岌可危,但就在这时,亨利六世早逝而去,这使得整个欧洲的历史走向完全不同了。

亨利六世的西西里妻子只比他多活了两年,因此小腓特烈被交给当时的教皇英诺森三世监护。可惜这位教皇根本没有尽到监护人的责任,教皇为了避免再次被神圣罗马帝国和西西里王国联合包围,试图限制霍亨斯陶芬王朝对西西里岛的继承权。

据说腓特烈二世的幼年时期相当悲惨,他被独自丢弃在西西里王国的首都巴勒莫的王宫里,陷入了无人过问的境地。这位未来的皇帝连食物都得不到，不得不从忠于西西里王室的市民家里领取食物。这段经历造就了他平易近人的性格，他可以平等地与马夫、侍童交谈，并且极其渴望学习任何知识。

15岁时，由教皇的安排，他成了一个阿拉贡公主的丈夫，这位妻子大他10岁，还是个寡妇。16岁他当上了父亲。18岁时，他蒙着面，像个犯了罪的人一样急急忙忙渡海，越过阿尔卑斯山脉，在北方竞争者的手上夺回了继承权。在与英诺森三世虚与委蛇的过程中，腓特烈二世成功取得了教皇的信任，终于在26岁那年成为罗马帝国的君主。他答应继任的教皇发动一次十字军东征，并要求得到耶路撒冷作为回报。但由于瘟疫流行，他不得不中断行军返回出发地，教皇不相信这个理由，趁机把他驱逐出教会。

每一任教皇都不得不和霍亨斯陶芬家族做斗争，因为这个家族拥有德国和意大利的大片领土，势力范围从丹麦到西西里岛，而且时刻想着统一意大利。作为一个南方人，腓特烈二世不喜欢回德国居住，他的一生大部分时间都住在西西里岛，只把儿子封为德国国王。

腓特烈二世称得上一位哲学家，并且是个精通生活艺术的大师。他是一个思想家，一个探索者，还是一个艺术家，他生活在安逸和次要的位置上。他像一个出色的知识分子，有一种玩世不恭的情怀。他是文艺复兴的先驱，虽然文艺复兴在他死后两个世纪才到来，但他走在了时代的前面。

他身上的宽厚隐忍和愤世嫉俗和谐的统一在精神上，这种内在的沉稳性格归因于他从伊斯兰教义中学到的宿命论,这种宿命论加在他身上便成了一种精彩的幽默感。他是一个基督教国家的君主,他尊重教会。但当教会把他逐出教会时,他就不再这样做了。

他带着少量军队来到耶路撒冷,和那里的苏丹见面,两人在短短一小时内就达成了共识。于是,他在圣墓教堂里得到了一顶专门为他准备的王冠。这个曾经遭到驱逐的帝王,带着寥寥几个士兵走进教堂,亲手把王冠戴在自己头上,整个仪式没有一个神职人员参与。就这样,他完成了别人用刀剑做不到的伟业,成功将耶路撒冷取回了基督教世界。从十字军东征开始以来,从未有一个十字军领袖得到过这样的巨大胜利。

他可以讲七种语言,其中包括最喜欢的阿拉伯语,这让苏丹和他的宫廷都感到不可思议。这次十字军东征和平取胜的消息传遍世界,国王赢得了千万人的心。相反,为了私人利益而征服西西里的教皇则失去了很多追随者。

腓特烈带着随从在布林迪西登陆,教皇只得把之前拿走的东西都还给他,并不得不取消了驱逐他出教的禁令。

他在平等、自治的基础上建立起了他的南方王国,他是一个仁慈的独裁者。但由他儿子管理的德国,却笼罩在浓雾之中,被诸侯们无穷无尽的争执所撕裂。在他的管理下,他继承的半个德国井井有条,南方的领地则富有文化色彩,充满想象力。

与许多伟人一样,腓特烈热爱动物,尤其是鸟类。《训练猎鹰的艺术》是出自他的手笔并流传至今的书籍之一。腓特烈的娱乐就是训练猎鹰和建造城堡,他像拜占庭国王一样住在半哥特风格的宫殿里。

在卢塞拉的一座城堡附近，国王安置了4万个撒拉逊人，为他们建立了一个聚居地。为了给他们造清真寺，他甚至以不安全的借口拆除了一座教堂。在任何地方他都慷慨地给予异教徒荣耀，不断地向子民征税，用生活的美丽装扮自己。

他的这些行为在当时显得离经叛道，教皇感到自己在这个国王的映衬下显得异常无能。这个基督教国家的君主没有用火与剑去抗衡异教徒，反而给他们建起了清真寺。他非但没有从东方掠夺财富，反而把金匠、占星师、炼金术士、诗人和琵琶乐师从巴勒莫送往阿拉伯。

因此，在和上一任教皇和解10年后，腓特烈再次被新教皇英诺森四世驱逐出教会。同时，他在德国的王位被一个受教皇煽动的对手夺走。在最后的岁月里，因为教皇的惩罚，他开始受到混血儿这一身份的影响。德国认为他有诺曼底的异族血统，而意大利则对他的霍亨斯陶芬身份耿耿于怀。在种种困难之下，腓特烈二世在一次战役中被意大利同盟打败。

1250年，腓特烈长达40年的统治走到了终点，这40年充满了外部的骚乱和内部的动荡，他的两个帝国都是不稳定的。他的婚内婚外子女都遭遇了悲惨的命运，在很短的时间内，霍亨斯陶芬家族的统治宣告结束，最后一个家族继承人在那不勒斯被敌人安茹公爵处死。历史上的腓特烈二世不是个善于开疆辟土的国王，他的战斗随着他的宫殿的倒塌而终结。

然而，在地中海的历史上，从来没有一个统治者能够把这样的知识、直觉与这样的权力结合起来，也没有一个统治者能在那么多领域里配得上那顶智慧的王冠。在13世纪最伟大的三个头脑中，但丁和托马斯·阿奎奈这两个意大利人只代表了一种思想。腓特烈这位行动之王则吸收了南北的精华，远远地走在了圣徒和诗人的前头。

教皇们的争斗

德意志称霸世界的梦想破灭了。这位德国国王的力量和野心在琐碎的纷争中消磨殆尽。

中世纪之后，被历史和自然选择来统治地中海的似乎唯有意大利，西班牙和法国面对着其他的海洋；希腊的国力早已耗尽；君士坦丁堡、埃及和北非又远离中心。人们看向地图的第一眼通常就会注意到意大利，它就像一只指向地中海的手指。

但是，一个民族不可能在没有经受惩罚的情况下成功，这就是意大利在未来几个世纪的命运。

当十字军东征即将结束时，意大利还不是欧洲的领袖。文明散布在地中海四周，有一段时间，地中海的艺术和风俗全都被法国化了，至少在西岸是如此。

托勒密的天文学、希波克拉底的医学、博洛尼亚的合法权利说和帕维亚对东罗马帝国的分析再度兴起。而一个被国王勒令回家的学生,把巴黎大学的革命性发现带回了牛津。

矗立的建筑代表着上帝的伟大荣耀,然而,它们和古典风格截然不同。这种被称为哥特式的野性风格虽然加入了一些德国元素,但起源于法国。

最可爱的天主教堂建在法国是很顺理成章的,因为在那个时代,法国就代表了基督教文明的顶峰。罗马的主教只在意大利之外统治了一个世纪,即14世纪。出于对权力的渴望、恐惧和精明的算计,他们从罗马逃到了普罗旺斯,并在阿维尼翁开始了统治。教皇们在那儿受到了一个强大国家的保护,远离德国国王和罗马骑士们无休止的残酷杀戮,并超然于意大利的所有内部危机。教皇在阿维尼翁的故事是一部长篇传奇,其中的爱与嫉妒、阴谋与秘密斗争,让英雄们心潮起伏。

14世纪,伟大的民族国家在独裁统治下已经颇具规模。作为法国的客人,逃亡的教皇成了现代历史上第一个独裁者,教皇成为至高无上的统治者。以前的教区、教堂都可以任命牧师并进行自治,但现在这样的权力被剥夺了。教皇任命全国所有官员,上至红衣主教,下到乡间牧师。

教皇从一架管理机器,上升为管理所有基督教国家金融资本的力量。投靠者、请愿者以及那些雄辩且贪婪的男女,像潮水一样涌进阿维尼翁,希望可以在教皇那庞大的财宝中分一杯羹。在这里,一切都被所谓道德力量所扭曲,这种力量迫使信徒付出金钱,否则他们就无法获得永生。赎罪券诞生后，圣保罗的高尚情操和耶稣基督的深邃情怀通通被背叛了。

在城垛遍布的古老小镇和风景秀丽的罗讷河沿岸，教皇们的宏伟城堡被称为"彼得的财富"，这些财富有的属于全世界的贫穷信徒，有的来自十字军东征时征收的什一税，单是这一项就有价值1500万美元的黄金进账，它被用来建造富丽堂皇的厅堂，或是在宴会、招待会、马上比武会和演奏会之类的活动中大肆挥霍。教皇克莱芒五世仅在加冕庆典上就花了12万美元的黄金，高级教士们的单身反而增加了他们对情爱生活的兴趣。最令人羞愧的是，整整一个世纪里没有出现过一件艺术品。

教皇中的大财阀约翰二十二世，把臣民的赋税制度修改的近乎完美。他和他的继承者们所创造的高利贷制度震惊了全世界，信徒们的收入有将近一半落入红衣主教口袋中，这化解了高级教士们对教皇的嫉妒。

法国国王也从这些计划中获利，他让教皇解散了从洛河迁至法国的圣殿骑士团，表面上是以扭曲经义为理由，实际上却是要控制它的巨额财富。

一幕讽刺剧在一个政治大混乱的舞台背景下上演，德国国王与教皇的合作期已经过去。教皇依靠他的强大势力保证了他足以在法国得到好处，同时，教皇也回报着法国国王的好意。在受邀担任调节英法百年战争的仲裁人时，教皇以对法国的偏爱做出了决定。在与霍亨斯陶芬家族斗争过后，教皇试图把神圣罗马帝国皇冠交给法国人。但是，时代精神拒绝任何独裁，包括教会在内。现在没有一个国王愿意接受教会馈赠的土地，他宁愿靠自己的双手去夺取，或者靠上帝赐予。

同时，也是在佛罗伦萨，诞生了一个圣女，她就是锡耶纳的凯瑟琳。在六个凯瑟琳圣女中，她的童年最为有趣。她是一个工匠家庭的25个孩子中最小的一个，家庭的贫困和不幸使她很早就渴望去修道院生活。疾病袭击了她的家庭，父亲过世后，她成了现代女权主义的积极追随者。这时，她发现了自己在演讲上的巨大天赋，于是很快就被授意去说服比萨加入反对教皇的联盟。

在阿维尼翁，这个圣徒的双重使命达到了顶点。这位28岁的未婚女孩希望将教皇引渡回罗马，虽然经过了一番波折，最后还是成功了。在热那亚，教皇和圣女有过一次会面。教皇给了她一座城堡，圣女把这个城堡转送给了修道院。后来，她在代表新国王调解罗马人民的纠纷时忽然染病，很快离世。

凯瑟琳的影响力和其他一些因素混合起来，促成了罗马的回归。民众领袖利恩兹也在这场竞争中插了一手，他是一个旅馆老板的儿子，身上充满了拉丁演说家和古代英雄的气质。

带着野心和阴谋，他在克莱芒教皇的阿维尼翁行宫里雕刻了一座神像。作为回报，教皇允许他在罗马获得一个根据地。带着这个承诺，他回到罗马，宣布要于次日在古罗马主神殿前召开集会。那天他穿着盔甲，看起来像个传奇英雄，身边一个士兵都没有，却被旗帜、乐队和象征教皇的物品包围，这引来了大批围观者议论纷纷。在主神殿前,他进行了一番言辞激烈的演讲,鼓吹回归黄金时代。接着,他在欢呼声中接受了最高统治者的权力,并自称为解放者,这一切都显得十分戏剧化,却令民众大为受用。

只有一件事利恩兹没做好,那就是工作。他生活在象征和宣传之中,在这方面堪称大师。他虽然拥有权力,却根本没有军队也没有钱。在七个月的统治之后,他交出了权力,在逃往布拉格投奔德国国王途中,他被抓回阿维尼翁准备判处死刑。教皇的逝世让他捡了一条命,他不久便得到释放。在之后被杀时,利恩兹还不到42岁。

这些失败之后,又出现了一个西班牙红衣主教,他削弱了罗马男爵们的力量。这时,出现了两位教皇共同统治的情况,这种分裂状况持续了40年。

在全世界的注视下,两个教皇公开侮辱对方,这使民众感到厌倦又可笑。东西方教会分别在两大阵营的支持下互相纠结着存在,这代表着教会的势力开始削弱。

最后,他们不得不再选出一位教皇,并希望前面的两位教皇自动退位。然而,两位老教皇拒绝退休,于是演出了一场"教皇三重唱"的闹剧。

经过了漫长的协商和讨价还价,1418年,终于再度选出了一位教皇,这就是马丁五世。前三位教皇被迫屈服,教会终于渡过了难关。

艺术宫殿

如果我们处在罗马西北的尽头，台伯河的右方，城市精彩的一面就出现在大河的另一侧。在最初的一瞥中，圣彼得大教堂和梵蒂冈教堂显得非常突出，因为它的高度、大小、位置和多样化的建筑风格，暗示着它们悠久的历史。毫无疑问，圣彼得大教堂是最美的，它一直都是当地最顶尖的教堂。梵蒂冈教堂稍逊一筹，但它无疑是所有统治者宫殿中最有趣的一座，因为它的主人统治的时间比其他任何国家都要长，甚至超过了1800年。

这座城市的边缘仍然是原野，思想家和隐士们从乱世中逃出，与上帝和大自然一起过着宁静的生活。公元67年，彼得在这里被钉死在十字架上，罗马人把他的尸体留给了幸存者，这些人又为他修建了一座坟墓，他的后人又在原处建造了一座教堂。过了很长一段时间后，康斯坦丁国王在原来的地方重建了一座宏伟的教堂，它的地下仍然保留着当年那座坟墓。

起初，罗马主教用青铜片把彼得的坟墓保护起来，这样外族入侵者就无法找到它，这座坟墓得以在洗劫中幸存。

布拉曼特想把新的圣彼得大教堂搬到其他地方，因此想要转移彼得的石棺，教皇以不敬为由阻止了他。后来的贝尔尼尼也没能敌过彼得的精神力量，他没有破坏建筑，只是添加了一些他认为增加美观的东西，但这种做法激起了民愤。

在宗教斗争最激烈的时候，古老的圣彼得教堂开始摇摇欲坠。据历史记载，南面的墙壁下陷了将近2米。在它建成后1200年，教皇决定拆除教堂。在我们今天所见的这座建筑中，没有一砖一瓦来自旧教堂，它的断壁残垣都保存在一间博物馆里。

新的圣彼得大教堂在它120年的建造史中却充满了戏剧性。这座建筑体现了教皇的雄心、艺术家的竞争和艺术潮流的演变，此外还有金钱的力量。拉斐尔、布拉曼特、桑加罗兄弟等文艺复兴时期最伟大的艺术家们，为了这座建筑的外形争论了40年，却毫无结果。最后是米开朗琪罗贡献了个绝妙的主意，那就是使用圆屋顶和四臂等长的十字架样式。他画出了图纸，但是，直到米开朗琪罗去世，这座教堂仍然没有开工。

在米开朗琪罗死后的第25年，保罗五世终于接受了他的设想，几乎全部按照他的图纸建造了目前我们看到的圆屋顶。工程花费不到两年时间，但教皇的计划还是引来了不少不满的目光。教皇不敢再采用古典样式，于是改为拉丁式的十字架。今天，教堂外部缺少了哥特式大门，内部又没有彩色玻璃，大大减少了神秘感，倒像是一座办公大厦。

梵蒂冈教堂的历史比圣彼得大教堂早1000年，它包含了许多不同的元素，由于没有统一的主导计划，教皇们彼此不同的性格和爱好，都在这座建筑里留下了痕迹。这些建筑就像被施加了神奇的魔法，因为在欧洲，很多古代的堡垒都已经被岁月夷为平地，农民们在旧址上散步。但这里的一切却安然无恙。

等待教皇接见的时候，可以看到那些穿着黄褐色紧身上衣的瑞士雇佣兵。400年来,这些卫士始终手执长矛,但它们被挥舞的时间很少,这些卫士看上去稳重而沉闷。

楼上的房间全部用丝绸装饰,100张大扶手椅笨重地立在昂贵地毯的边缘。两扇宽阔的大门,关上之后整个结构浑然一体。所有的窗帘都是人工缝制,柔和的褐色灯光代替了地中海正午的阳光。教皇的卫士们寂然无声地来回巡逻,他们每个人都是贵族的儿子。传教士们穿着淡紫色、丁香色和黑色衣服从容自若又悄无声息地出现和消失。

教皇的所有接待室都对外开放,教皇通常是单独站着而不是坐着。在童话式的开端之后,接见本身就不再庄严隆重,比古老宫廷的仪式要简朴得多。在聆听天父的教诲时,那些从未出鞘的银制刀剑和黄金马蹄发出的清脆而微弱的响声,让我们在这个世俗的时代里触摸到了传奇。

作为补偿,意大利艺术在宫殿各处仍然栩栩如生,没有一间博物馆能够和这里的创作相比。因为这里不是博物馆,而是一种虔诚和欢乐交替生成的表达,两者交织在一起,这使宫殿随着不断变化的时代精神焕发活力。

商业之海

有时,人们把地中海称为"商业之海",其实所有的海洋都是如此。无限延伸的海水见证过的贸易之旅比战争更多,海上来往的货船比战舰更多。在陆上,由于空间的限制和利益的冲突,人类酝酿出无穷的争端。但这一切在海洋中消失了,除了意外或者战争,两艘船绝不会干扰或伤害对方。这是在中世纪之前就形成的自由观。

由于这个原因,海员比农民拥有更多的自信和更强烈的宗教感。自由并非是他一定要争取的东西,因为没人从他身上夺走过它。在岸上,一个人必须逃进森林或者沙漠才能与自己独处。然而在海上,他通过望远镜寻找另一个灵魂的痕迹。没有一个国王或是独裁者能像船长在船上那样随心所欲。

底层的船舱是存放运载的包裹和木桶的,直到今天,船只不仅仅局限于运载乘客,货运带来的收入远高于旅客的票款。这些旅客都是纯粹的商人,在100个渡海者中,没有一个纯粹是为了研究某个国家、享受一段旅程或者赢取一个女人的芳心,而是为了金钱。

作为这些海洋中最小的一个,地中海从远古时代开始就显露出内海的特征,它把大小船只送往各地,拉近了国与国之间的距离,在交换货物的同时交换文明。

没人说得清谁是殖民者,地中海的狭小和延续性给这里的航行赋予了其他海洋贸易中没有的使命。远在美洲被发现、中国和印度被真正了解之前,地中海就已经发展出一种辉煌的现代贸易和文明形式。

意大利先拔头筹。意大利人成了欧洲第一批伟大的金融家,他们发明了复式簿记。银行最初只是一张长凳,人们在上面放置钱币，清点数额，这也是银行的演变来源。意大利还首次大规模引入了利息制度，教皇和银行家们一样需要钱，他废除有关利息的禁令，并把各种贡品和宗教捐税抵押给银行，换取数以百万的贷款。

随着王室、世袭贵族的兴起，小高利贷者成了大金融家，为了获得贵族的特权，他们情愿少收几个百分点的利息。和王公贵族的暗中交易越多，他们的政治影响力就越大。从马基雅维利时代起，他们还给税收这种对全民族进行剥削的制度取了一个优雅的名字，叫作"国家的必需品"。事实上，这种剥削意味着所有基督教道德的终结。同样，金融家们不经丝毫的内心挣扎就能出卖自己的国家。

就像信用机构是从银行发展而来一样，第一间股份制公司源自殖民贸易。在地中海东部和南部，威尼斯人和热那亚人取代了希腊和阿拉伯对手，他们冒险从黑海、的黎波里甚至是英国装载货物。

十字军东征之后，大量的财富迅速地流进少数人手里，这主要归功于巨额利润。毫无疑问，战争风险使海上贸易的收益有很大的不确定性，然而商人们却乐于铤而走险。

在所有的意大利城市里，没有一个比佛罗伦萨人的手段更为高明，最好的商人和外交官都出自那儿。当然，还有威尼斯。首先从商业中领悟出治国之道的是美第奇家族，他们对佛罗伦萨的统治长达300年。

科兹莫·美第奇是他们之中最杰出的一个，他的祖父是拥有巨大影响力的商人和国家顾问，他的巨额财富主要是在康士坦茨湖一带获得的,他是教皇的密友。其他意大利人和德国人也在这些政治交易中积累财富,但只有科兹莫·美第奇被称为"商业之父"。

在40年当中,科兹莫是佛罗伦萨真正的主人,他要求登记整个国家的财产。在土地全面登记的基础上,他对贵族征收重税,对百姓则温和得多。他罢免了那些腐败的收税员,借钱甚至送钱给老百姓,这一切都使那些无法效仿他的人深感不安。当他被驱逐时,静静忍受了一年,回来时也没有施加任何报复。他穿得非常简朴,总是戴着一顶大帽子,像个受到长者安慰的老人。尽管他喜欢和诗人智者谈论哲学,但他仍是个商人,可以精确地说出自己到底赚了多少钱。

他的孙子洛伦佐更像一个独裁者和暴君,事实上,他不是一个商人,而是一个喜欢扮演国王角色的演员。这个病态的继承人,以一种激进的节奏生活着,他的仪容酷似贝多芬。

当时,把塑造地中海精神的两个宗教融合起来是佛罗伦萨人的理想,它被遮遮掩掩地称为"柏拉图的神学和圣保罗的哲学"。一种奇特的气氛蔓延在那个"前拉斐尔时代"里,它们代表着一种失落的心情,而不是真正的文艺复兴。

美第奇家族诞生了两位教皇,其中一个是李奥五世。然而,科兹莫的高尚和仁慈,洛伦佐的温和与机智却未能重现。一连串才干平庸的继承人试图把他们父辈传下来的金钱与天赋转变为贵族的封号与冠冕,却始终未能如愿。

地中海格局

在强势统治者的领导下,法国首先塑造了现代国家的雏形。法国国王路易九世比德国国王腓特烈二世多活了将近20年,这是至关紧要的。路易九世是独一无二的,他称得上是个圣人,他的对手腓特烈在他夺去王位时,出面参与了调停。但路易的运气更糟,他在一次东征中战败被俘,在另一次东征中又死于瘟疫。

他的继任者很重视国家这个概念。法国国王腓力可谓人如其名,专横、狡猾、言而无信,同时又充满力量。作为未来的太阳王,他有一个理想,那就是建立一个强大的法国。为了增强国家机能,他不但打击封建贵族,甚至对教皇征税。教皇为此与他开战,这场混战对教皇的折磨达到了顶峰。罗马人释放了这位85岁的老人,下一任教皇是个法国人,他留在阿维尼翁,开始了"教堂监禁"。

英法百年战争只是分散了法国在地中海的一部分力量,新生的法国把海军开到了南边。1480年,罗讷河落入法国人手中,与此同时,他们还得到了马赛这个海滩要塞,如今里昂也在法国人的控制之中。

对于上升的法国来说,西班牙是个强劲的对手,只要看看地图便可得知,令双方争夺不休的正是那个形状笨拙的半岛。

卡斯提尔和利昂是在中世纪崛起的两个王国,它们分别在西班牙的中心和西北部,被高山隔在大西洋之外。整个南部几乎占据了半岛的一半,直到1200年,它还属于摩尔人。西班牙人曾花了三个世纪试图把他们赶走,因此展开了对犹太人的宗教裁判和迫害,因为在摩尔人中,犹太人身居要职。西班牙人必须自我捍卫,他们的民族敌人同时也是宗教敌人,他们因此陷入了疯狂之中。

因为这个原因,骑士精神和宗教刺激产生了纯粹而持续的影响,并成为骑士们的真正动机。西班牙首领戴着耀眼的光环,就像后来被讽刺的堂·吉诃德一样。

历史送给了西班牙人一份礼物,让他们不必像意大利人一样要通过抵抗侵略来达成统一。1236年,敌对的卡斯提尔人和阿拉贡人联手从摩尔人手上夺回了科尔多瓦。

在教会和摩尔人之间曾发生过无数纵火和谋杀罪,科尔多瓦的图书馆也在哀悼之列,12世纪的地中海智慧就集中在这里。在这个智慧中心,犹太人曾经占据了很重的分量。

西班牙的宗教裁判所是历史上最残酷、最疯狂的工具。其对外来宗教的迫害让人闻所未闻。最开始只是焚毁典籍,后来,异端们被罚去圣地朝拜、禁食、财产充公。因此,最早的利己主义者出现了,因为异端们的财产一半属于教会,一半归审判官。最后,宗教裁判所引入了拷打,开始了对野蛮的回归。1252年,教皇首次批准拷打被指控者,这在之前是一直被禁止的。接下来是对目击证人的拷打,危险进一步升级,因为没有什么不能被屈打成招。人们奋起反抗,国王阿方索开始禁止拷打,这使他赢得了"智者"这一高贵头衔。

宗教裁判所最初只是用来对付那些变节的基督徒,在征服了格兰纳达之后,则被用在了犹太人身上。在许多城市里,人民自发的反抗遭到镇压。裁判所的头目被杀，但对整个状况并无缓解。因为整个机制建立在广大范围里，并被不计其数的机构控制，市民们的安全毫无保障，国家不会保护他们。在威逼和诱骗之下，宣判是无法驳回的。大审判官全副武装地在乡间巡行，杀害平民，没收财产，不需要对任何一个灵魂做出任何解释。

西班牙的威力

西班牙的智慧在地中海沿岸显示出了它的威力，表现之一即是原料交易，例如谷物的买卖。他们占据的市场和创造的文明，比安茹和阿拉贡王室之间的互相竞争和继承有趣得多，西西里岛和撒丁岛便在这些兴衰交替中不断易主。

我们倾向于把卡斯提利人视为最典型的西班牙人。在半岛中心的高原上，在他们的城堡里，三条美丽的河边，西班牙的封建领主们身上充满骑士精神，骄傲而慵懒。在英国《大宪章》诞生之前的12世纪，市长议会制就在西班牙出现了。骑士们给予议员充分的自由，这样的自由也许还没有一个地中海居民曾获得过。这不是对普通民众的爱，而完全是出于军事上的需要，让普通人起来反抗摩尔人，最终目的是对付海洋。

12世纪，沿海的加泰罗尼亚人和住在埃布罗河的阿拉贡人联手建立了一个王国。那儿的一切都遵循地中海的模式，那就是商业至上。越是因为政治原因赶回法国南部，他们马赛市场的规模就越大。这些贵族被称为"商人",因为他们从商,而不是待在城堡里虚度光阴。他们也是封建领主,但海洋激励了他们,并且驱使他们在其他海岸结交盟友。例如,1300年,加泰罗尼亚最大的公司与君士坦丁堡结盟,统治了阿提卡70年。

与阿拉伯人的接触使他们处于文明的熏陶之下,在几个世纪里,他们学到了最具建设性的东西,国王们都受益匪浅。卡斯提尔的国王统治奴隶,而阿拉贡的国王统治自由民。在百年战争中,卡斯提尔支持法国,阿拉贡则支持英国。

在西班牙,费迪南和伊莎贝拉以"国王们"的名义联手统治了35年,伊莎贝拉去世的时候年仅53岁。这段婚姻在历史上是独一无二的。两个人的婚姻是为了联合卡斯提尔和阿拉贡这两个敌对的王国。在生活中他们共同执掌大权,有时也相互独立,带着平等的权利和责任。

很少有一个皇后有这样的机会证明自己。伊丽莎白、凯瑟琳、玛利亚·杜丽莎和维多利亚也曾作为身负重任的继承者单独进行统治,但在这种情况下,一个丈夫或情人所起到的顾问作用是很小的。然而,伊莎贝拉是卡斯提尔的女儿,"国王"的称号和性别的转换是对她的激励,这显示出了一个女人的非凡声望。

她在一切方面都胜过她的丈夫,天赋、眼光。他们有着同样的野心,那就是将西班牙联合起来。出于政治目的,这位女继承人还在修道院里的时候就被许配了六次。事实上,卡斯提尔的统一计划在接下来的一个世纪里确实改变了世界的面貌。

阿拉伯文明的残余保留在这个半岛的南部一隅,大部分摩尔人渡海回到北非,他们的父辈就是从那里来的。

他们原本可以利用摩尔人作为沟通非洲柏柏尔人的桥梁,但费迪南对战争抱有怀疑,他的心在意大利,在结盟和婚姻上。

伊莎贝拉死后,费迪南的性格流露得更为明显。他曾经在自己儿女和兄弟姐妹们的婚姻中大获好处,但后来联姻的热情被他的女婿,哈布斯堡王朝的马克西米利安人的儿子泼了冷水。最后,这对天才横溢的夫妇什么也没留下,除了一个疯掉的女儿,以及记忆中的一幕:来自热那亚的哥伦布,带着来自一片不知名大陆的财宝,亲手献给两位西班牙国王。

一场艺术盛宴

在这个时候,一直昏睡的希腊精神唤醒了崭新而热烈的生活,这就是文艺复兴的黎明。

什么是文艺复兴的奥秘?是什么让1500年前后的这段时间在历史长河中脱颖而出?在这段时间里,世界的变化并不剧烈。国家统治者的更替并不比之前少,阶级也没有被起义动摇,各种宗教继续混战,与之前和之后并无二致。

唯一不同的因素,只有日渐强烈的对生命的感受。文艺复兴时代的人热爱生命,无惧死亡,拥有挑战命运的勇气。在发现人性的过程中,文艺复兴建立了新的道德规范。

经过一连串的妥协之后,奄奄一息的基督教曾经试图承认人类追求健康和幸福的天性。伟大的人性一直驱使着人们致力于恢复失落的古代传统，直到文艺复兴时期，人们才完成了这一使命。

文艺复兴并不仅仅归功于几十尊神像的发现。这些雕像在沉睡中度过了属于基督教的中世纪，它们在新时代醒来，并给人类带来了新的光华。艺术家对它们爱不释手，他们开始痴迷于青铜像，而非活生生的模特。

艺术家们把法国哥特式风格引入教堂，今天我们所见的许多建筑，其灵感都来自文艺复兴时代，而文艺复兴又是从希腊人那里获得灵感的。

并非雕像本身的影响力，而是对希腊人智慧和生命感受的回归。事实上，除了对痛苦的褒扬，没有什么被抛弃。这是坦率地追求世俗的快乐、爱与荣耀的开端。在这里，耶稣和阿波罗都不受赞颂，只有人才值得崇拜。1500年，意大利人穿着紧身衣，却像布鲁图那样在谈话中引用拉丁文，或者像柏拉图那样引用希腊文。

伟大的天才来自各个阶层，这是一个没有普及教育的时代。从前被人瞧不起的私生子，现在也有了极好的机会。自力更生的人也备受喜爱，甚至是贵族也找到了自己的位置。创造性涌现于各个阶层，雄心勃勃的乡下人也在乡间座位上高谈阔论。

在文艺复兴时期，女性的地位和以前有所不同。她们在1500年前后所得到的，并不输于她们在这30年来对社会的改造。只有那些一直生活在修道院里，直到结婚才被释放的年轻女孩，才没机会参与这些盛事。

女性是骑士，是猎人，是柏拉图的信徒，是杰出画家的模特，是雇佣兵们的情妇,她们正处在力量和风采的巅峰。尽管丢掉了忠贞,但仍能维持家庭,在历史上她们头一次可以要求离婚而不被孤立。为了财富,女性很少按照自己的喜好嫁人;美丽的交际花获得了前所未有的地位,哪怕在古代的雅典也没有这样的情况。十四行诗和风流韵事总是描绘在著名的内廷中,例如一位教皇用爱慕而非讽刺的语气来赞美他爱上的交际花。

在这样的氛围中,基督教的美德虽然没有遭到嘲弄,但却已暗淡无光。尽管仍保留着洗礼、婚礼和葬礼这样的形式,但圣灵已经缺席了。妇女热情地支持女性参政,具有男子气概的女性更为常见。

对身体、技术和记录的崇拜,使得那个时期的人物肖像画大为盛行。我们常见的那种画像,有着单调的背景和标准的人物正面像,值得注意的是,那时期的绘画对象都是不笑的。唯一的例外就是蒙娜丽莎,她完全是为了自己而笑。

被人当成存在的极致来追求的并不是奉献、坚贞、感恩等美德,而首先是健康和美丽。英俊的男人和漂亮的女人会成为解放者,艺术和科学塑造着世界,甚至支配着它,在希腊人之后,从来没有一个民族做到过。

这是个稍纵即逝的时代,在其之前和之后都再没有这么多充满创造性的名人生活在同一时期。这个时期很短,一切都被压缩在大约40年里,这段时期被称为另一个黄金时代。

在文艺复兴时代的意大利,同一代中涌现出了大量天才。他们几乎生活在同一时期,从维罗基奥到米开朗琪罗,从塔索到马基雅维利,从贝里尼到提香,从佩鲁吉诺到拉斐尔,从克雷乔到达·芬奇。还有三位杰出的教皇,依次是亚历山大、朱利叶斯和李奥。还有从切萨尔·博尔吉亚到克雷欧尼等雇佣兵队长,从费迪南到穆罕默德等国王,从伽马到哥伦布等发现者。

柏拉图之前的希腊时代显得更幼稚;文艺复兴则较为愤世嫉俗。文艺复兴是个人主义的,除了对自由的热爱之外,它和民主主义毫不沾边。在两个时代里,不同的人用不同的方式追求自由。

金钱却没有受到崇拜,这是文艺复兴时期的奥秘之一,也是那时和我们现在的巨大不同,使得我们更珍爱文艺复兴的理想。和早期相比,艺术家的生活标准大大提高了,每个人都镂刻荣誉和光彩,女性不再是唯一愿意花费时间和金钱延续美丽的人。

这就像古典时代的雅典,艺术和智慧成了一切的主宰。这不是因为某几个艺术家偶然从天堂落入人间,而是因为世界期待并珍爱他们。

在文艺复兴时期,人们期望被认定为天才和大师的人能够把自己的生活变成一件艺术品,给他们同时代的人呈现出一幅美景,给后代留下典范,这是继希腊人之后唯一的一次。为了给予天才们崭露头角的机会,在全盛时期,艺术家们的彼此更替是再恰当不过的。

无论是民族还是宗教的理想,都没有对文艺复兴时期的人产生决定性的影响,这些事实充斥着很多现代历史书。在另一层面上,这个时代给我们的日常生活以永恒的模范,引导我们艺术化地生存。

奴隶买卖

复活节是威尼斯最盛大的节日,大约在1000年,一个总督为了纪念他对达尔马提亚海滩的征服,首次进行了庆祝活动。从此,一艘金色的大船每年都在同一天穿梭在岛屿之间,它靠人力划行,却像飘过水面一样快捷轻松。

这种庆祝活动被称为威尼斯与亚得里亚海的联姻,每年这个时候,在仪式中,总督都要将一枚金戒指丢入海中,并高呼"海洋,我们成婚吧!"。这种行为在600年里重复了600次,只要没人将那些戒指捞起来,那么海底下应该还躺着600枚又大又重的宝石金戒指。

当民众在阳光下欢庆时,几千个人坐在黑色的船上,在这个海洋城市的乏味角落里,他们沉默而呆滞。他们是船上的奴隶,被锁在长凳上,日复一日年复一年,甚至整整一生。他们一无所求,除了死亡。这些几乎推动着整个地中海前进的奴隶,如同木块一般,最终腐烂融化在海水里,威尼斯富丽堂皇的宫殿从他们的尸骨上崛起。令人心醉的文艺复兴,便是以他们的快乐和人性为代价的。

古代文明建立在奴隶制基础上,但与政治道德的基础并无冲突,这在柏拉图之后都没有太大的变化。基督教文明从一开始就允许奴隶制,奴隶们的安全不能得到任何保证,他们被人当成货物在市场上交易。教皇和主教用链条把奴隶锁在船上穿过地中海,君士坦丁堡大族长和大主教为即将出海绑架和贩卖人口的船只祈祷。作为地中海航行主力的船奴,在500到1800年之间不断地从君士坦丁堡的基督教国度出发。教会经常派牧师到船上，褒扬这些"船民"的贡献。

如果一艘船有400个划船人，那么可能会有250个是奴隶，他们几乎一丝不挂，每七人一组，长年累月地锁在长凳上。不论白天黑夜，都在同一块地方划船、吃饭、消化和睡觉。冬天不适合出航的时候，他们会被关在意大利或者土耳其式的囚室里，带着同样的脚链。而在战斗中，他们手无寸铁，只能无助地和锁链待在一起，眼睁睁地看着敌人步步逼近，等待被屠杀的时刻。

饱受折磨的奴隶通常会选择逃跑，看守者通常以鞭打来惩罚他们，只要还能卖钱，他们就不会被丢进海里。如果铁链被砸断，或逃跑的计划被识破，他们的耳朵会被割下来，然后是一条腿。

任何一个奴隶如果拿到了一把小刀，打算拿它为自己所受的苦楚报仇的话，他的手就会被钉在桅杆上。如果与伙伴私下串通的话，就会被绞死。传染病在这些人之中传播得极为迅速，它夺取的性命之多，甚至连负责提供经费的银行家都感到恐惧。在一场战争中，4万个威尼斯船奴赔上了性命。

因为陌生人拿走了他们身上一切能拿走的东西，所以奴隶们痛恨每一个来到船上的乘客。和杀人犯坐在一条长凳上的，有可能是一个被俘的马耳他骑士，或者一个被宗教裁判所迫害的学者。大地主们对俘房同辈还不太习惯，但热那亚人首开纪录，他们把抓到的威尼斯舰队司令用脚镣锁在船上。赤身裸体，手无寸铁，和其他奴隶一样在眉毛被剃去的地方用烙铁烧上记号。这个曾经号令千军万马的司令，如今和成千上万奴隶一起坐在长凳上为敌人划船。

威尼斯在奴隶交易中获得了一部分财富，如果没有这些交易，威尼斯的财富将大为逊色，就像佛罗伦萨没有了羊毛工厂一样。威尼斯人用海盗船诱骗船员上船，然后在东南部的奴隶市场将他们卖掉，换取了复活节华丽船只上的闪亮黄金和总督宫殿里的精美大理石。交易的背后是威尼斯的大银行家们。

穆斯林的后宫里需要宦官，于是阉割成为奴隶买卖中一个列入考虑的因素。直到19世纪早期，还有这样的记录。1400年，奴隶的出口税是五万达科特，主要的利润都流入了威尼斯。

那些描绘奴隶的图片上的赤裸男人，戴着手铐，被人剃去眉毛，身后是成百上千和他一模一样的人。他们在海上划船，显示出人性的衰落。这就是文艺复兴光芒背后的代价。

一本游记引发的

那时候最著名的书出自马可·波罗之手。在超过20年的时间里，他一直待在中国、印度和日本。公众越是觉得他的故事夸张，他们就读得越多。这些伟大的作品听起来像是天方夜谭，人们都觉得它不是真的，因为很少有人意识到，自然和历史的真实记录总是比传奇故事更加荒诞不经。

1300年，这本书完成时，记录旅行见闻的作品尚未成为时尚。这本书出自一个没有多少学问的人之手，如果不是巨大的意外，它很可能不会面世。今天，他的经历已经被人淡忘，但他的故事却依然散发着光彩。

来自威尼斯的波罗兄弟,原本想取道君士坦丁堡去克里米亚和波斯探险,最后却和中国大汗的使者一起朝着东方进发。这位伟大的大汗,或者说国王,除了传教士和零星的外交官之外,可能从来没见过白人,他邀请波罗兄弟再来做客。大汗让他们带信给教皇,他要求主教派100个贤人到中国来,向他证明基督教是最好的宗教。但当波罗兄弟回去之后,却发现那里已经没有了教皇,只有一个动乱的罗马。因此,在第二次旅行中,没有贤人相伴,却带上了来自耶路撒冷神灯的油。波罗兄弟还带上了他们其中一个的儿子,17岁的小马可,自从母亲死后他就一个人待在家里。当小马可回国时,他已经40岁了。

马可·波罗笔下的诸如帕米尔高原之类的土地,直到600年之后才被英国旅行者重新发现。在中国,这个年轻人22岁便被授予管理城堡和国家的大权,他是国王的宠儿。国王不愿放走这三个威尼斯人,直到波斯国王失去了心爱的妻子,想要一个蒙古女人来续弦。波斯国王因此派使者来到中国,要求威尼斯人当领航员,国王只能放他们走。这支队伍中的大部分人都死在两年的航程里,只有那位新娘和三个威尼斯人活了下来。当他们抵达时,波斯国王已经驾崩,这位蒙古新娘只好嫁给他的侄儿。

24年后,当波罗兄弟回到故乡时,当地人已经认不出他们了。在威尼斯的宫殿外,他们被当成冒名顶替者赶走。最后,在一个盛大的宴会上,他们割开自己的鞑靼衣服,站在数不胜数的丝绸和珠宝前。这真是一个可以写进《天方夜谭》的故事。

回国后不久，马可就在一次海战中被热那亚人俘虏并关押起来，在监狱里待了将近一年之后，第二个意外如同戏法般出现，一个来自比萨的年轻传奇作家也被关进了囚室。为了消磨时间，两人叙述并写作在中国游历时的见闻。被释放之后，马可回到威尼斯，那是他17岁之前平静生活的地方，我们对他后来的生活一无所知，只知道他有三个女儿承欢膝下。

马可·波罗被看作是冒险故事的作者，一个夸张的讲述者，他的作品令人难以置信。他也被叫做"马可百万"，因为他的故事里充满了无数的人物，尤其是无数的钱币。很多传奇故事改编自他的作品，这些作品把他塑造成了一个吹牛大王。

这部作品在后来的地理大发现中产生的影响更为巨大。阿拉伯人已经从托勒密那里得知地球是圆的。当教会还在鼓吹地球是一块被海洋环绕的圆盘，中心是耶路撒冷时，阿拉伯人和后来的基督教学者一起，按照这一定律绘制地图。他们相信大西洋中间有岛屿，因为一些僧侣在摩尔人之前便逃到了那里。作为马可·波罗同时代人的但丁，仍然坚信直布罗陀海峡是不可逾越的世界边界。西半球的存在不仅是未知数，甚至从未被提出。因此，一切都有赖于大西洋宽度的确定，以及对中国和印度的发现。

现在，马可·波罗已经在书中说明了穿过亚洲的距离，用在欧洲旅行的速度来计算，他的读者显然过分估计了这个距离。如果亚洲真的有那么大，那么大西洋明显会更狭窄。如果大西洋足够狭窄，一个人也许能轻易穿过它，从而向西抵达印度。这一关键因素的误判,让所有人都产生了误解,要不是这样,哥伦布就不会开始探险,美洲也就不会被他发现。

在之前的5个世纪里,船员和探险家就开始乘船探索大西洋的岛屿和南方海岸,他们发现了大西洋漫长的海岸线和欧洲南部最好的港口。商业把葡萄牙人带到了非洲西部,他们夺得了这片海滩。1444到1451年,葡萄牙人发现了加纳利和亚速尔群岛,他们开始从这里寻找前往印度之路。

地理学大部分是由阿拉伯人传播到基督教世界的,这不仅仅是指托勒密和地球的球形结构,还有阿拉伯人从中国获得的磁针,它使在黑夜和雾中航行变得可能。其他东西来自大陆,比如描述星座位置的星历表等等。

在航海者眼中,用来购买东方织品、巴黎和伦敦的石头,以及香料的巨额金钱,比一切名誉和宗教更加有吸引力。

文艺复兴时,伟人们发现了遥远的土地。他们对基督教的理解不是像耶稣那样充满感情,而是像彼得那样渴望权力,这种念头使狂热好战的男人取得了更多成功。如果没有权力、金钱和荣誉这三种巨大的动力,没人会去出海。在船上,他们喝的是腐臭的水,吃的是老鼠,而且没有女人滋润生活。所以,在每一次登陆时,他们都像野人般对当地土著大肆蹂躏。

他们之中最漂亮的肖像属于达·伽马,他是一个葡萄牙贵族,粗笨而皮肤黝黑,却有个尖尖的鼻子和洞悉一切的眼睛。迪亚士在1486年发现了风暴角,后来是好望角,达·伽马紧随其后。11年后,他探索了非洲东海岸,远及赤道。然后他在雨季的印度洋巡航了一个月,最后在卡利卡特抛下了锚。因此,达·伽马是地中海第一个伟大的敌人。

地中海之子

在众多的发现者之中,赢得最多荣誉的还是地中海之子。他是一个意大利人,出生在热那亚,至于他是不是犹太人,则既没有被证实,也没有被否定。如果要证明这一点,我们可以援引他的性格特征:他对荣耀的渴慕超过了大多数犹太人对金钱的追求。

哥伦布的光彩使历史上所有发现者黯然失色,因为他发现的不是一块岛屿,而是一片大陆。

把他卷入这项伟大行动的不是探险,也不是对黄金的渴望,被洪堡称为大学者的哥伦布,是被追求荣誉的心理推动,去证实他在出发之前就相信的一切的。

他继承父业,在热那亚港口从事羊毛贸易,他终日沉默寡言,却渴望出海。在二十四五岁时,他已经到过地中海的许多地方,例如西西里岛和希俄斯岛,之后他从大西洋航行到西非,到英国,也许还去过冰岛。他画地图,学习地理学,向经验老到的人请教,调试工具并阅读古人的作品。他看起来总是在学习和思考,而且很可能完全是自学。

30岁时,他和一个葡萄牙的贵族小姐结婚,她是地方长官的女儿，大主教的亲戚。这是步入上流社会的关键一步，并不取决于他的相貌、风度或者金钱，而是他的智慧和个性。在妻子死后，他又赢得了一个西班牙淑女的芳心，并为他生了第二个儿子，但两人始终未曾结婚。

在葡萄牙，他与他的第二个岳父，热情地讨论着那些长期无人问津的图表和档案。由于他已经脱离了意大利，他的生活和视野便开始转向西方。在哥伦布之前很长的一段时间里，人们相信向西航行便可以抵达中国和印度。哥伦布有足够的智力和魄力，他欠缺的只是一个国王的赞助和一艘船。

在漫长的等待之后，通过妻子的亲戚，哥伦布终于成功地觐见了国王。"征服遍地黄金的大陆"这一建议让国王心醉神迷。这时，一切看起来都很顺利。

然而，国王一开始就欺骗了他，改为派遣土生土长的西班牙人去实践这个计划，可他们很快就因为恐惧而匆忙折返。失望之下，哥伦布黯然离开了这个国家，他秘密前往西班牙，像个逃亡者那样。这是这个时代的惯例，妻子的死亡也令他走得毫无留恋。在西班牙，要赢取费迪南和伊莎贝拉的信任更难，这个身无分文又举目无亲的外乡人，一直没有放弃接近宫廷。这期间，他被取笑，被怀疑是骗子，这20年的等待，留给我们的只有钦佩。因为西班牙式的答复不是明确的"不行"，而是一些虚无缥缈的借口。

支持哥伦布熬过这段时间的原因，应该是他的性格。第一，是他对上帝，以及地球是圆形的这一说法的坚持；第二，则是他那惊人的自信。他所知道的事实是，地球是圆的，亚洲很大，因此向西就可以抵达印度，而且他比别人要更加坚信这一点。

要让国王把几艘船交给他这样一个名不见经传的家伙，哥伦布靠的是无与伦比的自信。

更何况，哥伦布的要求也是与众不同。他不像是一个探险家，或是一个寻找地理发现的学者。他直接要求被封为将要被发现的所有乌托邦国家的将军、管理者和总督，并且世袭这些封号。国王周围的红衣主教、将军和舰队司令怎能不把他当成疯子呢？这个一贫如洗、默默无闻的陌生人到底凭什么敢提这样的要求？

只有一个女人——伊莎贝拉女王——意识到了他的价值，答应了他所有的要求。哥伦布坚持要在他拿回来的财宝中获得十分之一的份额，这是传统。他在完成新发现后甚至放言："我把东印度群岛给了我们的王后，作为一件物品。这些岛屿是隐匿的，没人知道那边的路怎么走。"

在安地列斯群岛，哥伦布相信自己正处于"旧世界"，他谈及他发现的"新世界"时常常令人惊讶。他虽然声称一切都归功于上帝，但他毫不否认，是自己的天才起了作用。当他回到出发地，向国王和王后献上黄金时，他受到了热情的欢迎，并很快成了宫廷的宠儿。如果在洛可可时代，他也许还能成为王后的情人。后来，嫉妒者开始用阴谋袭击这个过度受宠的外国人。

哥伦布是崇高的。在史书中，没有一个罗马人能够超过他，因为他展现了一个人类不惧命运摆弄的经典例子。他第三次航行的悲剧应该让莎士比亚来书写，在生命的最后时刻，他的自信比任何时候都强烈地支撑着他。唯一一个能理解他的人，伊莎贝拉，已经在他之前去世。

大部分人会觉得他的英雄传奇是以悲剧落幕的,他们无法理解这位梦想家隐秘的喜悦。他曾写过这些话:"新的世纪会来临,当海洋漫过它曾经用来限制我们的界线,当一片无法丈量的土地对我们开放,舵手会发现新的世界。图勒将不再是已知世界的边缘。"

荒废的地中海

遥远的海洋被发现了,人们很快知道了还有另一片海洋在他们以为是东印度群岛的地方向外延展。那么,现在的地中海又是什么呢?它的使命何在?如果有人能够穿越大西洋到达印度和那片崭新的未知大陆,如果有人能够征服那片广阔无垠、物产丰富的土地,那么这片在公元前1000年到公元1500年中担任世界中心的小型内陆海,等待它的又是怎样的下场?

一个德国教授宣称意大利人阿美里戈·韦斯普奇是新大陆的发现者,洪堡却否认了这一判断。韦斯普奇发现的唯一一个国家以哥伦布命名,现在仍然叫作哥伦比亚。这两人都是意大利人,但这片大陆上没有一个地方说意大利语,从来也不曾说过。

第一个意识到地中海正面临伟大转折点的是商人,达·伽马的发现比哥伦布更让他们颤抖。威尼斯的绅士们比其他人都更早认识到了他们的命运,一些真正有远见卓识的人立刻望向苏伊士海峡。在那里建一座运河是可行的,而且也是必须的。我们只知道从1510

年开始，威尼斯人就着手和埃及苏丹协商，但那时土耳其正在上升期，他们不会对衰落中的威尼斯人做出任何让步。整个西亚包括埃及都属于他们，为什么要在苏伊士开辟运河，让情况利于基督徒呢？

威尼斯的衰落也意味着地中海的衰落。比萨和热那亚早就失去了它们的权力，意大利被分裂成一打以上的独立城邦。西班牙和法国实现了统一，连德国看起来也快要统一了。土耳其成了地中海上的强大国家，因为西方势力正在逐渐退出这个海域。

1510年，"康布雷同盟"摧毁了地中海的霸权，随后报复频发，各国均卷入其中。教皇、神罗皇帝和法兰西国王被威尼斯人和异教徒们不断的结盟激怒了。他们夺走了许多土地，但重整旗鼓的西班牙人和葡萄牙人很快会控制地中海，英国人和荷兰人会在那里培植他们的力量。这种发展和西方民族国家的迅速上升是一致的。

世界进入了贸易和商业时代，新大陆并没有创造这种利益，它们之所以被发现，是因为人们早有准备且充满好奇。从现在开始，地中海的历史就是一部商业和政治的历史。海洋将是后世一切的源头，现在它获得了前所未有的巨大动力。它的船只比它的思想重要，它们运载的货物比上面坐着的人重要。

对贪婪的希腊人来说，连货物也没有从前那般吸引人了。现在，黄金来自遥远的新大陆，本地的产品很快会被运到遥远的国度。曾经是世界中心的海洋变成了内陆湖，港口和海滩的所有权不再是争夺的中心。老母亲的儿子们正朝着新世界进发。

第四章　无法平静的大洋

两个色块

在一张1600年的地图上,我们会看到两种颜色在海洋国家之中显得很是特殊。在罗马帝国崛起之后的整整15个世纪里,这个世界分裂出了如此多的民族和利益团体,却从来不曾被掌控在如此少的势力手中。地中海沿岸的独立城邦一度多达20个,到1940年还有14个。但在1600年左右,除了两个巨大的色块之外,只剩下五个小国:疆域和今天差不多的法国,小国梵蒂冈和托斯卡纳,还有不断缩小的威尼斯和热那亚。

那几百年里,支配地图的两个色块是西班牙和土耳其。哈布斯堡王朝在它的全盛期延伸到了整个西班牙、德国和意大利。土耳其统治着更多的国家,从布达佩斯到扎拉,从第聂伯河到罗得岛,从克里米亚到摩洛哥。

在1500到1700年间,打着"宗教"和"肤色"旗号的战争一下子就可以点燃整个民族的狂热。因为这种狂热,几百万人在无穷无尽的宗教战争中丧生,他们的死缺乏理性,也毫无意义。事实上,所谓白人并不真的就是白人,在埃及,一个土耳其人的肤色并不比一个塞维利亚基督徒黑多少。

宗教只是争夺权力的借口,但也并不总是如此。西班牙的国王们确实充满了热切的使命感。在地中海各处的激烈战争中,对土地的争夺,让西班牙国王乃至教皇都想到了十字军东征。然而宗教的理想早就不再热烈,出来响应宗教号召的并非骑士,而是商人。

在西班牙哈布斯堡王朝领导下,宗教裁判所、耶稣会教士和圣人崇拜开始再一次统治世界,他们焚烧女巫、审判异端并进行宗教裁判,使城市变得更加黑暗。这场始于1550年的改革很难引起民众的狂热追随,尤其是在地中海,那里的人们已经尝过宽容和信仰自由的滋味。

在一个象征性的命运转折之际,这两块领土上的伟大统治者同时登基,并同时统治了很长一段时间。土耳其的统治者还多活了10年。两者都代表了那个时代的顶峰,都出现了那个时代的奇才。

1520年,查理五世和苏莱曼大帝的统治开始了。

两个不朽的名字

佩着父亲的宝剑,25岁的土耳其人苏莱曼正式登基,几乎在同一天,20岁的哈布斯堡继承人查理也在爱克斯教堂加冕成为德国国王。两者的不同之处在于,苏莱曼只需利用继承权就可以获得权力,而查尔斯却必须被德国王公们选举出来。

苏莱曼渴望战争，否则就会闷死在宫廷里；查理安于没有征服的生活，却不得不忙于镇压叛乱。苏莱曼渴望去赢得世界，并用最巧妙的借口宣战，然后夺取了罗得岛、巴格达和贝尔格莱德，征服了特兰西瓦尼亚和库尔德斯坦。

这位伊斯兰教徒和这位天主教徒都用同一个榜样来塑造自己，年轻时，他们的楷模都是亚历山大大帝。为了这个目的，年轻的苏丹把他的王国扩张到了波斯，比查理更接近这位古典原型。

两位国王都在当上国王的最初几年打赢了艰巨的战争。查理不得不和法国国王开战，开始他战无不胜，后来的三场战役则运气各异。同样，苏丹年轻时就得到了塞尔维亚和匈牙利的大部分。

苏莱曼终其一生都在阻止查理五世成为最强大的人，而这正是查理朝思暮想的目标。那时，科尔特斯正在征服墨西哥。

作为报复，查理的军队也破坏了苏莱曼攻下维也纳的美梦，两人的冲突无可避免。土耳其人对维也纳发起了三次进攻，第一次是严冬季节帮助了防御者；第二次，进攻者没到城下就退兵了；第三次的过程和结果更加具有戏剧性。然而，就算是这样，哈布斯堡还是得向苏丹纳贡，是以"养老金"的奇怪名义。

同一时期，两人都在地中海征战，但再没有发生面对面的冲突。那时，土耳其人在海上的优越感已经失落了，而基督徒也没能掌控住整个海洋。在阿尔及尔的10天里，查理五世失去了他的一半军队，差点就丢掉了整支海军和自己的性命。他在突尼斯的胜利是短暂的，他没能成功地从土耳其人手里夺回地中海的领土。16世纪，西班牙在地中海的势力逐渐衰落，土耳其和它的长期盟军法国则相应增强。

这一局面的形成必须归功于强大的海盗。为了支配地中海，苏丹不得不雇佣最著名的海盗巴巴罗萨来当他的海军司令。

海雷丁这个杰出的海盗不但攻克了西西里岛，更帮助苏丹在乐佐卡拉布里亚登陆，并夺取了尼斯，这让教皇都大为震惊。1560年，巴巴罗萨打败了西班牙、热那亚和佛罗伦萨的联合舰队，并在杰尔巴岛击败了教皇国等擅长海战的国家。

年轻的苏莱曼曾从圣约翰的骑士们手上夺得了不可征服的罗得岛，但在他晚年试图夺取马耳他岛时，他的舰队却久攻不下，只得狼狈退兵。冲突往往披着宗教的外衣，而宗教借口偶尔也会被粗暴地抛到一边。

有时，一个像保罗四世那样强大的教皇，会冒险制止和异教徒的贸易，以免危及基督教商人的宗教救赎。在解释和苏莱曼结盟的这件事时，法国人有个颇为经典的回复："异教徒也是人类社会的一员。"

比较两个人，我们不能说苏莱曼更加独立自由，查理五世就是个独裁者，听不进任何意见。苏丹就是哈里发，也就是他自己的"教皇"，而基督教国家的国王必须和教皇作战。如果没有宗教改革，也许上升中的苏丹帝国可能会被一个联合的君士坦丁堡打败，然而教派之间的斗争热情远远超过了面对共同的敌人。因此，路德应该是值得土耳其人建立纪念碑来铭记的人物。

两人晚年的事迹令人感动至深，他们都饱受疾病折磨，却仍然带着壮士暮年的余勇再次投入战斗。患了痛风病的查理五世躺在车上完成了自己最后的出阵，在那之后，他做出了一个重大的决定——在他之前只有戴克里先这样做过——自愿交出权力。归隐后的查理五世在西班牙的一个修道院里度过了余生，他在布鲁塞尔的演讲，足以证明他是最后一位堪称伟大的君主，是查理曼大帝和腓特烈二世的真正继承人。

苏丹曾经是土耳其民族最优秀的骑手，可最后他只能坐在马车里跟着军队一起进入匈牙利。匈牙利英雄兹里尼镇守的一座堡垒负隅顽抗，就在它投降之前，苏丹突然逝世，而堡垒在三天后沦陷。查理五世在死前排练过一次自己的葬礼，葬礼依照正宗的西班牙风俗进行。苏丹的尸体则被放在大车上，由瘦骨嶙峋的马匹驮回了首都。

很可能没人会真心哀悼这两位英雄。查理的儿子腓力二世在父亲生前就继承了王位，他从来没有爱过自己的父亲；而在历史上，苏丹的儿子赛利姆有"酒鬼"之称。相同的是，后宫摧毁了这个家族。

如果我们比较这两个统治者在文化方面的成就，我们会惊讶地发现土耳其人是如何更出色地证明了自己。他的品位通过节庆、衣着和风度显露出来，他在高傲和谦逊之间游刃有余。在这位伟大国王的身上，我们找不到持续性的规律，也没有任何赞助艺术的行为。如果不是提香为他画的肖像，我们真不知道该如何去想象他。

土耳其人把苏莱曼称为"立法者"。当我们看到他的法令在300

年之中所取得的成果时，我们不禁要把他同东罗马帝国皇帝和拿破仑相提并论。他统治的奥秘似乎在于建立财政秩序。他统治着30个王国和12875千米长的海滩，如果没有这样杰出的治国之策，他不可能将之驾驭得当。他为那些懒惰的后继者们留下了一份足以挥霍很久的庞大财富，使得西方世界被土耳其帝国压制了几百年之久。

在苏莱曼去世后的70年里，人们仍然记得他的名字。西班牙君主制在他死后30年结束，德国的君主制早就被推翻了。相反，苏莱曼的帝国却持续生存了300年，尽管期间不免有些挫折。

就像在腓特烈二世身上看到的那样，我们再一次发现，一个执政者哪怕失去了一切，最后仍然活得比他取得无数胜利的对手体面。相对于他的对手路德，查理五世的杰出品质便反映出了上述这一点。他在欧洲享有不朽的名声，就像亚洲对待比他幸运得多的苏莱曼一样。而在亚洲，两者则正好相反。这两个伟大的执政者代表着地中海上两种截然不同的文明，正因如此，这两个世界才会征战不休。

画家提香

最古老的地中海市场威尼斯共和国，在一百多年的权力斗争中始终屹立不倒，它没有像比萨那样失陷，也没有像热那亚那样赢得独立。它在亚得里亚海沿岸和爱琴海群岛上仍有分支，土耳其人花了24年才征服这个小岛。

土耳其和法兰西也许可以被视为威尼斯的继任者，但只限16世纪。他们的联盟加强了双方的贸易力量，因为在某些时期，苏丹只允许挂着法国旗的船只在他的海域航行，其他的强大力量也不得不借用法国的旗帜。

　　威尼斯仍然屹立不倒。在印度，葡萄牙的货物已经不再由陆路运输，人们再一次把目光投向苏伊士运河，而这条运河也再一次被宣称是不可能建成的。现在他们已经很少去北方航行，也很少去东边，威尼斯人用他们自制的陶器来补充不再经营的货物。玻璃和饰带成了它的工业，还有优雅的羽毛和皮革制品，和这些东西同时产生的，是生活的艺术带来的文雅谈吐。

　　曾经有这么一个人生活在威尼斯，他像童话中的国王那样活到了100岁。事实上，关于他的一切都充满了神话色彩。如果我们把"完美"定义为"平稳上升的创造力、长寿而和谐的生命、果断地完成上帝能为人类计划的一切"，那么就一定会赞成提香拥有任何艺术家都梦寐以求的完美命运。

　　从这个意义上来看，他是地中海上最强大的国王。他是一个船长的儿子，全名是提香·韦切李奥，他晚年的肖像仍能让我们想见他年轻时是多么英俊非凡。上了年纪的提香仍然比年轻人更能赢得女人的青睐，正是她们令他保持活力，带着感恩的心情创作那些不朽的画作。

　　提香比其他艺术家更能代表纯粹的地中海精神，他跟米开朗琪罗一起当了90年的同代人，比在16世纪声名远播的艺术家都更长寿，直到40岁他才声名鹊起。他是个纯粹的画家，不涉足其他艺术领域，因此他的名声略逊于米开朗琪罗和达·芬奇。但他在生命的容量和艺术品数量上，都超过了他们，除了鲁宾斯之外，没人能与他相比。

提香比米开朗琪罗和达·芬奇更容易融入人群，他的泛神论也更加坚决，除了他没人敢创作"维纳斯的节日"和"酒神"之类的作品。事实上，提香比所有文艺复兴的其他艺术家都更为接近伯里克利时代。

他的城市和他的工作室都在海上，为他展开一幅不会在内陆城市看见的美景。他选择描绘的场景和荷兰人不同，荷兰人擅长描绘海洋和船只，提香几乎从来不画大洋，而是画和地中海有关的古代神话中的角色和当代的王公贵族。查理五世曾三次入画，可见两位"国王"曾有缘相聚。

提香的每幅肖像上都可以找到庄重的自信，他笔下的模特成了国王，女人成了女神。30岁的时候，他幸免于一场瘟疫，而他那年轻的老师吉奥乔尼却在这次灾难中死去。提香的高产量和莎士比亚及伦布朗甚为相似，他们均不曾离群索居，而是愿意与别人合作。比如，他和吉奥乔尼合作的《音乐会》，和达·芬奇合作的《圣安妮》。米开朗琪罗留下了很多碎片，他的生命在丰满之后复又褪色，摇摆不定。而提香与所有地中海人一样，对潮起潮落一概不予理会。

在威尼斯这个充满爱与激情的城市，威尼斯人能在任何事情上，甚至从对金钱的贪婪和对商业的敏感里，重新发现女性的美。

相比精明的公主，提香更喜欢那些多情的女子。他为女子画像并不多，虽然伊莎贝拉女王的画像堪称是他最完美的女性肖像，但更多的时候，他只画名不见经传的女人。只要看看那副著名的《圣洁而深邃的爱》就能明白，提香看女人，就像他用国王的慧眼打量世界。他创造了一系列的皇后画像，然后把它们逐一抛弃。

当我们检视他最后的画作时，我们就会明白大自然之所以会在一个世纪里都对他保持耐心，显然是因为他不可能在更年轻的时候画出它们。在生命的最后阶段，这位老人以钢铁般的勇气打破了自己一贯以来的风格，这种勇气在同时代人中只有米开朗琪罗才有。相比穷困潦倒的米开朗琪罗，在充满活力的生命尽头做出这样的改变，对提香来说更加艰难。在生命的尽头，提香放弃了单纯的色彩之美，他画出了三四张伦布朗风格的作品，在伦布朗出现之前60年。

提香很可能是死于瘟疫，这在威尼斯是史无前例的。对传染的恐惧使人们把死者匆匆埋葬，没人敢走近他们。但提香逝世时，整个城市都参加了在弗拉里教堂举行的庄严葬礼。人们意识到，他们失去了自己的"国王"。

海盗

300多年来，地中海一部分井然有序，一部分备受海盗威胁，除了某些特定区域之外，很难摆脱海盗的侵扰。他们危及贸易，甚至令商业瘫痪，对运输和文明造成了巨大的阻碍。

谁掌握非洲的西北部和直布罗陀海峡，谁就可以在意大利南部、马赛、热那亚和地中海入口设置卫兵。谁占据那里，谁就能基本上免遭攻击，这里的海面经常遭受狂风暴雨，没有港口，而且土地缺乏水源。

海盗常常倚仗他们所处的位置使后来的基督教对手毕恭毕敬。国王之间相互仇恨，他们用秘密支持异教徒来打击对手。被誉为"最虔诚的基督教国王"的弗朗西斯一世，他不是唯一一个卖火药给海盗来对付西班牙的人。一些教皇借着这种生意，每年可以得到一万个达克特（欧洲用于贸易的金币）。

海盗经常会为了一大笔赎金而释放俘虏，他们没有那些把几百个奴隶锁在船上长凳的船主那么残忍。因此，我们不能把两三个世纪里塑造地中海生活的整个海盗制度放在道德层面上进行考察。海盗四海为家，我们可以把他们的行为，看做是对已经建立的权力进行不断的改革。

这些统治地中海的男人，他们足够强大，因此受到各方势力的收买，他们的不道德也独立于任何宗教。一个海员会很庆幸自己落到了伊斯兰海盗手里，因为在他们这里还有可能买回自由。至于英国人，他们会俘获任何不属于友好国家的船只，杀掉船上的人，抢光货物，然后把船沉入海底。

直到18世纪，英国人还试图保护非洲的海盗，以免法国人染指非洲。1790年，阿尔及尔的总督把500万法郎借给法兰西，不收利息，由此可见阿尔及尔通过海上劫掠积聚了不少财富。

海盗必定是个有益身心的行业，它最伟大的当权者都很高寿，也许是由于他们简朴的生活，因为除了女人之外，这些富有而强大的男人几乎什么都不需要。在船上什么都没有，除了水、甜面包和米饭。

危险的买卖使海盗学到许多人性的知识，他们必须具备辨认值钱囚犯的眼光。他们仔细地观察人的头发、走路的姿态和说话习惯，这对他们的收入有着决定性的作用。

海盗的活力是惊人的，海雷丁活到90多岁，多利亚活到98岁，这不禁让我们想起了100岁的提香。78岁时，海雷丁娶了年轻貌美的唐娜·玛利亚，她是来自勒佐的基督徒。他让她皈依伊斯兰教，并向她的父母展示从另一片海滩抢来的财宝。在最后的日子里，他和她一起住在博斯普鲁斯海峡的宫殿里。

海雷丁的继任者在40岁那年，作为俘虏落入了年龄只有他一半的多利亚手中。他受到了可怕的虐待，并被锁在船上当了四年奴隶。1644年，海盗们炫耀自己打破了世界纪录，因为他们俘虏了一艘船，上面的财富总共价值900万美元的黄金。

强盗领袖斯卡拉，一个墨西拿贵族妇女的儿子，他是小时候被俘虏的，因为太想见到妈妈，所以要求和西西里岛的总督交涉。被拒绝之后，他蹂躏了这个岛的海岸整整四年。最后，他掌握了足够多的人质后，他的母亲获准与他会面。他和她在船上待了几个小时，然后把她送了回去，从此之后海盗再也没有碰过这座岛屿。

也有海盗在一些意外的俘获之后退休，回归了平静的生活，像普通人中了彩票一样。他们重新成为基督徒，改换新的名字，进行忏悔。

很少有基督教奴隶讲述他们的故事,他们当中的大部分逃离之后早已奄奄一息,无力写下任何东西。一个伟大的希腊学者,被派去寻找弗朗西斯一世的旧手稿,却死在了船里的长凳上。苏格兰的改革家约翰·诺克斯在一艘法国船上待了两年,以后几乎只字不提。一个叫斯普拉格的英国牧师拒绝离开船上的伙伴,并安慰了他们很多年,最后他们一起逃走,用帆布做的自制小艇穿越海洋,从突尼斯到了马略卡岛。

勒班陀战役过去四年,塞万提斯在胸口上落下一处伤痕,并失去了一条手臂,他被海盗俘虏并当了五年奴隶。他一直无法被赎回,因为他身上一封重要的介绍信提高了身价。每个船员都知道,万一被攻击,要做的第一件事就是把那封信件丢出船外。最后他的母亲救出了他,也救出了后来那部《堂·吉诃德》。

在地中海上所有关于奴隶的故事中,最奇特的一个刻在科西嘉岛的一块墓碑上。因为在这里,有人利用自己的墓志铭来为活人的救赎提供线索。

"北方来的海员,无论你是谁,请告诉斯特拉尔松的威廉·雷文斯顿,你曾见过他妻子的坟墓,她被卖往突尼斯做奴隶,后来被释放,1698年6月死在这里。她的儿子至今仍在那儿当奴隶,让他的父亲来赎他。如果他经过这个地方,搬开被尘埃覆盖的石头,他会找到艾芙洛希亚的骸骨。如果风把它们吹散,他的泪水会沾湿它们。陌生人,请你接受我的恳求,否则你就不配为人!"

后来的发掘出现了另一份档案:"无论你是谁,看到这座坟墓，我都应该让你知道，盖·沃齐顿克为我带来了我的艾芙洛希亚的消息。我在非洲找到了我的儿子，他已经死了。我把他埋在这里，埋在他心爱的母亲身旁。"

勒班陀海战和塞浦路斯的命运

西班牙人在一场关键性的战役里打败了土耳其人，从而结束了土耳其人统治地中海33年的历史。1571年10月的一天，在勒班陀附近发生了一场海战，自6个世纪前的亚克兴海战之后，地中海上没有一场战役能够与它相比。

战役的胜负取决于统治者个人的天分和勇气。奥地利的唐约翰，作为查理五世的亲生儿子，继承了父亲的一些天赋。他是个私生子，在遗嘱中被封为西班牙贵族，因此受到兄长的嫉妒。土耳其人的指挥官则是个年轻人，因为他是苏丹的宠儿。土耳其人把舰队停泊在科林斯湾，虽然占据了地利，却失去了主动性。西班牙人、威尼斯人、佛罗伦萨人等组成的联军在教皇的撮合下来到这里，在东南入海口布下了阵势。

土耳其指挥官阿里·帕夏带着一个年轻宠儿想要建功立业的焦虑，没有听从经验老到者的建议，马上发起了战斗。当时，土耳其人被认为是不可战胜的，因为在之前的16次战役中，没人能击败土耳其海军。数量占优的土耳其舰队铺开了5米长的阵线。西方联军只占了一半的空间，但他们由此可以直插土耳其人的心脏。

这是海上战斗方式转变前的最后一场大战，战斗异常激烈，持续了好几个小时。双方的阵型互相切入，彼此的旗舰都遭受到了连续攻击。战况在一个意外中发生了改变，土耳其旗舰指挥官的头部被击中，一个西方士兵发现了这一点。失去指挥的土耳其舰队溃败了，胜利偏向了基督教舰队。

在这决定性的六个小时中，双方都松开了奴隶的镣铐。对他们来说，取得胜利是换取自由的唯一机会。25万个奴隶像发了疯一样在窄小的空间里殊死战斗。土耳其损失了25000人，基督教联军损失约8000人。教皇得到了800个奴隶，西班牙人得到了17000个。

虽然胜利属于基督教联军，但这些国家之间互相嫉妒，以至于无法联合起来利用这场胜利。神圣同盟的组织者和赞助者庇护五世在勒班陀海战的翌年去世，这直接导致了神圣同盟的解体。土耳其人在接下来的几年里建造了250艘新船，双方的态势几乎又回到了大战开始之前的样子。在这样的情况下，和平再度降临了，就好像激烈的海战从未发生过一样。

三年之后，威尼斯不得不放弃塞浦路斯，但克里特岛除外，那曾是它在地中海最后一项大的斩获。塞浦路斯是地中海东部最大的岛屿，岛上全是荒山野岭，它也许是除了科西嘉岛之外最浪漫的岛屿，至少曾经是这样。

塞浦路斯的命运，就像是一个美貌而手无寸铁的女人暴露在一群冒险家面前一样。

1191年，狮心王理查率领十字军经过，他没有和异教徒苏丹作战,而是派了骑士上岸,从君士坦丁堡手中夺得了这座岛屿。他转手把这座岛屿卖给了圣殿骑士团,而骑士团很快又把它卖给了一个物色领地的法国爵士。于是,继承了耶路撒冷国王头衔的德·吕西尼昂,终于找到了一块与他王冠相匹配的领土。

凯瑟琳乘坐一条商船渡海来到塞浦路斯,她在几千名士兵、海盗、牧民和走私商的见证下,加冕成为"塞浦路斯、耶路撒冷和亚美尼亚的皇后"。一年之后,她的丈夫死于热病,而她产下了遗腹子。但是一场武力对付威尼斯的图谋很快展开,随之而来的是叛乱和斗争,凯瑟琳成了阶下囚。

军队登陆之后,威尼斯人开始为了他们"共和国的女儿"争取权力。虽然孩子夭折了,但凯瑟琳已经学会了如何享受权利,其后是无穷无尽的阴谋,全都发生在地中海一个洒满阳光的小宫廷里。最后,一个威尼斯征服者命令凯瑟琳交出权力,这个35岁的美人最后回到了共和国给她的一座城堡里,她在那里生活了20年。就在这段日子里,提香为她画下了一幅肖像。

半个世纪之后,塞浦路斯成了土耳其人的囊中物。有个叫作麦克斯的犹太人酒商,他在君士坦丁堡迅速积聚起了百万家财,并成功地得到了加冕王子的欢心。嗜酒的苏丹赛利姆试图废除禁酒令,这会令苏丹和酒商同时从中获利。因此,从威尼斯人那里夺得塞浦路斯是非常必要的,因为那里可以获得地中海最好的葡萄酒。

听取了麦克斯的计划后,苏丹表现出了极大的兴趣,赛利姆用昂贵的租金把纳克索斯岛和基克拉迪群岛的一部分租给了犹太人。这位精明的犹太人没有亲自去管理岛屿,而是任命了地方长官,自己仍然留在君士坦丁堡。

因此，土耳其得到了塞浦路斯，并持续了300年，直到英国人在1878年的条约中把它搞到手。

摧毁帕特农神庙

克里特岛在塞浦路斯沦陷的一个世纪之后也落入了土耳其人之手，这是威尼斯人手上最后一样值钱的东西，也是基督教在地中海东部的最后一个重要基地。

克里特岛人生活在这个狭长的岛屿南部，他们是具有野性的山地人，也是好战的牧民。他们英俊而热情，像典型的地中海人一样无所畏惧。我们可以把克里特岛人比作后来居住在地中海的科西嘉人和阿尔巴尼亚人，他们极其注重荣誉和复仇，并热爱自由。他们大多是海盗，甚至是海盗头子，他们被克里特岛的海湾庇护着。

有着这种气质的男人，怎么会对征服者俯首称臣呢？他们痛恨法兰克人、威尼斯人和土耳其人，现在他们连陆地上的兄弟希腊人也看不起。威尼斯的所作所为使克里特岛人痛恨，因为他们让犯了叛乱罪的克里特岛人把自己父亲、兄弟或侄子的头颅带到首都甘妮亚，这才能宽恕他们的罪过。用这样的暴行永远压制奴役人民是不可能的，高压之下，部落被激起了前所未有的勇气。

克里特岛于1669年落入土耳其人之手，这场征服战争持续了24年，时间跨度是特洛伊战争的两倍。

在土耳其，希腊人尤其受到暴君们反复无常的迫害。无疑，教会、语言和对异教徒的憎恨在土耳其内部统一了希腊人，但他们的地位根据时代和阶级的不同差别很大，这种情况和犹太人有些相似。就算是在波兰，被敌视和仇恨的大部分犹太人当中，也有部分人是富裕而有权力的。

对克里特岛的争夺使威尼斯再次赢得了世界的同情，巨大的政治利益也被卷入其中。因此到了最后，西方世界第一次组织起"神圣同盟"来抗击土耳其大军，这发生在太阳王的统治期间。1684年，威尼斯的教皇和国王，还有波兰国王，挑选了垂垂老矣的克里特岛英雄摩罗斯尼担任地中海舰队总司令。

这场断送了几千人性命的战争，在文化史上毫无贡献，除了那一记大炮。

那是在战争开始的第三年，基督教军队正在围攻雅典。首次失利之后，土耳其人躲进了雅典卫城，摧毁了胜利女神神庙，并把帕特农神庙下方不远处的一间小庙当做避难所，在里面贮存弹药。雅典的市民派代表去基督教军队大本营谈判，希望能够和平解决。

然而事情发生了变化，守在雅典城外的是德国军队，指挥威尼斯大炮的科尼格斯马科伯爵不想让炮击的机会溜掉。他连续开了两天炮，但完全没起到作用。一个流亡者来报告说，弹药已经被搬到了帕特农神庙，因为土耳其人不相信西方人会破坏这座举世闻名的庙宇。这位德国伯爵一意孤行地开战，并命令东面的军队也同时开炮。

1687年9月26日晚上7点左右,一个来自吕内堡的炮兵中尉瞄准了帕特农神庙并开炮,随即是预期中的灰飞烟灭,堡垒中的300名士兵阵亡,并迅速被遗忘。

这座在两千多年中几乎分毫未损的建筑被炸开了,它的东面和北面被彻底摧毁,西面幸存了下来。

然而,天神还是进行了复仇。雅典很快爆发了瘟疫,夺去了几千个征服者的性命。德国人的胜利以这样不光彩的结局落幕了,军队很快被解散,幸存的德国人赶紧回了家。在他们离开之后,希腊陷入了无政府混乱状态。君士坦丁堡的一个政党利用迅速增长的起义力量展开了革命,并推翻了苏丹。一切都是因为雅典的陷落,因为暴力,也许我们可以说,一切都是因为那一炮。

负责瞄准的那个中尉已经湮灭在历史的尘埃之中,而下令摧毁神庙的德国伯爵,则在染上瘟疫之后不久便告别了人世。

英国人挤进地中海

大约在1600年,英国人和荷兰人继诺曼人之后首次成为在地中海获得权力的外来者。他们想要的不是建立王国,而是商业贸易和运输货物。为了变得强大,他们需要基地,不只是为了对付海盗,更要面对地中海上的商业国家。

荷兰的势力逐渐淡出地中海,英国则努力地挤进来,英国需要的是基地。进入地中海的两个北方航海民族,并不像条顿人、汪达尔人、哥特人和匈奴人那样野蛮，也不像阿拉伯人那么文明。他们既不大肆破坏，也不进行启蒙教育，更不是作为征服者而来，他们没有蹂躏海滩、摧毁罗马、掠夺财富；他们也不引进学问、文化和知识。他们只想做商业买卖，或者回家消费和投资他们的所得。对于地中海人来说，他们只是陌生人。

十字军东征时，英国人既不是商人也不是资本家，当他们成为商人或者资本家的时候，地中海在商业和航海等各方面的能力都在衰退。对比之前的入侵者们，他们做得更为安静，没有国家之间的争夺，只是占据了几个小岛。

英国比罗马成熟得更晚，在1000年之中，它既没有殖民地也不曾到遥远的大洋探险，直到中世纪它还只是一个小王国。他们的舰队规模很小，虽然有着优越的地理位置，但却没有受到鼓舞。

都铎王朝在新一轮探索中走出了关键一步。西班牙和葡萄牙在南面的发现深深刺激了这个地处遥远北方的岛国，代表着英国文艺复兴的亨利八世，建立了那个时代的第一支强大海军，他的女儿伊丽莎白甚至把它打造得更加强大。

当然，他们不是第一批造访地中海的英国人，但他们是第一批背后有着君主国家支持的商人。早在1412年，当热那亚人抢走了英国人的南方货物时，尚且敢怒不敢言。1497年，英国商人还得打着其他的旗号才能往热那亚运输货物。50年之后，英国人开始在西西里岛、塞浦路斯等地出现，但仍然不敢使用自己的旗帜。

除了葡萄牙，其他人的起步都比英国早。作为最后的来客，英国人却在短时间内成为海上最强的商业力量，这是怎么发生的？通常的答案是重商主义，对贸易平衡的重视。然而这些原因只能解释其中一方面。实际上，成功取决于国家提供的两种资源，而不是经济。第一种是王国的统一，当英国成为大不列颠帝国之后，它才能建立一个殖民帝国。第二种是对所有市民自由的保证。英国人征服世界，像罗马人从前做的那样，两者都在某种宽松的限制下获得自由，而且都能感觉到强大的国家力量在身后支持。

公民自由唤醒了商业精神，或者，至少促成了商业的复兴。镇压令人类变得沉郁和懒惰，因为他们看不到前面的出路。天分并不比英国人差的西班牙人，在这种风气下走向衰落，直到今天都不曾复原。

在英国，国王理解商人，尊重他们，并授予他们头衔。到了1640年，塞西尔为英国争取与印度进行贸易，这时西班牙不敢再拒绝。

在西班牙，国王、教会和宫廷都是帝国主义者，在英国则是商人。这充分说明了克伦威尔为什么能砍掉国王的脑袋，在海外提出了最大和最成功的要求。克伦威尔那充满进取精神的政策保证了英国可以垄断海外贸易。他在《西斯敏斯特条约》中保证了这些目标的实现，他是英国世界霸权的最强大象征。

1609年，荷兰人才成了殖民者，很快他们就迫使土耳其人升起自己的旗帜。

1618年，威尼斯军官起义，荷兰人以威尼斯盟军的身份介入。1655年，海战英雄德·勒伊特在摩洛哥海滩击沉了16艘海盗船，荷兰人由此在地中海大受欢迎。他们在地中海各地任命领事来保护自己的贸易。至1597年，苏丹才允许英国人使用自己的旗帜。理所当然的，英国和荷兰争夺世界贸易领导权的斗争迫在眉睫，就像曾经发生在热那亚和威尼斯身上的那样。

17~18世纪，英国人对北方的兴趣没有西非那么大。在西非，他们开展着利润丰厚的奴隶贸易，把国内的钢铁、黄铜、廉价的布匹、劣酒和小首饰带到几内亚，用它们交换黑奴，再把这些"黑色象牙"销往新世界，最后把美洲的货物带回家。他们在航程的每一段都赚取着巨额的利润，直到1834年，英国的奴隶制废除。

这一滞后是由于缺乏真正的全球概念。教会不再提供类似的动力，德国国王统治下的罗马帝国已经消失，"欧洲势力均衡"只在大陆生效。太阳王"世界保持原样"的想法也无济于事，因为它并不涵盖海洋。处于全盛期的法国也不过是个大陆政权，就算不考虑它与土耳其苏丹们的恩怨，法国也很难在海上与英国和荷兰对抗。

路易十四的大臣科尔贝尔为法国建立了海军和港口，这让它风光了一段时间。地中海成了一个强盗窝，没人敢去征服它，因为代价太大了。马萨林统治下的法国试图夺取那不勒斯和西西里岛时，英国插手阻止了它。

被太阳王的野心折腾了40年的法国终于放弃了它的世界战略，转而试图拥有西班牙，因为哈布斯堡王朝正在淡出历史。然而英国不会坐视不管，双方在海陆两方面都展开了规模宏大的欧洲战争。这是法国100年来海上霸权的终点。

两个大国都在寻找基地，首当其冲的正是直布罗陀海峡。

直布罗陀争夺战

人们喜欢说地狱的入口是狭窄的。然而,这个"海洋天堂"的入口也是狭窄的。本书前面曾经提到过,在法国和巴尔干半岛发现的非洲动物的骨头和角,证明史前这里有一片地峡连接着两个大陆。这至少可以证实,这两片大陆距离很近,最近的两点距离只有18千米。在半岛的南部所谓"欧洲的尽头",任何人都可以用肉眼看到非洲多山的海滩。

除了鸽子和山鹌鹑之外,这里还有欧洲最后的野生猴子。据统计,到1900年,这里只剩下了五只雌性猴子,它们曾联手杀死最后一只雄性猴子,这真令人哭笑不得。后来被派往北方的官员弄到了一只年轻的雄猴,这群猴子再一次有了后代,虽然并不多。

直布罗陀对面的休达小岛是西班牙的属地,岛上的岩石堡垒被认为是由神话中的大力士竖起来的柱子,是辨认地峡的标志。它最早的名字叫作"亚比拉",意为"停止"。从这个狭窄的出口望向一个未知的世界时,他们看到的是一个全新的、遥远的大洋。

第一个意识到这个伟大海洋有着非凡意义的是一个阿拉伯人,他名叫塔里克。他最早在这里动工,因此这些岩石山被称为"塔里克山",后来才演变为直布罗陀。除此之外,他曾经领着1200个阿拉伯人和波斯人从摩洛哥前往安达卢西亚,并于711年在赫雷斯击败哥特人。同时,他在岩石上修筑堡垒,花了整整31年时间。矗立在岩石上的那座巨塔被命名为"摩尔城堡"。

600年之后，西班牙人赶走了摩尔人，从14到18世纪，这些岩石遭受了15次围攻。16世纪，在一个伟大的防御计划被实施之后，它几乎不再畏惧任何攻击。为了使岩山脚下贫瘠炎热的城镇增加人口，国王鼓励盗贼和杀人犯们在这里定居，并承诺不收取赋税。摩尔人和西班牙人、海盗和阿拉伯人、西班牙国王和公爵，都曾为这块岩石而战，却都无功而返。

在激烈的英法战争中，马尔伯勒击败了太阳王，使英国成功地把直布罗陀变成自己的根据地。1704年，一个英国海军上将在直布罗陀海峡里航行，他来到这块几百年内刀枪不入的岩石前，在短短三天内发动了12次进攻，并最终拿下了堡垒。事实上，他的主子是与英国结盟的哈布斯堡大公，他本应在堡垒上插上哈布斯堡王朝的旗帜。然而，这位将军意识到了这是个历史性的时刻，于是他升起了英国的旗帜，把这份收获归于安妮皇后。他的政府迅速认可了他的奇袭。这份荣耀属于一个50多岁的男人，乔治·鲁克爵士，他身后有着光荣但并不显赫的经历。

法国和西班牙意识到了自己的损失，并在同一年内发起了第十三次围攻。在这次围攻中，一队优秀的志愿军被英国人击败，这引起了西班牙人的恐慌。1780年的最后一次进攻是最激烈和最漫长的一次，几乎持续了四年之久。因为英国忙于美洲事务，力量有所分散，西班牙人趁机制造饥荒，在海上大胆偷袭，还起用了冒险家和间谍，但英国的援兵及时赶到。最终，英国人从岩石向外突击，用更好的枪支战胜了西班牙人。

最后西班牙放弃了进攻,从1783年开始,直布罗陀的堡垒几乎一直都风平浪静的。

在漫长的战争之后,英国人把法国人从海陆两处都赶了出去,但它身边又多了三个精于远航的对手:奥地利成了一个新的地中海强国,在获得撒丁岛、控制了西西里岛之后,瓦萨也成了新的海上势力;彼得大帝派人前往海峡,虽然收获不丰,但从此之后要对这个新兴国家保持一种警惕性。

为此付出代价的是法国,它在海上的势力日渐衰落。它的海军被拦腰截断,因为在战争期间,英国人利用直布罗陀切断了布雷斯特和土伦海军基地之间的一切联系。在对土伦的围攻中,法国人击沉了自己的战舰。

在地中海的三个入口中,除了直布罗陀之外,另一个入口也被太阳王窥觎着,他想起了在苏伊士修筑运河的古老计划。这是个庞大的工程看起来似乎是不可能完成的。路易最精明的大臣科尔贝尔提出一个建议,英国可以让苏丹向法国开放红海,并在苏伊士和亚历山大之间开辟陆路运输。

在法国和英国的激烈战争中,后者象征性地占领了地中海的一个入口,前者却忽略了开放或占据另一个。如果没有这两件大事——一件对直布罗陀有利,一件对苏伊士不利——地中海的历史将会是另一个版本。

三十年河东,三十年河西

在18世纪,两个外来民族闯入了地中海:奥地利人和俄国人。他们要么威胁,要么奉承土耳其人,他们的阴谋最终被土耳其的强大终结了。

哈布斯堡王朝的领土多半是继承或者联姻得来的,而非通过征服。这个国家就像拼贴画一样,它的历史缺乏凝聚力,顶多在抗击土耳其侵略时留下了光辉的一页。

事实上,奥地利在地中海上所享有的从来都非必然,失去就像得来一样容易。一些有才干的商人在第里雅斯特模仿海上强国的做法,建立一家东印度公司,它在10年后宣布破产,因为"维也纳政府在里头得不到好处"。同样,原本属于他们的阜姆港口落入了匈牙利人手中。奥地利人在殖民地的唯一成就就是发行了玛利亚·泰瑞莎金币。虽然哈布斯堡王朝长达600年的统治在1918年走到了终点,但奥地利社会主义共和国仍然把皇后像印在货币上。

她的对手,俄国的凯瑟琳二世,有着更宏大的地中海计划。她梦想拥有一个拜占庭帝国,她给孙子们起名为康斯坦丁和亚历山大。起初,她想离间土耳其和奥地利,并挑拨希腊人发动战争,脱离土耳其的统治。她主动与英国结盟,因此出现了英国军官统领俄国海军的滑稽一幕,他们从波罗的海驶向小亚细亚,并于1770年歼灭了土耳其舰队。

凯瑟琳喜欢玩弄世界战略,比如突然要求得到科西嘉岛;在惨败中冷酷地抛弃被煽动起来的希腊人。然而,她确实使得俄国挤进了地中海。黑海的北岸被割让给俄国，塞瓦斯托波尔和敖德萨两个港口城市在18世纪末建造起来。当俄国战船能畅通无阻地通过海峡时，英国人感到了不安，后来花了30年时间来消除这一威胁。

俄国的胜利成了一个世界性的胜利。1800年，君士坦丁堡的贸易和商业在几个世纪的停滞之后重新焕发生机。地中海人不再止步于海峡，博斯普鲁斯海峡成了一个大海港。英国人、俄国人、奥地利人，这些外国人是地中海名义上的主人。法国仍然有着巨大的影响力，但路易十五的埃及计划却毫无进展。西班牙早就不再是个强国了，意大利也差强人意。

然而意大利并不因此而愁苦，它反而看起来显得很愉快，虽然它也曾一度强大。没有哪个国家的洛可可精神可以繁衍得像意大利这样高亢，贵族们把18世纪的魅力发挥到了极致。教皇是个开明的王公，他既不好战也不狂热，很快梵蒂冈就做出了两件事，一是解散耶稣会组织，二是在50年庆典中邀请新教徒参加。这是时代的变迁，因此，罗马狂欢节变成了一个国际性的节日。

古典、中世纪和文艺复兴这三个时代一个又一个地构筑在罗马之上，人们曾经去道德之都朝圣，如今在欢乐之都旅行。当罗马手中的权力失落时，它反而愈发富庶。只有一个城市能够超过它，不是巴黎，而是威尼斯。

在洛可可的心脏威尼斯，金钱仍是被追逐的中心，但更多的是通过机遇而不是能力。钱用来享受生活，而非投资。那里比世界上任何一个地方都有更多的赌局可以下注，有更多的咖啡可以饮用，有更多的冰淇淋可以享受，有更多的生活哲学和更多的欢声笑语。

现在没人说得清高级妓女和交际花究竟有什么区别，除了前者通常更加慧黠之外。提香笔下的女人都拥有金色的头发和一双乌黑的眼睛，她们成了威尼斯的象征，光彩照人而充满哀怨。忧郁的气息弥漫在城市里，渗透在行将腐朽的建筑中，混合着海藻的味道，融在每一个威尼斯女人的微笑里。

现在，威尼斯诞下了继提香之后最著名的儿子。他无所不能，却一无所长，虽然他嘲讽并背叛了世界，却让世界神魂颠倒，他父亲的血统让他成为唐璜那样的人物。他30岁被监禁，一年后从屋顶逃走，自己封自己为贵族。他在欧洲漫游，50岁时回到家乡，60岁那年又遭放逐。70岁时，他因为撰写回忆录而被放逐到一个孤独的堡垒里，他的文字令威尼斯狂欢节成为永恒。地中海最伟大的讽刺作家，都被卡萨诺瓦糅合在一起，只有最优秀的大师才能理解他这本回忆录的真谛，它像马可·波罗的作品一样，一直被认为是夸张而炫耀的。要懂得地中海，就不能不知道卡萨诺瓦，就像必须知道克里奥帕特拉、柏埃斯图姆神庙、米罗的维纳斯和君士坦丁堡的黄金角一样。

美丽小岛科西嘉

在地中海上的所有岛屿中，科西嘉岛也许是最漂亮的一个。就算是在地图上，它的形状也比其他岛屿更为协调。它像一片锯齿密集的树叶，叶柄向北伸出。它的大小也恰到好处，其对称的形状只有克里特岛可以媲美。

科西嘉岛的特别之处，是一种浓烈的丛林气息。这是桃金娘、李树、月桂树、百里香、迷迭香、金雀花和其他草本植物的混合。在中等海拔地区，这些植物覆盖着山脉，全年花繁叶茂。

海边居住着酿制葡萄酒的农民和渔民，在中世纪的小镇，则是船家和商人。这里是金钱的故乡，充满了对尘世的妥协。直到今天，一些内陆地方仍然住着沉默寡言的男人和坚毅的女人。保护岛屿和自己的家是他们的信念，无论是金钱还是权力都无法引诱他们出海。这个岛屿出口木材，除了葡萄酒、橄榄、水果和蔬菜之外，几乎一无所有。

这里的政局像苏格兰那样动荡不安，高地孕育出了一个有着相似脾性的民族。外国人的骄傲和厌恶，总是让科西嘉人与一切外来征服者作对。因为优越的地理位置，每一个在基督徒之后入侵地中海的民族都试图夺取科西嘉岛，这使得尼斯、热那亚、来亨和罗马之间布满了各种各样的伏兵和海盗，汪达尔人、哥特人和伦巴第人，还有来自拜占庭的新主人轮番上阵。在之后的300年中，科西嘉人从摩尔人手中转到法兰克人那儿，又从托斯卡纳的伯爵治下回到撒克逊人手上。

在11世纪，他们追求自由的意愿终于战胜了四面八方的入侵者。他们在岛屿的北部成立了一个共和国，有民主选举和正式官员，每五个或者十个科西嘉人里就有一个服务于政府。然而它没能坚持多久，陆上力量的争夺再次动摇了这个不设防的小岛。比萨和热那亚当上了科西嘉岛的主人。稍后,法国册封了一个科西嘉岛伯爵,同时,阿拉贡的国王也任命了另一个。在漫长的斗争之后,银行的唯利是图取得了胜利,新伯爵们宣称自己是这座岛屿的主人。

面对所有的征服者,科西嘉人只能通过永不放弃的游击战和没完没了的暗杀来宣泄自己的愤怒和对自由的热爱。

热那亚银行的冷酷和唯利是图使得科西嘉人遭受了最恶劣的待遇。作为报复,他们在岛屿内部奉行极端无政府主义。在岛上,法国、土耳其盟军与德国和西班牙打了三年,可没人能说清科西嘉人的立场。18世纪,热那亚政府在岛上开始了全新的长期统治,在20多年里,每年都有超过1000桩种族仇杀事件。

德国冒险家奥多·伊霍夫男爵试图利用科西嘉岛上多次起义中的一次来打击热那亚人。利用德国人到岛上"旅行"的热潮,他逐步把士兵和武器运往该岛,借口"解放"科西嘉人,并答应替他们向欧洲请求援助,而他要求的回报就是这座岛。岛上的农民、渔民、猎人和士兵都需要枪支弹药,他们应允了他的要求。这位男爵戏剧性地把自己封为科西嘉国王奥多一世。在加冕仪式上,他身穿红色斗篷和土耳其式裤子,带着镶有羽毛的西班牙帽。仅仅几个月后,他就在英国帮助下逃离了小岛,最后不知所踪。他令德国人在科西嘉岛上永远蒙羞。

在之后延续了30年的战争中,出现了一位来自古老家族的杰出人物,巴斯夸·帕欧利。科西嘉人痛恨热那亚人甚于法国人,然而在1768年一个可怕的日子里,他们获悉热那亚人已经把这座岛卖给了法国。帕欧利立刻领导科西嘉人进行了持续一年的抵抗。

在参议会中，他最有力的支持者是卡罗·波拿巴，一个律师和经纪人。1769年的夏天，科西嘉人的抵抗宣告失败，法国人长驱直入。就在那几个星期里，波拿巴的妻子产下了他们第二个孩子，而孩子的父亲则被法国人充满恨意地记录在案，这个记录本至今仍在他的故居展出。这个孩子受洗后，拥有了"拿破仑"这个并不少见的名字。

地中海最著名的儿子：拿破仑

地中海最著名的儿子对航海一无所知，这是历史上的一个悖论。他在海边长大，像那些最优秀的科西嘉人一样，他深爱着大陆，包括他那个令人沮丧的出生地。在科西嘉岛饱经战火的历史上，我们可以找到各种各样的英雄和出色的战士，却没有一个杰出的航海家。

远古时代的地中海英雄们也大多如此。恺撒从来都不是一个出色的舰队司令，奥古斯都比他更不济。就算是在地中海附近出生的亚历山大大帝，也不是一个海上英雄。任何一个拜占庭的国王都不是，包括他们那些著名的将军也不例外。穆罕默德二世和苏莱曼都不是水兵，费迪南或是他善打胜仗的孙子查理五世也不是。

入侵地中海的陌生人当中也少有航海英雄。沙漠中的阿拉伯人和原始森林里的汪达尔人和哥特人很难学会航海。只有来自另一个大洋的诺曼底人和荷兰、英国等航海民族取得了辉煌的航行胜利，然而这些英雄并不是地中海孕育出来的。地中海把真正的海战留给了海盗。

拿破仑对航海的忽视延续着地中海的传统，也符合他作为科西嘉岛原住民的身份。唯一不幸的是，他满脑子都是世界性战略，这只有在大海，尤其是地中海才能被理解。

拿破仑在陆地上几乎战无不胜，在海上却并非如此。不过，在他如日中天的时候，他把世界性的计划引向了地中海。他梦想着复兴"罗马帝国"，让意大利、西班牙和希腊都对法国俯首称臣，这是他的"恺撒时代"。到了他的"亚历山大大帝"时代，他开始进攻属于英国人的印度，他知道只有取道地中海才能到达那里，因此必须先得到地中海。在过渡期，可以说他进入了"查理曼大帝"时代，那是1803年到1810年，这段时间他完全成了一个欧洲大陆人。所有这些人物原型都活在他的灵魂深处，若非不断地回想起那些伟大先辈，拿破仑的生涯不可能达到这等高度。

当27岁的拿破仑决心用武力解放意大利时，人们把他当成了解放者。整个欧洲都欢迎这个伟大的计划，连西班牙也很快参与其中，只有专制主义的俄国和自由主义的英国把自己排除在外。英国甚至在拿破仑起义之前就反对建立一个新的法国。1793年，土伦议员请求英国人帮忙对付雅各宾党人。拿破仑把英国人赶了出去，很快英国人又丢掉了之前占领过的科西嘉岛。

拿破仑在意大利打败了奥地利人,那个国家轻而易举地落入了他的手中,教皇把整个教皇制国家拱手相让,并在罗马建立了共和国,统治了威尼斯八个世纪的贵族政治毫无怨言地退出了舞台。

拿破仑也把新的革命理念带给了意大利人,开始人们并未注意到这一点,热那亚、伦巴第和其他所有地区都变成了拥有古罗马名字和徽章的共和国,他们未作任何抵抗就成了法国总督属下的辖地。那不勒斯的国王和托斯卡纳的哈布斯堡王朝被迫退位,只有西西里岛的波旁王朝在英国帮助下仍然保持着统治。转眼间,意大利就成了一个共和国。

拿破仑的地中海计划早就是要和英国作对的,在失去美洲之后,它把印度作为法国最珍贵的财产加以保护。似乎在事业开始之初他便意识到,占据不列颠岛是不可能的,于是他把心思都放在了印度。当英国海军离开地中海,去封锁在卡迪斯的西班牙人时,他感到机会来了,于是马上扬帆出海,驶向埃及。

一场突如其来的风暴将他离开土伦的日子推迟了一天,很可能正是因为如此,纳尔逊放了他一条生路。纳尔逊原本打算在那天袭击拿破仑,地点可能在他驶向西西里岛的途中。"恶魔果然有恶魔的运气!"这是纳尔逊的诅咒,这既适用于敌人,也适用于自己,波拿巴在船上经历了四个星期的航程,几乎都在床上度过,在海上他连站立都很困难,这证明海上环境对于他来说有多么陌生。

拿破仑在埃及几乎全军覆没,这是一个才华横溢、成就惊人的年轻人干下的一桩蠢事。仅仅是为了把他打发走,议政内阁给了他必要的资金。

英国人纳尔逊是个出色的海员,他在靠近尼罗河入海口的阿布奇尔海湾发动了进攻。然而拿破仑对海员的活计一窍不通,他无法为自己而战,只能依靠他的海军将领。

地中海地区的海战大多数都不具有决定意义,只有四场例外:公元前480年,希腊人在萨拉米斯击败波斯人;公元前41年,屋大维在亚克兴击败安东尼和克里奥帕特拉;1517年,西班牙和威尼斯联合舰队在勒班陀大胜土耳其;1798年,纳尔逊在阿布奇尔湾击败波拿巴。这四场海战都发生在8月到10月初,前三场在希腊沿海,彼此非常靠近。这四个地中海海战英雄中,有三位是平民出身。除了地米斯托克利之外,他们全都服务于不谙水性的主人。

如果我们比较他们的胜利在后世的价值,发生在希腊的那一次始终是最重要的。罗马人不过是打败了另一群罗马人;西班牙人在政治上毫无建树;英国人放走了自己国家的死敌,并在70年后才歼灭了对方的海军。

17、18世纪绘画中的战舰更像是节日的游艇,船首和船尾高高翘起,风帆夸张地卷曲着,铺着地毯的豪华帐篷在船尾升起。直到1700年前,仍有重达1600吨的炮艇。小一些的船,则像一群聚在一块儿的蝴蝶。

8月的一天,纳尔逊在阿布奇尔海湾取得了最大的一场胜利之后,那位法国冒险家的回乡之路就被切断了。同时,他还得知英国人已经重新夺回了他此前一度攻下的马耳他岛,还占领了米诺卡、撒丁岛和西西里岛。当波拿巴在开罗庆祝30岁生日时，他被英国盟友的数量震惊了，这几乎囊括了所有的大国，其中还包括土耳其和俄国。

拿破仑带着屈辱逃往叙利亚，却在阿克里遭到英军的堵截，他与一支英国和土耳其组成的联军在埃及陆地上相遇，这给了他挽回面子的机会。大获全胜之后，他秘密地离开了军队，背叛了自己的士兵，经过七天的航行后，他回到了弗雷瑞斯。

通常，像这样逃亡回家的人一般会从此一蹶不振，但拿破仑运气不差，他的国家急需一位陆地上的常胜将军，它欢迎他的归来。拿破仑在1799年11月发动政变，象征性地结束了法国的革命时代和洛可可时代。几个月之后，他在马伦戈的胜利中赢回了一切，把他在海上无法战胜的英国人从陆地上赶出了意大利。

根据1802年签署的《亚眠条约》，拿破仑开始接管属于他的领土，但埃及再次成了土耳其的领地，他只能庆幸它不再属于英国。同时，他在地中海再次遭到了一次前所未有的道德打击。为了让法国人可以安全经商，拿破仑与突尼斯和阿尔及尔的海盗达成协议，交纳贡品试图换取和平。然而，拿破仑唯一一次要用金钱买回来的友谊，最终被证明是一次彻底的失败。

波拿巴匆匆忙忙建立起来的海军也不是一流的，舰队司令是年老的皇家将军，所以他无法亲自视察和裁定海军事宜。地中海上的第二次世界大战因为一次新的冲突而爆发，这次拿破仑还是不能亲自上阵，而他的对手还是英国人纳尔逊。这一次的失败永远地摧毁了拿破仑的进攻计划，还有他的地中海战略。获知纳尔逊阵亡消息的时候，拿破仑仍禁不住脸色苍白。

六个星期之后，拿破仑回到他熟悉的领域，奥斯德立兹的陆地。在岸上，他成功地补偿了在大洋中的尴尬。他占领了亚得里亚海的海滩，几乎夺取了亚得里亚海的一切，并让他的亲戚当上了意大利国王。但就算是那个时代最强大的男人，也无法阻止俄国海军穿越海峡抵达艾奥尼亚群岛；他更无法阻止1807年英国舰队在君士坦丁堡外现身，并差一点就迫使苏丹投降。一个英国海军上将的疏忽让拿破仑幸免失败。

1806年，英国还占领了一个从古代开始就被众人窥觊的地中海小岛，其动机更多的是因为它的美丽，而非战略位置。不到两年的时间，英国舰队就抛弃了卡普里岛，不过，英国的诗人和情侣仍是这儿的常客。

同时，拿破仑成了一个几乎拥有整个欧洲的统治者，但不包括地中海。他对英国的封锁继续为岛屿和直布罗陀海峡阻挡，因为他无法在英国境内或者地中海击败英国，所以在印度开战的计划前所未有地活跃起来。拿破仑在流放时的回忆中也承认，让军队全副武装地从达尔马提亚行进到幼发拉底河简直荒谬绝伦，然而当时差点就成了事实，只不过被西班牙国内的革命和沙皇的挑衅打断了。

胜仗接二连三，因为新的和约，奥地利被迫割让了它在海上的最后一批岛屿。法国又成了亚得里亚海的主人，然而拿破仑的舰队再一次遭到了重创，这次的对手是奥地利人。

地中海之子不再像从前那样大权在握了，他只能待在浪漫的厄尔巴小岛上，遥望法国的土地。意大利的爱国者准备请他出任意大利联邦的国王，因为他们感觉到这个法国人根本就是个意大利人，他不是国王而是革命家。然而，他们都错了，拿破仑已经忘记了自己的两个根源，他像着了魔似的，只顾死死地盯着法国。

维也纳的国会没有采取新政，而是试图恢复旧制，神圣同盟的首脑也更倾向于基督教，拒绝和土耳其人协商。英国人获得了艾奥尼亚群岛和马耳他岛，并从1815年开始掌管地中海西部、东部和中部的基地。

和国王们一样，海盗也是阴魂不散的。在欧洲，没有一个人敢向这些非洲冒险家下手。唯一敢于发动猛烈进攻并摆脱纳贡屈辱的，就是美国人和他们年轻的海军。

阿尔及尔易主

美国进入地中海的意义是非常重要的。在哥伦布抵达美洲300年后，美洲人来到了地中海。当然，他们是英国人的后裔，不过他们到来的目的迥异于他们的祖辈和兄弟。事实上，他们对英国的反感正是他们成功的关键。

在美利坚合众国成立之初，他们不得不向海盗纳贡。在1785年和1787年，他们与阿尔及尔和摩洛哥人订立了条约，尽管如此，他们还是被俘虏了几条船。在之后的30年中，美国人在纳贡、贿赂和赎金上花费了两三百万美元。

英国需要海盗替它挡住拿破仑,它早就强迫葡萄牙出来谈条件,因此他们有能力抵达大西洋,并封锁法国大陆。欧洲人对彼此的厌恶甚于对海盗的憎恨,大国们和强盗签订的条约太过屈辱,以致没人敢将它们出版。虽然打着"礼物"的旗号,但它们不是玻璃珠子和音乐盒,而是钟表、珠宝、葡萄酒、水果和精密仪器。威尼斯人曾向海盗献上昂贵的织锦,阿尔及尔总督却拒绝接收,他要的是战争物资。法国的"礼物"是磨光的大炮,并派工匠去帮忙铸造枪支。有一次,瑞士人没能马上满足他们,海盗们就截下了七艘贵重的船只,要求交纳利息作为惩罚。

阿尔及尔设有专员负责管理贡品和抢劫。一本用了60年的阿拉伯登记簿看起来像税局和当铺的账单,写明了出过力的人应分得多少。货物的拍卖通常被一个问题所困扰,那就是一艘船上仅仅只装有一两种货物。因此在阿尔及尔,某些物品——例如丝袜、毛衣或者中国茶杯——很可能在一夜之间就价钱大跌。

美国人的行动始于一个特殊的意外。1800年,班布里奇船长指挥一艘名叫"乔治·华盛顿"号的三桅战舰去阿尔及尔运送贡品。当地总督"命令"他护送一个阿尔及尔使节和大批随员去伊斯坦布尔,把价值50万美元的礼物带给那里的苏丹。船长在未经许可的情况下穿越了海峡,这本来会被截停,但他耍了个花招,先放礼炮再借助烟雾逃走,然后放下阿尔及尔国旗换上美国国旗。土耳其人没见过美国国旗,于是它顺利进入了港口。班布里奇与当地一位海军大将结成好友，不但没有被追究闯关的责任，反而为阿尔及尔和美国的外交关系奠定了基础。为此他受到了华盛顿总统的褒扬。

1803年，美国海军准将普勒伯尔带领一支舰队攻打的黎波里。途中他俘获了一艘22门炮的摩洛哥巡洋舰，班布里奇船长发现这艘双桅船在几天之前还是名为"西莉亚"的美国商船，于是他派员登上西莉亚号，替换了船上的摩洛哥人，并让该船返回美国。这次的黎波里的征途并不顺利，拥有36门炮的"费城号"搁浅，然后被海盗们俘房，班布里奇船长和全体船员沦为俘房。1804年2月16日，史蒂芬·德凯特上尉指挥双桅船"无畏号"进入的黎波里，成功登上被俘获的"费城号"，将该船烧毁，在未失一兵一卒的情况下全身而退。1805年，美国海军准将拜伦带领军队从水陆两途袭击德尔纳，使海盗头子惊恐不已，他们答应放弃对贡品的要求，为了安抚军心，准将还得到了六万美元的现金小费。在1815年，班布里奇和德凯特领导的庞大骑兵部队现身阿尔及尔，在两天内获得了骄人的战果。

就算是今天，阿尔及尔和摩洛哥长长的海岸也很难攻下。直到1844年，纳贡制度还在某些地方延续。英国海军上将尼尔用强大舰队来威胁阿尔及尔总督时，这位海盗回答说："宁录是人类中最强的一个，而他是被苍蝇叮死的。"

这位总督正是死于一只苍蝇拍子。

上一任总督曾贷款给法兰西共和国，但由于法国的权力变更，这笔款子现在要由法国国王来偿还。1827年，在斋月节的招待会上，总督指责法国领事密谋背叛他，领事当即为自己辩护。年迈的总督盘腿坐在长沙发椅上，他拿起手边的苍蝇拍子狠狠地向领事打去。对于法国来说，这是个赖账的绝好借口，一支强大的舰队很快就封锁了阿尔及尔三年。开始的时候，总督不以为然，并且宣称每砍下一个法国佬的头就给100美金的赏金，但后来他不得不将赏金降到10美元。

阿尔及尔最终在1830年被攻下，这个消息带给人们的冲击远超现在的战争新闻。海盗传奇在当时深深吸引着年轻人和小说家，但它的结局却并不那么富有戏剧性。

也许正是这些浪漫的传说使最后一位总督在城市被攻破后保住了性命，不但如此，他还可以带着大批财宝和52个妻子去那不勒斯定居。后来他移居巴黎，安逸地住在更现代的后宫里。

从这时起，法国再次成为一个海上殖民国家，实力仅次于土耳其。虽然英国竭力阻止，但法国仍在北非的阿尔及尔、摩洛哥和突尼斯建立了自己的非洲帝国。只有一个障碍让他们无法成为一个伟大的殖民国家。他们的国家太美丽，太富饶，太舒适，因而太多人不愿意离开它。

成千上万的外国人，尤其是意大利人和西班牙人被招募前往新殖民地，他们的子孙为这个国家立下了汗马功劳；地理上的隔绝、浓雾和爱冒险的天性让英国人漂洋过海。而没有一个动机足以把法国人拉到国外，他们由此显得更为保守。

肥沃的法国土壤也足以成为留住任何人的理由。这就是为什么在所有的欧洲旅客里，英国人最多，法国人最少。虽然法国人也爱财如命，却不愿冒险，也不愿远行。法国人宁愿在巴黎赚一万法郎，也不愿意要突尼斯的十万法郎。如果他真的需要在国外工作，那么他会在头发变白之前回国，因为他想要在剩下的日子里享受人生，而不是拼命工作。法国和意大利都已经老了，不足以和更年轻的殖民国家展开竞争。

希腊自由了

希腊人的天赋是不可磨灭的。在长期的衰落之后，优美的风景和历史开始一次又一次地联合起来复兴希腊。数以百计的岛屿、半岛和古代时没什么两样，人民仍然充满活泼的、发自内心的喜悦和想象力。

现在他们已经没有了伟大的诗人和哲学家，没有了强大的海军和陆军。他们似乎习惯了被野蛮的民族统治，但他们还未曾衰老，他们作为商人和外交家的机智仍然出众，他们善于吸收新的社会理念，并将之融进改革中。

在现代的雅典闲逛一圈，我们仍然可以看到三三两两的希腊人聚在路中央，讨论一个法官的腐败或者一个教授的诡辩，又或是一位女士优雅的鞋子。生活在20世纪40年代的希腊人，仿佛仍在阿里斯托芬的喜剧里，浑然忘了汽车已经发明这个事实。

拿破仑是第一个想要解放他们的人，但他被西北方向牵扯了精力。1800年，希腊人意识到他们被英国和俄国抛弃了，然而人民渴望自由,他们不断地组织秘密社团和暗杀活动。

1820年,很多欧洲国家因为不同的原因而进入了"泛希腊时代":有关土耳其的暴行故事激起了英国人对希腊起义者的同情,知识分子也因为对希腊文化的仰慕而同情他们;俄国沙皇希望得到伊斯坦布尔,或者是那片海峡;法国对希腊施以援手,只不过是为了避免其他人在那里占便宜。只有哈布斯堡王朝,一如既往地反对任何平民解放。

生活在海外的希腊人富裕而充满民族精神,他们愿意协助国内的同胞。在亚历山大、马赛、热那亚、威尼斯、敖德萨和莫斯科,都遍布着非常富有的希腊人。实际上,在俄国军队中他们也常身居要职。

在巴黎的希腊人受到了所有学习者的欢迎,他们塑造了现代希腊的形象;德国成立了许多支持希腊的组织,德国国王匿名捐出了6000美元;相比之下,福斯的500美元要珍贵的多,因为这位翻译者一贫如洗。欧洲最出色的头脑都知道,希腊是真正的文化之乡。

当拜伦参战时,整个欧洲都明白其中原因。他的装备不足,最终被热病击倒。一位天才为了希腊献出了自己的生命,拜伦的死使希腊的传奇色彩达到了顶峰。

1821年3月,希腊本土爆发起义,并迅速发展到整个伯罗奔尼撒半岛、克里特、爱琴海诸岛、卢麦里以及马其顿等地。9月,起义军控制伯罗奔尼撒半岛。1822年,第一届国民大会宣布希腊独立。土耳其人勃然大怒,无辜的希腊族长被吊死在教堂大门上,对基督徒的大屠杀震惊世界，这出惨剧永远地被载入了史册。

希腊的起义很快被土耳其镇压下去，如果卡宁没有成为英国首相，情况还会更糟。卡宁热爱自由，他被称为"唐宁街的斯巴达克斯"。同时，一位年轻的沙皇继承了王位。他们的海军和法国人合作，在那瓦力诺的海湾取得了关键性胜利，这保证了希腊短暂的自由。

当沙皇的军队占领了阿德里安堡，伊斯坦布尔顿时陷入了极度恐慌。他们不得不向沙皇让出了巴尔干半岛的部分统治权，保加利亚和罗马尼亚成为半独立国家。这两个国家后来为了塞尔维亚的王冠争吵不休。只有希腊获得了完全的独立，虽然不在原来的疆界里。海峡自此向商船开放，现在，黑海终于成了地中海的一部分。

胜利之后，随之而来的是希腊的党派争端、忘恩负义和家族仇杀。一个17岁的巴伐利亚王子登上了王位，尽管他完全不适合这个位置。他不得不让几千名巴伐利亚士兵保护他，直到军队叛变强迫他推行新宪法。欧洲对希腊的兴趣早已消失，雅典再次被看做一个肮脏的小村庄，里面只有几座老旧的庙宇。

维克多·雨果写道："希腊自由了！"

第四章 无法平静的大洋

风起云涌的 1848 年

1815年，拿破仑权力陷落，欧洲人的脑袋里产生了奇异的混乱，类似今天各种各样的"主义"所鼓吹的口号，每个人都在谈论民族主义和自由主义。拿破仑时代后期的反动分子长期反对民族独立，现在他们把这两者混为一体并严加谴责。

英国在地中海比其他地方更有冲动，因为以解放的名义便可获得军事基地。马耳他和塞浦路斯现在归属英国，它们再一次成为无价之宝。

拿破仑下台后，被放逐的波旁王朝继承人，也就是费迪南七世回到了法国。他是一个把邪恶写在脸上的男人，他的母亲是著名的交际花，因被著名画家戈雅画过而名扬于世。他的唯一功绩是，用自己腐朽堕落的宫廷助了玻利瓦尔一臂之力，南美提前获得了解放。

在接二连三的起义之后，各国插手保护这个名叫波旁的骗子。法国在这个时候进入了独裁主义国家，击溃了自由主义者，并在该国大肆劫掠了六年。之后便是西班牙保皇党和牧师的复辟，他们对革命者展开疯狂的报复，英国则消极地袖手旁观。

在意大利，人民为自由和统一做出的努力也遭到了各国的打击。直到1820年，意大利的地图上还有七种颜色，最大的两块属于南面的波旁王朝和北面的哈布斯堡王朝。唯一纯正的意大利人是撒丁岛的国王萨伏伊,还有教皇,现在只有意大利人才能当教皇。

在波旁王朝统治的西西里岛,国王是个坏透了的家伙,堪称"费迪南第二",他在位60年,比历史上大多数统治者都要长。奥地利给意大利北部带去了一点点教育,然而哈布斯堡家族的成员却无法造就真正的殖民者。

当被奴役的人民奋起反抗时,哈布斯堡王朝变得警觉起来。他们接来了懦弱的那不勒斯国王费迪南,接着又派出一支军队去镇压起义,并命令士兵入城时在毛瑟枪口插上橄榄枝。士兵在这个陌生的王国驻扎了六年,从1821年起,意大利人把奥地利人称作"狱卒"。这个民族曾因波拿巴将军享受过短暂的自由,现在他们渴望建立一个共和国。

只有皮德埃蒙的萨伏伊家族还在做着在意大利称王的美梦,他们打着萨拉丁国王的名号,统治着意大利北部的西北角。半个世纪之后,他们真的成功了,并且至今还留在那里。

1848年,共和国政府相继在普鲁士、奥地利和匈牙利破产,却在法国获得了短暂成功,在希腊和意大利也取得了一半胜利。虽然1848年的革命也促成了在法兰西建立新帝国,然而这场革命并没有建立一个长期的共和国。直到1900年,欧洲只有两个共和政体,瑞士和法国,和它们相对的是40多个公侯国。

意大利的命运更为复杂,因为它是多个统治者的隶属国,而且像希腊那样已经持续了14个世纪。意大利人和从前一样,当着仆役、士兵和纳税人的角色。个别的省份获得了解放,由当地的家族管理,这种情况在米兰、威尼斯、佛罗伦萨和罗马经常出现。然而，意大利缺乏一种像西方国家那样的统一毅力。

现在，有了希腊和巴尔干民族的例子，有了法兰西在七月革命中迎来的自由，时代精神也终于光顾了意大利。这是一桩横跨40年的大事，最后的胜利源于三个人的勇敢和奉献，他们是真正的意大利人。

马志尼、卡佛和加里波第是地中海上最后的英雄，他们全都来自北部，来自热那亚、都灵和尼斯，很有可能是混血儿。他们生于1805–1810年间，在令人窒息的反动氛围下长大，具有反抗精神。三个人都代表着他们民族的性格，机智、圆熟、热衷冒险。三个人都是天生的叛逆者，他们离经叛道的方式不大一样：一个写作，另一个演讲，第三个扣了扳机。

马志尼面庞英俊，嘴唇薄，额头前突，显示出这位诗人是个理想主义者。他是三个人中最可爱、最豪爽的，他的身上充满了古典主义理念，他是个绝对自由的思想家，希望建立一个共和政体。某种程度上，马志尼纯粹的理性和对行动的预言与路德很相似，但他的优胜之处在于不屈不挠。

卡佛长着一张明朗干净的国字脸，看上去像个数学家，满脸都是智慧和灵巧，这些都遗传自一个历史悠久的伯爵家族。他对他的祖国皮德蒙特有着天然的忠诚，他想成为一名军官，他研究巴黎革命，他创办实业，驾轻就熟地处理财产，等待着加入革命的时机。37岁那年，他在都灵进军新闻业，创办了《复兴报》。

巴黎和维也纳的革命影响了意大利,开始时一切顺利,那不勒斯、罗马和威尼斯都被人民军收复了,被奥地利拘禁的威尼斯末代总督被释放。然而,几个星期之后,所有的希望都破灭了。简陋的装备、犹豫的教皇和王公之间的相互猜疑导致了惨败的加速来临。撒丁岛国王退位,各地的革命被扑灭,王公贵族复辟,逃亡者再度出逃,包括马志尼和威尼斯总督。革命失败后,马志尼晚年待在巴黎,以教授语言来养活自己。

然而卡佛没有气馁,他为皮德蒙特的新国王服务了10年。在克里米亚战争之后,他用妙计引诱意大利帮助他对付奥地利,并说服犹豫的拿破仑三世在夏天乘马车到来。他甚至敢于许诺把尼斯和萨伏伊作为报酬送给法国——这是意大利现在想要回来的领土。对于这个男人来说,再多的勒索都不显得卑鄙,只要能达成统一意大利的最终目标。

加里波第,一个浪漫的解放英雄,他比大多数的意大利人更懂得地中海,并拥有更多的航海经验。他在海滩上长大,给当小商贩的父亲打过下手,为了逃避教会的规条,他逃往海上。当海员的时候,他与马志尼手下的革命者结交,由于被判死刑,他又逃往南美并参与了巴西和乌拉圭的革命。尝过坐牢、拷打和被释放的滋味后,又去参加下一场战争。

加里波第被世界性的战争强烈吸引,甚于相信某一种政治信念,然而他并不过分唯利是图,他渴望的是荣誉,并以得到它而深感骄傲。如果说马志尼最爱的是自由,卡佛是出于对意大利的崇拜,那么加里波第就纯粹是喜欢冒险。他经历过的一切都被抹上了一层传奇般的色彩,包括他妻子的爱与死亡。

40出头的加里波第在皮德蒙特打了败仗逃走后,隐匿在纽约一间蜡烛工厂里,后来又逃到一艘名叫"流氓号"的商船上,谁也想不到不久之前他还统领着整个意大利兵团。1860年,在战胜了奥地利之后,他和1000名志愿者从热那亚出发,登上了著名的"千人号"。几天后,他们在西西里岛登陆,以少胜多打败了波旁王朝的军队。在几个星期之内,他就当上了西西里岛和那不勒斯的独裁者。他自愿把所有的战果都献给意大利的新国王,只作为副官跟着国王进入那不勒斯。第二天,他就去了撒丁岛东北的一个孤岛,他在那里有一座农场,可以在里面挖壕沟、写诗、做梦。

征服意大利南部是加里波第最辉煌的成就,因为它是统一的必要条件。然而,在接下来的斗争中,勇敢的加里波第不断地让需要他并利用他的政权感到碍手碍脚。国王们一方面希望通过革命得到利益,但又极端恐惧革命带来的变革。当时,卡佛认为征服加里波第是一件非常冒险的事,不能接受这个计划。两位民族英雄,加里波第和卡佛,虽然还在一起庆祝胜利,但已经无法容忍和信任对方。

当停战协定已经成为大势所趋时,加里波第还在坚持战斗。因此,他被随行人员"陪伴"着回到他的小岛上。60岁那年,他偷偷乘车逃跑,他虽然热爱田园生活,但他无法忍受被迫过这样的日子。意大利战争业已结束,于是他加入了法国军队,和德国人打仗。回来的时候,他拒绝了一份巨大的荣耀,并在罗马娶了第三任妻子，他随心所欲地活到了75岁。他是一个如此特别的人物，一个天生的斗士，一个钢铁般的男儿。

庇护九世想成为一个像卡佛那样的军官，不过他和卡佛一样，成了一个政治家。庇护九世因为他的癫痫病而无法投身军界。在将近30岁时，他成了一个牧师，30多岁时成为大主教，45岁那年被选为教皇。之后他开始了长达32年的统治，比历史上任何教皇都长。

他在1846年掌权，他投身解放，一半是出于理想，一半是由于野心。在政治上他大赦天下，着手改革，任命外行人去管理教皇国。两年后，当革命敲响了梵蒂冈的大门时，他像其他受惊的统治者那样，批准了一部新宪法，并修建了两座新教堂。他不愿意像信仰天主教的哈布斯堡王朝那样引退，因此他祝福军队，并打算反抗。这让他的行为显得十分滑稽，没有哪个牧师会把军队托付给上帝。四个星期之后，他逃到了中立国避难。

民族热情空前高涨，他们要的是统一的意大利。起义强迫庇护九世解散了他的瑞士卫队，几天之内他便沦为阶下囚。他重新穿上简朴的修道士服，投奔了那不勒斯的国王。教皇离开了罗马，罗马成了一个共和国，国家和教会的财产都被还给了人民。

接下来的一幕显得十分滑稽。对于应该由谁来迎接教皇并对意大利进行惩罚，法国和奥地利产生了分歧。拿破仑三世想学他的叔叔那样登基，因此他需要教皇，而且他制止了奥地利人抢先行事。在加里波第进入罗马之后不久，穿红裤子的法国人和意大利红衫军展开了恶战。加里波第在孤立无援失败后逃亡美国，罗马共和国存在了五个月就告夭折。

放逐、逮捕和拷打充斥着罗马,市民们一贫如洗,牧师们却越来越富有。出身于贫苦家庭的国家秘书安东尼,死后却留下了价值2500万美元的遗产。

法国虽然打败了奥地利,却失去了它三分之二的财产。1866年,威尼斯的加入扩大了意大利统一政权,这时全世界都在等待罗马,而非佛罗伦萨成为这个新王国的首都,只有拿破仑三世的军队以及教皇的权威还在保护着教皇国。

六个星期之后,拿破仑帝国被再次推翻,这又是意大利的运气。国王马上从佛罗伦萨出发,不费吹灰之力就进入了罗马。巅峰时刻过去之后,教皇成了囚徒,但他仍然可以保持他的尊严、他的自由、他的卫兵、他的三座宫殿,以及他的钱。不过,教皇拒绝了自由和金钱,他情愿让全世界以为他是个囚犯。

在地中海,这是个值得铭记的时刻。身居高位的牧师必须拥有土地、军队、警察、税收和宫殿的荒谬说法暂时结束了。国王和教皇无法同时统治罗马,当他们一起出现时,不是战争就是逃亡。只有政教合一的方式,才可能避免这样的困境。庇护九世看不到这一点,他的继承者李奥八世却看到了,因而赢得了全世界的尊敬。现在,地中海的中心有了一个稳定、统一的王国,它只讲一种语言,只有一个政府。在法国衰落期间,意大利获得了科西嘉岛,虽然意大利更想要的是突尼斯。

这时,新的动力蒸汽机让所有的船都陷入了喧嚣之中。1866

年，奥地利人在外海用装甲蒸汽船击败了意大利人。现在，各地的沟通加快，信号增强，并传播到四面八方。被荒废了很久的地中海再一次躁动起来。全新的世界贸易需要一个新的入口，封锁了千年的大门将要被炸开。

第三个出口

在2000年之中，埃及人五次征服苏伊士海峡，在直布罗陀海峡和达达尼尔海峡之外人为地制造出了第三个出口。这五次征服是早在地理大发现之前就完成的，因此它带来的影响比另外两个更深远。因为达达尼尔海峡通往另一个内海，而直布罗陀海峡在那时被认为是世界的尽头。

在拉姆西斯大帝的运河工程七个世纪之后，612年，法老尼科开始重修运河，12万个奴隶死于炎热。这并不能阻止法老的意愿，阻止他的是一道神谕，神谕说他的运河会为征服者打开进入埃及的通道。90年后，大流士征服了这片土地，重新开始修运河。托勒密二世接手后开始扩建工程，但很快就终止了。当克里奥帕特拉试图使用运河逃脱时，大部分船只都无法通过这条运河。

500年后，阿拉伯人征服埃及，疏通了水道，目的是为了把粮食运回麦加。这是发生在767年的事，由于后来者对运河工程感到惧怕，工程再次停工。文艺复兴时期，天才横溢的达·芬奇曾经为运河设计过图纸。威尼斯人再次一马当先，他们穿越苏伊士地峡的想法竟产生在哥伦布之前，实在让人震惊。

地中海扩张的时机成熟了。这时，运河的问题成了讨论的焦点。拿破仑热衷建设，又渴慕荣誉，他想重新捡起法老们的计划。他开始调查苏伊士地峡的宽度和高度，还有两个大洋的水平面。这些数据给了欧洲最优秀的头脑巨大的冲击。然而，五个世纪过去了，各种各样的计划不断出现，却无一得以执行。

最终，事情以曲折的方式结束。法国修筑了运河，而最后英国得到了它。

拿破仑倒台之后重建的法兰西帝国失去了美洲的殖民地，它必须向东方进军。修建苏伊士运河在法国人看来是必需的，虽然可能花费巨大。在那之前，一些法国工程师就勘测过地理环境，还得出了一个错误的结论，那就是红海和地中海的海平面不一致。这导致运河的修建费用大幅增加，因为需要修建多个船闸。

英国人决定袖手旁观，因为他们相信拿破仑的数据，认为这完全不划算。数据显示，红海的海平面比地中海高出10米。

但实际上，这些数据是完全错误的，两个大洋的海平面完全相同，根本不需要建造船闸。当工程师们发现这半个世纪前的错误时，英国政府大吃一惊，就像梵蒂冈听见地球不是宇宙中心一样。整个帝国被震动了，苏伊士会成为敌人长驱直入的通道，还是给运输带来便利呢？英国人关心自己的帝国甚于整个人类，他们立刻就行动起来。

然而，难题仍然存在。一位奥地利工程师受命展开了运河的设计工作,两个瑞士银行家对此给予了资金支持。这时,穆罕默德阿里嗅到了利益的味道,他愿意付钱给工程师,让他主持修建。他的继承人在欧洲长大,已经准备答应给欧洲人修筑运河的特权。这个由三方力量联合起来的筹委会在计划上犹豫不决,总预算一度达到1200万美元,最后却花掉了10倍的资金。

在20年间,这一计划一直被不断地公开讨论研究,虽然其中不乏优秀的专家,但它还是毫无进展,眼看着又要重蹈覆辙。显然,理想主义无法打开地峡。

一位真正的巫师

年轻的埃及主人有个严厉的法国老师,这位老师的父亲就是后来炙手可热的法国总领事。多年来,穆罕默德阿里就是依靠这位领事的声望崛起的,他对这个人充满了感激之情。像父辈一样,年轻一代也结成了好友。萨义德刚一登上王位,就马上召来了他的老师兼朋友雷赛。

雷赛来自一个古老的法国贵族家庭,这个家庭曾经出过不少政府高官。德·雷赛(1805-1894)在开罗长大,后来以领事的身份回国,他可以兼具多种角色:猎人、骑师、商人、设计师、宣传家以及学者。他唯一缺乏的是技工知识,他不是一个工程师。这就是苏伊士运河的修建者。

现在他的学生成了一位君主,当他被召去开罗时,雷赛49岁,萨义德32岁。雄心勃勃的雷赛决心把这幸运的机会变成终身的成就。两人在途中经常讨论这项计划。对于雷赛提出的两个方案——由法国控制运河或者由埃及自己建造——萨义德当时没有表态。三个星期之后,雷赛抵达亚历山大港,口袋里装着一份价值连城的特许证:创办公司、修筑运河。

然而,雷赛在巴黎和伦敦都遭到了冷遇和敌视。在法国,政府派人警告土耳其公使,认为应该把建造工程交给法国。而在英国,伦敦的银行家则把工程视为骗局,政府警告人民不要认购工程的股票。甚至有工程师断定运河永远建造不起来,因为地中海的淤泥会把它堵住。

雷赛试图争取媒体和股市的支持,他的努力使他最终筹集了5500万美元的资金,其中大部分来自法国,另有2000万来自萨义德。苏伊士运河公司成立后,运河将在90年内归公司所有,从1968年开始,它将回归埃及。1859年,在开工仪式上,雷赛挥动了第一铲。就这样,他分开了亚洲和非洲,同一个动作,却连接了欧洲和亚洲。

在长达10年的建设中,雷赛克服了无数的困难,也交了两次好运。第一次是因为欧仁妮,她是雷赛母亲的一个亲戚,现在她当上了法国皇后。也许是被雷赛的劝说打动了,当英国再次试图阻止建造工程时,拿破仑三世听从了欧仁妮的建议开始为雷赛说话。第二次好运来自迪斯雷利,这个人认识到了运河在历史上的重要作用,并尝试为英国赢得那些法国一直在争取的东西。

雷赛深谙商道，无论是材料的选购、工人的雇佣，还是苏丹、巴夏以及欧仁妮的反复无常，都在他的掌握之中。更重要的是，他降服了所有的反对势力。成千上万的阿拉伯农夫死在沙漠里，巴夏拒绝再招募新丁。接着是饮用水的匮乏，在淡水河修建之前，每天要用1600头骆驼为30000名工人运水。公司股票从500点跌到180点，破产的危险威胁着公司。后来在地层中又发现了意料之外的硬质岩石，机器失灵更让修建计划举步维艰。这一切混合在一起，构成了人与自然之间长达10年的角斗。

运河途经了五个湖泊，这使人类的工作量降低了五分之一。运河的宽度看起来很窄，从沙漠地带的100米到岩石地带的58米，我们所知的大部分河流都比它宽。运河的深度约8米，大约是游泳池的两倍。这一切似乎都让人轻视。但这是80年前（以成书的当年计算）建造的，而且是在一望无际的沙漠里。

和自然的搏斗再一次证明了，理性和意志的作用要超过创意和想象。那个成就了这个10年工程的男人，没有摧毁任何城市，没有镇压任何民族，没有把什么引向胜利，也没有破坏什么。

历史的时刻来临了，两个大洋听得到彼此的咆哮，大陆的两端都得到解放。1869年3月的一天，地中海首次流向南方，五个月之后，红海奔向北面。红海那灰绿色的海水和地中海蔚蓝的海水终于交融了，人类的心满意足莫过于此。

盛大的庆祝活动开始了，王公们争相在运河里巡航。欧仁妮皇后在雷赛的陪同下参加了这个仪式，这是法国的胜利。有趣的是，第一艘交付运河通行费的船只，挂的是英国旗。

一年之后,拿破仑三世被推翻并身陷囹圄,欧仁妮逃离法国。又过了20年,一桩丑闻剥夺了雷赛晚年的平静。在几年之中,他把自己残余的精力投注到第二个任务上——世界又需要他了。这位74岁的老人给自己定下的第二个目标是巴拿马运河。

他的意志坚定,但智力已经开始衰退。他刚愎自用,坚持以自己的方法解决问题,因为第一条运河没有使用船闸就成功了,因此他坚持第二条也不用船闸。在这样的工程中,让人头疼的总是资金问题,他把那个年代最伟大的商人的资金和名誉输了精光,甚至还挪用资金。他的儿子把一切都揽到自己身上。雷赛在90岁时辞世,此时已身败名裂。

苏伊士运河的价值超出一切估计,以1870年到1935年的一组数字来看,每年的货运量从40万吨上升到3500万吨,通行船只数量从500艘上升到600万艘,120美元一股买入的"骗局"股票,从最低谷的23美元涨到500美元。

现在是迪斯雷利表现的时刻了。他怂恿才华横溢但鲁莽冲动的埃及总督伊斯梅巴夏在三角洲种植棉花,并尽可能多地延伸到亚丁一带,当埃及在债务中越陷越深,英国却以高昂的价格从总督手上买走了苏伊士运河的股份。迪斯雷利没有征得任何人的同意,也没有国会的许可,他在破纪录的10天之内就做成了埃及这笔生意。现在,根据协议,英国在运河董事会上增加了10个席位,使得它的声音更具分量,并一直保持至今。

英国人有承认错误的勇气,这和英国的假道学并行不悖。英国人的故作姿态让他们的邮件继续在亚历山大港卸下,匆匆忙忙地由陆路运往苏伊士,在那儿用同样的船运往海外。

雷赛逝世四年后,他的雕像被竖立在萨义德港长长的码头尽头,那是运河开始的地方。在那些曾经修河筑坝的人中,他是佼佼者,他把人的力量提升到了自然之上。现在,没有人再记得那些谴责和丑闻,只有运河永存。

复苏

电气时代的标志物很快就出现了,三束亮光在萨义德港的灯塔上旋转,船只之间交换着灯光信号。小船进入港口,船锚激起水花,运河的前灯主宰着黑夜,仿佛独眼巨人的眼睛。在这种黑夜中,最危险的时刻无非是两船交错时。两个巨人在狭窄的运河里几乎贴身擦过,这必然伴随着争吵和咒骂。

穿过苏伊士运河,一艘来自热那亚的船,四天后便可抵达印度洋。由于地中海有了一个新出口,在地理大发现中它失去了人文主义中心的地位,它被遗忘了将近400年之久。现在在新的贸易路线开通了,加上原来的古老商路,希腊人的商业天赋再次被激发出来。伊斯坦布尔、比雷埃斯夫、士麦那接到了来自全世界的订单,亚历山大港再次获得了从前在罗马统治下的地位。

地中海曾经散落在各地的孩子如今正在回家的路上,老母亲再次成为中心,儿孙们在老房子里聚会。他们带回了远方的见闻、货物、思想和发明。

地中海在新生中苏醒了。

第五章　硝烟未散的新纪元

迈入新纪元

地中海中世世代代的鱼群都认识船上的人。海豚的祖先们曾经见到过原始的独木舟，它的子孙看见了奥德修斯的木板船。腓尼基的船经历了漫长的海豚时代，因为他们最早把船首雕刻出鱼嘴的模样，试图蒙骗鱼类。

罗马时代的地中海出现了一种新型帆船，这种三角帆今天被叫作"斜挂大三角帆"，是从三根桅杆上升起的。几千年来，帆和桨推动着地中海的航运。

1840年，第一艘明轮蒸汽船诞生了。

所谓专家再次低估了新发明的重要性。1780年，英国制成了第一艘铁船，而专家声称钢铁太重浮不起来，且会导致指南针偏转。事实证明，由于钢铁更坚固，船壳可以做得更薄，因而钢铁船体比同样吨位的木船更轻，偏离的指南针也可以调整。

当引擎被装到第一艘蒸汽船上时，人们并不十分信任它。烟囱和桅杆并列，显得十分滑稽。五个低矮的烟囱规则地排列在六根桅杆之间,平稳的明轮让这种景观更显奇特。

就像汽车的发展一样,这一造型因为机械的进步而得以改观。100年前,一个美国人在前人的基础上发明了螺旋桨,这是造船史上最伟大的发明之一,并不比蒸汽船逊色。一开始它也受到了所有专家的嘲笑,最终,人们降下了帆,相信蒸汽可以独掌大局。这是风神最黑暗的日子,它感到自己受到了轻视。

人们试图把引擎做得更小,并加强它们的力量,增加蒸汽船的威力,但直到1800年,仍只有1%的船能超过8000吨重。后来,船的规模迅速增长,如今80000吨的船也出世了。1880年,帆船和蒸汽船的数量还大致相等,但很快,前者的数量就跟马车一样迅速下降。不少性情古怪的人在帆船游艇上咒骂地中海,这些船用的也是柴油发动机。只有海军学校的学员们用来学习航海术的大帆船,看起来还和100年前没什么两样。

蒸汽船的速度没有随着体积一起增长。在100年中,它们的速度增加了不到三倍。最快的帆船从中国运茶叶到英国要13个星期,今天这段路程仍要花费五个星期的时间。

苏伊士运河的建成是地中海船只增加的主要原因。运河的贯通使得南方海滩得以开放,每个人都想航行得更快,在东方贸易中分一杯羹。因此,他们制造出了更优良的船只。那不勒斯和热那亚等古老的海港重新崛起,阿尔及尔和巴塞罗那的造船厂也生产出越来越多的新船。

港口原是罗马的交汇点,后来被公路系统取代,而现在新的铁路直达码头,这无疑是历史上的一件盛事。现在的地中海不过是环绕世界的漫长航程中一段短暂的水路罢了。

第一次世界大战前,燃油还没有被大规模使用,现在它也改变了地中海港口的面貌。穿着时髦夏装的乘客们曾倚在甲板栏杆上,低头就可以看到长长的灰黑色的运煤工队伍,他们喊着震耳欲聋的号子,迈着沉重的步伐,把大量的燃煤从码头运到船上。这项苦工通常会持续4~10个小时,就好像奴隶制的重演。

而现在,两根管道被置于沙漠之下,它们连接着伊拉克的油井。燃油从管道中流出,直到1600千米外的塞尔维亚港口,它们将被转运至巨大船只的油箱里。燃油的抽吸都是自动完成的,这一技术带来了很多好处,提高了热效率,节省了大量时间和人力。

在蒸汽和燃油首次出现的间隙里,还发生了三件改变海滩面貌的盛事。电灯,彻底改变了所有的海滩和港口的外貌。

在热那亚和拉斯佩齐亚的海湾中,一个地中海人首次改进了无线电报。然而,无论是燃油、电灯还是无线电通信,对地中海面貌的改变都比不上飞机那样巨大。

从前,航海一直是东西方之间唯一的联系,而它需要依赖港口。今天,一个人从巴黎来到巴格达,完全不用接触地中海。最遥远的海岸也被拉近到了几个小时的距离内。

飞机运载的不但是乘客,还有数量不断增加的货物。现代人道主义者们辛苦争取回来的苏伊士运河,已经失去了部分价值,地中海也开始再一次失去半个世纪前重新得到的重要性。

海军也相应地失去了重要性,目前的战争便可以显示出这一点。现在,海军基地和港口已经逐渐不敌空军基地和机场。罗得岛、塞浦路斯、苏伊士甚至直布罗陀都无法再决定旧世界的命运。在全世界的注视之下，地中海重新变回一个湖泊。

大战的发源地

在阅读欧洲现代史和它年代久远的战争史时，很多美国人都会大摇其头。读的难道是一群傻瓜或者小孩，为了一个球或者苹果而动武的故事吗？巴尔干半岛不过是希腊以北的一块小地方，在克里米亚战争和一战之间的60年里，那儿竟爆发了四场大战。这个既没有文明，也没有传统的角落，夺去了十万人的性命！

马其顿人的起义、塞尔维亚人对自由的向往、匈牙利人对独立的渴求，以及罗马尼亚人的民族统一思想都不是根本原因。这些巴尔干半岛上的人民，身后没有希腊那样辉煌的过去，没有引起任何人的兴趣。

这些战争带来了巴尔干半岛势力的重新划分，包括1854~1856年的克里米亚战争，1876~1878年的第一次俄土大战，以及1912和1913年的巴尔干战争。不到100年之后，这些战事便只能吸引学者的注意了。这个充满野性的半岛，在地中海上制造出最多的噪音，却产生出最小的价值。对人类来说，这些黑山人或者阿尔巴尼亚人孰胜孰负都是毫无意义的。

所有战争的背后，关键的因素是背后的三个大贵族集团。在巴尔干半岛上，他们的意志悬浮在空中，直接或间接地互相排挤。它们是三个腐朽的古老政体：俄国、奥地利和土耳其。这三个国家都是由一个家族用中世纪的方法统治的，他们和大革命的思想完全抵触。罗曼诺夫、哈布斯堡和奥斯曼王朝用他们自己的势力和惯性，使国民和他们自己在现代社会举步维艰。

地中海上有三条国界线，控制着黑海领域的沙皇，掌握着的里亚斯特和阜姆的哈布斯堡王朝，以及仍然管理着地中海的奥斯曼土耳其帝国。直到1912年，塞尔维亚、埃及和黎巴嫩还是苏丹的领土，它只是失去了从摩洛哥到突尼斯的海滩。直到20世纪，苏丹仍然统治着从阿德里安堡到艾尔祖茹姆，从康斯坦萨到阿斯旺，从巴格达到利比亚沙漠的土地。然而这一切早就衰落和腐烂了，没有强大的海军，没有充实的国库，更没有法治精神能把这个帝国联结在一起。只有步兵和宗教，也就是武力和盲从在维系着这个国家。

哈布斯堡属下有八个国家，他们统治着戴着土耳其毡帽的国民、波西米亚的胡斯改革继任者、狄罗尔十字街头的圣母玛利亚信徒。他们无法管理这些血统复杂的民众，如果只允许德国人和匈牙利人来统治，其他六个种族都要遭受压迫。俄国沙皇从不满足他的辽阔领土，他的胃口没有止境，一直在打海峡的主意。沙皇也扮演着巴尔干保护人的角色，那些国家因为东正教而跟俄国扯上了关系。这三个根深蒂固的反动帝国不断地挑起事端，改换结盟的对象，特别是西方世界被社会问题占住了精力的时候。

在这四场巴尔干半岛的战争中，没有伟大的国王，也没有伟大的将军和政治家参与。弗朗西斯·约瑟夫、阿卜杜拉·哈米德苏丹以及两个沙皇都是软弱无力的，有的甚至是背信弃义的独裁者。这些人的贪欲永无止境，他们的政府在国外策划阴谋。一系列阴谋使他们的帝国陷入混乱，并引发了多场战争，而他们的国家就算没有战争，也是动荡不安的。

在塞尔维亚、埃及、阿尔巴尼亚、阿拉伯和克里特岛人的不断起义中，土耳其持续了30年。这些起义只在巴尔干半岛上取得了成功，俄国和奥地利轮流充当这些新建小王国的教父。这两位监护人不允许建立共和政体，因为一旦建立，这些国家就会像得了传染病那样与帝国作对。

巴尔干半岛的纷争导致了第一次世界大战的爆发，它首先造成了土耳其的崩溃，接着引起了瓜分土耳其战利品的分歧。更重要的是，它加剧了大国们在伊斯坦布尔关系上的紧张关系，一场大战无可避免地产生了。条约先是对所有船只关闭海峡，之后又向所有人开放，接着变成有条件的开放。最后，在一战最激烈的地中海战役里，海峡问题成了其中一场的争夺焦点，因为海峡和苏伊士运河的无比重要性。正是地中海孕育了争夺的双方，一边是意大利和协约国，另一边是土耳其和德国。

世界性大战必将在地中海上，或者至少是经由地中海打响。

积重难返

在第一次世界大战中，三个腐朽的古老帝国在灭亡前夕都曾经歇斯底里，它们企图用时代的精神来挽救自身，就像一个被起诉的犯人竭力想做最后一次伪证：哈布斯堡王朝试图用一些口头法令来平息偏远地区的可怕暴动；在1905年和1908年革命的压力下，沙皇和苏丹答应施行宪政，然而两个人都不够诚实，并且缺乏足够的魄力。他们已经老得无法放弃那些一直习惯了的东西，沙皇更是摇摆不定。

一个古老的国家必须用英国模式来改善自己的处境，所谓英国模式，即小政府大社会。但很少有国家能做到这一点，所以，固守陈规的沙皇在革命中丢掉了王冠和性命；奥地利国王把一个垂死的帝国交给了他的继任者；而苏丹尽管使尽诡计，最终却还是难逃被废黜的命运。随后，一直被苏丹囚禁的兄弟被推出来当了10年傀儡，这种角色逆转充满了讽刺性。前任苏丹被迫向西凝望他原来的宫殿，在那里他曾统治了30年。

作为地中海上曾经最强大的国家，土耳其在20世纪初开始瓦解，意大利和法国马上凑了过来。虽然英国的力量比他们任何一个都强，但如果他们联手的话，仍会危及英国在地中海的军事行动。因此，英国必须把他们分开。在新的世界形势下，英国加入了对地中海的争夺——这不但是近100年来地中海历史的主旋律，也是英国历史的一大主题。

在对非洲的激烈竞争中，意大利和法国几乎同时耗尽了精力。这时，意大利已经在红海站稳脚跟，它想把非洲东北部变成自己的壁垒，来对抗正在西南崛起的法兰西殖民帝国。然而在1896年，它在与阿比西尼亚人的战争中遭到惨败，这给了意大利人一次粉碎性的打击。

三年之后，法国从西面向尼罗河进发，没来得及开上一枪就被打败了。直到40年后，英国和法国似乎仍在暗暗酝酿着一场大战。

法国的撤退导致非洲被和平瓜分成了两个区域，然后是《英法协约》的签订，最后是一战中双方的结盟，这个变化决定了地中海在接下来的半个世纪里的命运。法国同意支持英国及其海军，作为回报，英国对法国北部的海岸提供保护。意大利感到自己被排挤了，在40年里，它一直试图在英法之间插上一脚。

在协商了几年之后，法国和西班牙瓜分了摩洛哥。在一个摄政政体下，西班牙拿走了非斯，法国拿走了马拉喀什，丹吉尔由两国共管，这样就不会有人在直布罗陀对面修工事了。

当土耳其被国内起义弄得焦头烂额时，意大利抓住了报复的机会。它入侵的黎波里，一举夺取了这个现在叫作利比亚的土耳其省份。同时，联合起来的奥地利和德国，也纵容意大利占领了罗得岛和多德卡尼斯群岛。

利比亚位于法属突尼斯和半英属埃及之间，前面提到过的岛屿在最东面，远离小亚细亚的海岸，这样看来意大利似乎完全转入了地中海东部，而法国则转向西部。在地中海上没有领土的英国，也成功地渗入了整个地中海。因此，在1914年土耳其选择加入德国一方之前，北非和较早之前的土耳其已经被瓜分得所剩无几了。地中海上唯一的枪声正是在一战开始那一天打响的，精心策划之下，两艘德国战舰冒着危险在土耳其的战舰中偷偷突围，索要进入达达尼尔海峡的许可。

他们不应该提出这样的要求，因为土耳其当时还是中立的。然而，新上任的土耳其领袖们曾在德国军校受训，他们的老师和军队都是德国人一手培养出来的。因此，他们在几天内就和德国人缔结了盟约，完全不理会苏丹的反对，直接允许德国战舰通过海峡。

这份盟约没有决定战争的成败，只是延长了战争的时间，并使得土耳其最终崩溃。事实上，土耳其和德国的结盟只是少数几个革命派军官的意愿，尤其是塔拉特巴夏和恩维尔，简直就是现代独裁者的前身。

在一战中，世界上最强大的海上国家反而被最弱小的国家打败了。土耳其人从来都不是水手，却一次又一次地在达达尼尔海峡击退了英国人，最后迫使他们永久撤兵。两片大陆在狭窄的海峡相互靠近，这让它们易守难攻，这种情况在飞机被完善之前几乎无解。我们再一次看到，地理优势如何在完全没有海军防守的情况下对抗一支强大的舰队。

在达达尼尔海峡和加里波利的这些战斗中，土耳其人捍卫着古老的拜占庭帝国，为这场欧战赋予了意义。以前，英国人为土耳其人完善了海峡工程，又用德国人克虏伯发明的大炮把它武装起来。

现在，土耳其人反咬了英军一口，把当时最精良的舰队打出了水域之外，挽救了自己的首都。

这时，俄国人向英国人提出了进入伊斯坦布尔的要求。几个世纪以来，英国人在所有的协议中都阻止俄国人染指这个城市。彼得大帝及其后人做梦都想得到圣索菲娅大教堂，伊斯坦布尔再次成了赌局中的最高奖赏。土耳其人和德国人无法把胜利延续到地中海上，他们试图在巴勒斯坦复制胜利，却很快就被击退。

英国人准确地预见了这一切，但却疏漏了希腊。不论是进攻达达尼尔海峡，还是在小亚细亚击败土耳其人，希腊都是必不可少的一环。一位希腊大臣因为与国王发生间隙，于是推翻了他，并接管了他的权力。新的国王康斯坦丁曾是德国军校的学生，德国军人的仰慕者，德国国王的连襟，他不愿让英国人主导自己的想法。然而，盟军需要的是盟友而非中立国，因此，在违反了国际法的情况下，他被迫退位。

一战中，另一条海峡也被证明是牢不可破的，只有在那里，英国才变成了防守者。一支德国和土耳其联军穿过沙漠，从耶路撒冷直抵苏伊士运河。像达达尼尔海峡的土耳其人一样，英国人必须不惜一切代价守住苏伊士运河，绝对不容有失。

英国在巴勒斯坦和塞尔维亚频频取胜，只因阿拉伯人站到了它的一边。阿拉伯革命者并不比土耳其人现代多少，但作为真正的阿拉伯之子，他们掌握着穆罕默德的两大武器：军事科学和宗教信仰。

100年来，作为清教徒的一支，塞尔维亚的瓦哈比教派一直致力于净化古老的宗教，也用武力来维护它。显然，他们正在重蹈基督教派的覆辙，在地中海互相残杀，宗教狂热一旦与民族主义合流，就会令人丧失判断力。

凯末尔重振土耳其

五个世纪以来，地中海上没有一次巨变能够和现在相比。最初，土耳其人夺得君士坦丁堡，并迅速征服了地中海地区的所有海洋和一半内陆，囊括了整个东部和南部。1918年末，当土耳其帝国的象征伊斯坦布尔第三次陷落时，它在亚洲和非洲的统治也宣告结束了。

这是一个世界范围内的巨变，比其他三个帝国的陷落更加具有象征意义。俄国和德国只是改变了他们政府的形式，国家的面貌纵然有变，也不会过于明显。奥地利尽管四分五裂，但碎片仍然掌握在本国人手上。然而，土耳其却被三个外来强国瓜分成了六个国家，仅有七分之一的土地留给了土耳其人。西方大国主宰了地中海东部，直到今天依然如此。

没有一个新政府能像凯末尔领导下的土耳其那样迅速赢得世界的赞誉，他远远胜过了独裁者。首先，他通过武力威胁，成功地动摇了欧洲大国在巴黎强加给土耳其的肮脏条约；接着，他又通过军事上的胜利彻底粉碎了这些条款。他努力挽救濒临瓦解的轴心国，这个计划和他的行动本身一样伟大。

为了有利于国家发展,并对一个长期处于奴役状态的民族进行政治教育,凯末尔逐渐交出了他的独裁权力。他罢免了哈里发,却没有取而代之。凯末尔知道,如果伊斯兰教国王的职权一旦停止,整个伊斯兰世界的结构都会动摇。他也知道麦加和印度的伊斯兰教徒会失去他们一贯以来的安全感,但他明白,时代已经过去了。他没有关闭任何一座清真寺,还引入了罗马字母表,让头发花白的人都来学习读写。

凯末尔废除了哈里发,他极其准确地解读了这个时代。这一点,从阿拉伯国王侯赛因试图册封自己为哈里发时,遭到知识分子的强烈抗议便可看出。当汽车和无线电通信到来时,东方的神圣光环消失了。

这场变革的成功取决于凯末尔和他的土耳其士兵们。1922年,希腊国王康斯坦丁从流放中归来,试图完成他的大臣维尼泽洛斯六年前怂恿他做的事。君主制在希腊得到了保留,善变的希腊人热情迎接了康斯坦丁的回归。康斯坦丁认为新生的土耳其羽翼未丰,他可以趁机夺取小亚细亚这份原本就属于希腊的礼物。相比起凯末尔的有备无患,他不但准备不足,还过于依赖英国的援助。他没有和后方妥善沟通就草率出兵,结果导致了可怕的失败。他灰溜溜地回到雅典,再一次被迫退位,最后凄惨地死在异国他乡。

他的对手凯末尔向筋疲力尽的欧洲证明,穿着卡其布、戴着头盔、进入机械化时代的土耳其人和他们的前人一样充满斗志。头戴伊斯兰围巾的土耳其近卫步兵骑在马上，把弯曲的马刀刺进异教徒的身体。

凭着这场伟大的胜利，凯末尔废除了四年前的巴黎和约。他得到的不仅是西方大国的全面认可，还有海峡上的防御工事，关于自由通道的新规定和两个边远小岛的所有权。凯末尔和俄国建立的友谊，和波斯以及阿富汗签订的盟约，令他很快成为伊拉克和伊朗被压迫人民的拥护者，巴尔干同盟的领袖，希腊的一个新朋友。

法国殖民

几千年前，狮子和大象可以在直布罗陀海峡从非洲步行到欧洲，直到一条海峡出现，分割了两个大陆。现在，人们正在研究从海底穿越海峡的可能性。雷赛是一个真正的巫师，他是第一个提出这个建议的人。随后，法国和西班牙的工程师制定了方案，政府再一次成为阻碍。

作为一项工程，在海峡底下修一条隧道并没有太大困难。这里的海水不像英法之间那么深，最深的地方只有400米。巨大的管道容易建造，在水压之下也能得到可靠的保护。在整个52千米的隧道中，大约有30千米位于水面以下。隧道计划从西班牙开始，终止于休达附近西班牙的领土。西班牙将成为地中海上的一个岗哨，如同苏伊士运河上的英国和达达尼尔海峡上的伊斯坦布尔。

直布罗陀海峡之下的设想，只是撒哈拉铁路计划的一部分，法国人对这一想法最为热衷。法国的疆界应该延伸到刚果，最近几十年里，人们一直在巴黎谈论这一问题。这个殖民帝国拥有非洲的三分之一，但在殖民地生活的英国人远远多于法国人，因为人口不足，法国拥有200万有色人种士兵。

100年来，一些非洲土著越过北非山脉与法国人对抗，通常我们把他们叫作柏柏尔人。他们天性好勇斗狠，在几十年的战斗中逐渐培养出了战斗经验，把法国人打得溃不成军。1926年，对摩洛哥的征服中，法国才得到了一个机会，来到独立于英国和西班牙的大西洋，和它主要的非洲殖民地建立了海上联系。

早在一战中，法国就成功推行了一个计划，让100万有色士兵保护4000万法国白人。摩洛哥人和塞内加尔人的战斗力在"香槟战役"中一举成名，可以说所向披靡。有色军队的作战能力导致了他们地位的上升，相比英国，法国更依赖它的殖民地军队来保护母国的安全。因此，在法国，有色人种的待遇和英国截然不同，也许我们可以把这归功于法国自身的宽容性或者必要性。

法国把权力赋予了600万非洲人和印度支那人，这是摆脱偏见的最佳例证。一个法国殖民地军官在三块大陆总共为国家服务了25年，最终在马恩之战中拯救了法兰西，他就是加利尼将军，因用出租车把法军从巴黎运往前线而闻名。在马歇尔，法国人制造出了这个时代最出色的殖民者：利奥泰。他完全受人文主义观念影响，作为征服者，他第一个站出来宣称，只要看看白人医生和工程师的引入情况，就会明白建立殖民地是完全合理的。

利奥泰和加利尼一起,把开始于马达加斯加岛的计划延伸到摩洛哥,用活力加上15年的耐心,建立了一个现代殖民帝国的雏形。在地中海最西面的角落里,法国在新时代精神的感召下开始殖民。他们没有用恐怖手段奴役当地人,他们有能力在不攫取一分一毫财富的情况下管理摩洛哥人,并把法兰西文化传输给他们。

在那里修建的海港、城镇、道路和运河都折射出法国光彩,这给了其他迅速扩张的法国殖民地十足的信心,作为最勇敢的法国人之一,乔治·曼德尔备受鼓舞。

西班牙的衰落是法国殖民力量上升的一个先决条件。在南部海岸,英国人把西班牙人吓坏了,它的君主制已经非常脆弱,以致在瓜分摩洛哥时,不得不满足于只得到一小块土地。当失去直布罗陀时,西班牙的报复不过是夺取了休达的港口。

在很长一段时间里,西班牙人拥有的三座岛屿比他们的所有港口更有意义。巴勒里克斯先是被英国占领了70年,继而被法国占领了7年,它是现代战争中最早的根据地,因为它位于马赛和阿尔及尔中间。

法国在地中海东部没有做到的事情,如今被西班牙成功地做到了。在叙利亚,他们拿走了土耳其的部分遗产,阿拉伯人和他们打了20年的仗。他们从未在贝鲁特和大马士革受到欢迎,事实上,法国被一战弄得筋疲力尽,已经做好了和叙利亚谈判的准备,甚至是投降。另一个疲弱的标志是,法国把他们的军用物资留在了亚历山大港,并把它们交给土耳其青年党。

叙利亚的起义从未间断，阿拉伯人在胜利之后认识到，作为一个世界性大国，法国正在走向衰落。

西西里岛梦魇

在20世纪30年代的地中海地区，意大利和英国之间的冲突起着主导作用，无论是西班牙、南斯拉夫还是土耳其，都不是至关重要的，甚至连法国也只是英国的帮手。

作为地中海上最重要的国家之一，意大利的人口增长得最快。法国处于两个大洋之间，在地中海只拥有很短的一段海岸，因此很难把它的全部人口计算在内。西班牙拥有2500万人口，南斯拉夫、埃及和新建立的土耳其各有1400万，而意大利的人口达到了4500万。在西班牙、希腊和巴勒斯坦，每平方千米有一百多人，土耳其是53人，法国是197人，但意大利是359人，如果我们把那些不宜居住的地方排除在外的话，更多达540人。

20世纪30年代，地中海的14个国家中，只有土耳其、突尼斯、阿尔及尔和西班牙这些移民不多的国家能自给自足；法国完全可以养活自己，不过他们只有一小部分属于地中海。这些国家大多盛产葡萄酒和橄榄油，此外还生产肉类和羊毛，但它们大多数都缺乏石油和棉花。

只有法国几乎什么都不缺，意大利缺得最多。法国不但拥有除了石油和橡胶之外的一切，而且有着丰富的铁矿，它只需要五分之一就够了，而意大利对钢铁的需求是它产量的四倍。法国有80%的葡萄酒是本土生产和消费的，而在意大利，大部分土地贫瘠，只有伦巴第和西西里岛可算富饶。法国虽然拥有一切，但它的人民总想过最舒适的生活，因此进口量也居高不下。法国的人均进口量超过意大利的两倍，相反，缺少谷物、煤炭、矿石和木材的意大利，却在狭义上"占领"了地中海，它在这里安置了它三分之一的人口。

对于这个人口过多、原材料缺乏的国家来说，没有什么比尝试扩张更自然的事了，它的扩张矛头自然指向非洲。

一个80%的国界线都是海洋的国家正努力跨越大洋，但在一战之后，它心灰意冷，因为它在海上几乎一无所得。如果奥地利在亚得里亚海消失，塞尔维亚就会取代它的位置，一战的竞争就是如此激烈。通过谈判和武力，意大利人从南斯拉夫得到了亚得里亚海东部的海湾、港口和岛屿，进一步巩固了阿尔巴尼亚保护国的地位。

并不是意大利的共产主义催生了法西斯主义，真正的原因是对巴黎和会的失望。在10场大战中，他们从来没有打败过奥地利。接着，崛起的德国又把他们推入了一次灾难性的溃败。意大利的衰弱被巴黎和会纳入了考量之中，但和会绝没有出卖意大利。相反，在打了三年败仗之后，它得到的奖赏大大超出想象。然而由于海上所得甚少，它忘记了海军的无能和军事上的溃败，开始声称自己被欺骗了，只因为败绩更多的南斯拉夫得到了同样的补偿。

一个贫穷而人口过剩的国家只有四个缓和矛盾的办法：移民、工业化、开辟殖民地和控制出生率。作为最合理的一种，移民长期解决着意大利的难题。现在,有超过1000万意大利人居住在国外,其中800万在美洲。1927年,非洲关上了大门,移民开始流入人口稀少的法国。同时,移民每年给家乡寄回的外汇超过了1亿美元。

然而,像法西斯主义那样的极端民族主义运动是没法带来任何正常的解决办法的,首先是出生率没有得到控制。独裁者需要大量人口,那是他们的赌注,他们依赖士兵,损失的军队必须被源源不断地补充。法西斯主义控制移民,大幅增加出生率,所以它永远都在抱怨空间不足。因此,在宏伟的工业化进程之外,它只能选择开辟殖民地。

在国外的意大利人可以很快适应生活,但在自己国家的殖民地里,他们却常常是个失败者。作为殖民者,他缺乏韧性和牺牲精神,缺乏耐心和细心。意大利人太好奇,太无法无天,因而无法成为大殖民帝国的缔造者。因此,一战之前他们在东非声名狼藉。在一战中,他们被不断起义的当地人逼到了海上,这是法国人和英国人从未遇到过的事。

为了纪念古罗马的省份,墨索里尼把突尼斯和埃及之间的土地命名为利比亚。然而,它的大部分地区都是草原和沙漠,只有海边的一些土地尚算肥沃。这不是意大利的错,甚至不能完全归咎于大自然,这是土耳其人的罪过:在过去400年里,他们让这个古代无比富饶的国家逐渐恶化。当法西斯叫嚣着"扩张或者轰炸"时,对面海滩上已经没剩多少领土了。战况并不乐观,因为利比亚横在中间,意大利人最终成功地破坏了英法盟军。

因此,利比亚只是一道南开的大门和一个战时根据地。利比亚缺少英国在东部、法国在西部所拥有的联结海洋的大陆。意大利在东非只拥有一些零星的土地，而且大部分是贫瘠的，也没有任何计划来统一它们。

工业化是这个世纪给所有国家提出的任务，它要靠新的发明来推动，意大利也不例外。如果它停止移民，把人民留在家里，用重金刺激他们为衰败的国家生育，那就只有最后一条路可供选择：把国民安置在条件优越的殖民地里，并从那里攫取谷物和原料。

这一切只有在和英国结盟的前提下才是可行的。

墨索里尼一直被全世界视为残酷的独裁者，事实上他确实如此，但在现实生活中，他不是刽子手，不是将军，也不是空想家，而是外交官。在10年当中，他用一系列精炼简洁的条约成功地缓和了与对手的矛盾。他和土耳其的凯末尔、希腊的维尼泽洛斯、阿拉伯人、西班牙人和南斯拉夫人纷纷签下对自己有利的条约。根据这些文件，他在和平时代维护了自己的地位，但最终他仍是赌局中的输家。

墨索里尼的悲剧源于三个因素。首先，独裁主义的梦想在战争中一直笼罩着他；此外，他曾比任何人都更坚决地寄希望于英国，然而他后来放弃了这一立场；最后就是他一直试图让意大利人像普鲁士人那样办事，这根本就是不可能的。

他一次又一次地试图和英国共进退，而英国也的确和他站在一起。在传统、历史和文学方面，英国和意大利的亲缘比法国更为接近。英国总是和法国打仗，却几乎从未和意大利交手。1925年，两国在阿比西尼亚联合，加强了阿比西尼亚在红海对抗法国的力量。如无意外，保守的丘吉尔很可能曾是墨索里尼的一个仰慕者。

三年之后，意大利与英国的友谊中断了。一方面是因为它的胃口越来越大，另一方面是英国工党开始打击意大利的独裁专政。国内的暴力再一次破坏了政治家的外交政策，墨索里尼为他反人民的政府付出了代价，他失去了威望，先是作为一个党派领袖的威望，继而是世界政坛上的。

墨索里尼从前就知道，现在的"罗马帝国"不过是鼓动群众的一句口号，罗马已经不再是世界的中心，巴黎也不是。当前的世界中心是华盛顿、柏林，也许还有伦敦。因此，墨索里尼目睹法国正走向衰落，他知道自己必须获得伦敦或者柏林的支持。

墨索里尼把意大利称为地中海上的一个岛，并敦促他的人民把自己视为岛民。他大声疾呼："地中海为地中海人服务！"要坚持这个主张，这个地中海上人口最多的国家，必须像他的祖先那样强壮、好战；此外，它还必须是个海上民族。几个世纪以来，他们的外交家和谈判者表现的比战士和海员要出色得多。相比起土耳其的土崩瓦解和法国的外强中干，意大利的民族信念无疑是地中海诸国中最坚定的。但它没有带来任何优势，没人能凭着防御战术当上领袖。

200年前，孟德斯鸠就带着强烈的恶意总结道："欧洲的力量均衡，是北方诸国的工业和南方诸国的懒惰造成的。"

墨索里尼到处寻求支持，他在东面找到多德卡尼斯群岛和罗得岛，在西面找到西班牙，还有南面的阿比西尼亚。他发动了一场不光彩的战争，用坦克和飞机来对付手执长矛、赤身露体的黑人。轻易取胜后，他在他们的尸体上建立了殖民地，全世界都视其为对大不列颠的拙劣模仿。开发这片殖民地耗尽了整整一代人的付出，他的胜利不是对黑人的军事胜利，而是对英国人的外交胜利。

最终，墨索里尼还是选择了德国人做盟友，而非英国人。他的失败很快会证明他的决定是错误的。

大不列颠的触角

哥特人、汪达尔人、阿拉伯人、土耳其人和柏柏尔人都曾经侵入地中海，攫取沿岸的财富，并控制了地中海很多地方，长达几个世纪之久。除了武力和武器之外，他们也带来了宗教、习俗、技术和船只。他们全都为了定居而来。只要地中海仍是世界的中心，它就不可避免地吸引着来自远方的入侵者。

英国人像乘着游艇航行的富有乘客一样来到这里，除了荷兰之外，他们是第一批，很可能也是唯一一批。他们彬彬有礼地在每个港口和船上插上自己的旗帜，在一些岛屿上停下来，留下一顶帽子或者一把伞来预订这个地方，然后他们再次消失，没有作出任何声明。他们的舰队随后而来，驻扎在那些被预订的地方。就算是海军，看起来也像是来旅行的。在地中海上，英国人几乎一枪未发。240年间他们只有三次例外，分别是1799年在阿布奇尔海湾，1882年在亚历山大港，还有1917年在达达尼尔海峡。

对英国来说，法国是继西班牙无敌舰队之后最后一个令人忌惮的对手，敌对的情绪在过去40年中根深蒂固，法国对阿尔及尔的征服让英国前所未有地警惕起来。

意大利统一战争的胜利让英国人由此开始担心，意大利会对英国在地中海的势力产生威胁。因此，给英国海军找到一个更强大的基地是势在必行的。

苏伊士运河竣工和意大利解放同时发生不过是一种偶然。与此同时，各国开始的瓜分非洲行动却绝非偶然。英国希望获得新运河，开辟到达印度的道路，并同时占领苏丹。运河增加了埃及人的民族自尊心，也增加了他们对外国人的恨意。穆罕默德·艾哈迈德的起义在英国人手中获得了苏丹15年的统治权，阿拉比的农民起义比它得到了更广泛的支持。

这时，英国人展现出了高超的政治技巧，他们没有因为意外出现的敌人而退却，反而被激发出了力量。通过群众领袖之手，英国得到了解放埃及的特权，轰炸亚历山大港，最后征服了整个苏丹地区。在埃及，法国失去了势力，虽然仍有大量法国人居住在那儿。意大利在埃及从来都没有势力，虽然他们的人数比英国人多出三倍，他们大多数都是穷人和劳工，英国人则是富翁和老板。

丘吉尔用漫不经心的几句话就说出了真相：英国拥有对地中海的控制权，它从来不需要询问它的战舰是否有权进出这片大海。

对英国而言，占领埃及意味着半个非洲大陆的安全得到了保证。在一战开始时,英国就以保持运河中立来巩固自己的地位,它把运河纳入它的保护之下,换个说法就是它占领了运河,同时也得到了尼罗河河谷。

一战之后,马霍米特·阿里的一个孙子被推上王位,他和埃及被赋予了各种特权。然而,英国的士兵、武器和飞机从未离开埃及境内,英国的高级委员仍然是开罗最有势力的人,虽然不再拥有封号。每当英国军队在尼罗河上的兵营进行操练时,看到这一幕的开罗人眼中总是充满忧郁。

现在,英国掌握了地中海南部最重要的角落,直布罗陀海峡被赋予了新的意义。从前它只是屏障,现在成了英国的控制台。在战时,直布罗陀海峡可以从西方封住敌人的去路,而苏伊士运河则可以堵住另一头。

在1704年和1882年,对直布罗陀和埃及的两次占领期间,英国人占领了两座重要岛屿,大大增强了它在地中海的影响力,这两座岛屿分别是马耳他和塞浦路斯。

马耳他曾在1800年落入英国人手中,那时它处于拿破仑治下,拿破仑曾把马耳他称为"地中海的心脏",这次沦陷是法国的奇耻大辱,其影响持续至今。在建筑学和语言学上,地中海的历史都可追溯到这个小岛。

聆听马耳他人的交谈,我们可以听到意大利南部方言和阿拉伯语的融合,还有一些法国口音。当地人几乎完全依赖缎带和葡萄酒的出口为生。马耳他距离直布罗陀、赛义德港和塞浦路斯大约有1600千米,它的中心位置总是让它成为众人窥觑的目标。

1878年，英国占领塞浦路斯，表面上是在俄国人的进攻下保护土耳其人，但通过高明的外交手段，他们停留的时间再次被延长，一直到1914年才撤离。

作为英国在欧洲唯一的殖民地，塞浦路斯和马耳他还残留着古老的传统观念。在本质上，它是反对大不列颠帝国的。塞浦路斯超过90%的居民是希腊人，马耳他居民的90%则是意大利人。塞浦路斯的起义一直持续到19世纪30年代，他们坚持抵抗，并且在最后10年中愈发顽强。

在地中海东部，土耳其的瓦解给英国带来了新的局面，也带来了新的政策。一战之前，英国只在这里驻扎舰队，后来它得到了许多基地和战略据点。一战给地中海带来的巨大后果是，英国控制了从利比亚边境到海法的地中海东部地区，巩固了法属叙利亚作为缓冲国的地位，以此来对抗北部的新土耳其。

土耳其的分裂虽然加强了英国在东部的力量，却也给它创造了一个新的对手，那就是上升中的阿拉伯半岛，它拒绝被削弱。在这里，英国的政策更受欢迎，因为它要的不是殖民地，所以它常常胜过迫不及待的意大利，仅仅因为意大利想参与统治，甚至自己做主。

《一千零一夜》的故事业已结束，新的故事仍在继续。

犹太人的复国梦

在一战中的某个时期,有人提议像中世纪那样把耶路撒冷交给教皇。梵蒂冈在争取这一权力时遭到了英国的制止,因为它想把苏伊士运河的西面管理得像东面那样妥当。在这一目的之下,犹太国家诞生了。

这是个绝妙的主意,而且绝不会把事情弄糟。作为一位内政大臣,巴尔弗用典型的英国方式给罗斯柴尔德写了一封信,信中承诺将以最大的努力来促成犹太人建国。巴尔弗和犹太人想出了这个主意,但他们不是第一个把它付诸实践的人,他们只是在正确的时刻,用正确的方式成功地实现了这个由来已久的想法。

在90年代发起的犹太复国运动中,西奥多·赫茨尔被视为一个有远见的领导者。作为一个记者,他从奥地利来到地中海,决定引导这里的教友。这30年中,很少有人追随他。

第二次复国运动开始于1919年,规模比前一次大得多,一切首先取决于民族,其次才是宗教。当第一批犹太人来到英国这一新的保护国时,他们像同胞兄弟那样受到欢迎。

然而,接下来发生的事情引发了全世界的反犹情绪。犹太人的智力、勤奋、坚定和天赋太过出色,以至于无法获得邻居们的好感;因为新的激烈竞争,他们被指责为无法适应这个半阿拉伯国家的苦工和饥饿,而他们则反抗这种指责。英国人也许早就预见到了这一点,现在它开始警觉了,阿拉伯人从恭顺走向威胁,从威胁走向战斗,国内爆发了起义,军队不得不介入其中。

英国人爽快地承认了他们的错误,并把一个委员会派到耶路撒冷,轻描淡写地宣布这是一起双方各自有理的事件。麦克唐纳指责英国政府许下了一个不能实现的诺言,但丘吉尔辩称他们从未答应授予犹太人整个巴勒斯坦。政府终止了大规模迁入犹太人,并计划把他们隔离开,他们再一次抛弃了犹太人,起义也再度爆发。随之而来的是谋杀和游击战,犹太人的工作受到危及,甚至是剥夺。诽谤者试图贬低犹太人,他们指责犹太人从世界各地赚取了大量金钱。

犹太人的人口从刚迁入时的1919年的8%增长到20年后的45%,现在有50万犹太人生活在他们祖辈的故乡。他们改造着这个坚硬潮湿的贫瘠之地,他们建设城市、港口、铁路和电线,他们向世界证明了自己有一种新的天赋:殖民。

时代的步伐、斗争、牺牲,以及犹太人的聪敏很快就谱写出了一份新的传奇。不久,没人再谈论所罗门王及其对庙宇的破坏,而只讨论柠檬作物、电气化和海法的新船坞。全世界震惊于这里良好的管理和新社区的规则,他们与上了年纪的基督教徒关系也不坏。在新的殖民地里,犹太人的坚韧和乐观帮助着他们渡过了第一代子孙出生后的巨大危机。

当然,有些事是没人能预见的,犹太人开始出海冒险,成为能干的海员,一面蓝白相间的旗帜在地中海升起。虽然这并没有彻底解决犹太人问题,因为1500万犹太人当中只有少数人能够或愿意住在巴勒斯坦。但序幕已经拉开,这个一直飘零各国的民族,在精神和现实上终于再次拥有了一个家园。

这在地中海的历史上是独一无二的。所有的民族都消失不见了,也就是说被混合或改造,只有犹太人的土地还保留着由自然和文明塑造的样子。埃及人、腓尼基人、希腊人、罗马人、高卢人、哥特人、撒拉逊人和诺曼底人都在他们自己或征服来的土地上受到了改造,只有很早就失去土地的犹太人得以保留自己的独特性。他们回归先辈的土地,完成了一个循环,这是一部伟大传奇的回响。

四邻不安

1939年夏天的地中海,大炮在阳光下虎视眈眈。单是英国和意大利之间的冲突,就足以让一场大战势无可避,何况还要加上德国人。事实上,地中海的命运只取决于一个人。如果墨索里尼像25年前那样加入西方国家阵营,也许地中海就会安宁一些。考虑到自身的利益,新建立的土耳其不会站在德国人一边。没有盟军,德国就无法把触角伸入地中海。此外,地中海东岸处于英法的控制之下,战争若是爆发,地中海只会保持中立。只要意大利满足于大幅土地的割让,英国毫无疑问会答应它的要求。

最初,墨索里尼鄙视德国模仿者,而现在他对精良的德国武器装备越来越着迷。在迫在眉睫的战争中,他指望法国战败,也许还有英国。他相信在双方力量的此消彼长中,他可以迅速增加意大利海军的胜利。早在前些年的西班牙内战中,德意两国的军事友谊经受住了考验。最后，与德国几乎完全一样的独裁体制决定了墨索里尼的选择。

在墨索里尼的领导下，一个桀骜不驯的民族创造出了一番令人震惊的成就。在地中海，他实际上建立了规模最大的潜水艇舰队和一支精良的舰队。然而，因为缺少资金和原材料，以及意大利士兵的散漫等原因，军队的扩张受到了限制。1936年，在地中海上，意大利靠着两艘战舰，三艘老式法国船和15艘英国船对峙。

意大利也许有在战斗中取胜的机会，因为在地中海东部，英国只有一些匆忙建立起来的造船所。但是英国和法国有从外部汲取力量的优势，它们能从大西洋补充物资。英国还可以从苏伊士运河切断意大利和阿比西尼亚的所有往来，也可以在直布罗陀破坏所有的物资运输。在海上和空中，意大利的对手在武器装备上比它多，也比它先进。

意大利做到了很多。被称为"帝国桥头堡"的西西里岛上，锡拉库扎港发展迅速，还有最重要的自然港口墨西拿港也被修缮一新，现在它可以容纳1000条船。在撒丁岛南部，卡利亚里港已经崛起，法国的科西嘉岛距离这里只有13千米。斯陪西亚，由于地理位置极其优越，发展成了意大利甚至整个地中海最大的造船厂。亚得里亚海的防御工程是发展得最为迅速的，南斯拉夫的船只已经被全部纳入意大利的控制之下。

一战之后，北方的的里亚斯特、普拉和威尼斯并没有发展成斯陪西亚那样壮观的海军港口。由奥地利人精心设计的的里亚斯特被废弃了。另一方面，南斯拉夫的扎拉，虽与斯陪西亚位于同一纬度，却退化成了一个沉闷的商业城市。

在奥特朗托海峡，亚得里亚海的入口完全掌握在意大利人手中。塔兰托和布林迪西被机场和海军基地保护起来。再远处是萨赞岛，对面是法罗拉，它的背面是杜雷佐，这些城市全部有重兵把守，用各种方式加以防御。

意大利准备对法国发动海上袭击，显然它的主要方案是进攻。岩石遍布的潘泰莱里亚岛被修筑成军事要塞，用以对付法属突尼斯，也可以骚扰任何经过这里的舰队。这座位于突尼斯和西西里岛之间的岛屿控制着水道最关键的两个部分。

背着英国，意大利人在地中海东面和土耳其订立了盟约。墨索里尼把著名的罗得岛变成了意大利的一个文化中心，他在岛上创办了一所大学，并利用怡人的气候兴建疗养院。

在强大的海空力量支持下，墨索里尼计划打一场闪电战，只有这样，才能保证意大利不被封锁遏制。战争一旦陷入拉锯，这个国家就得依赖德国。然而，除了煤炭和武器，德国几乎什么都给不了它。受益于新式飞机，意大利的空军可以直接轰炸整个地中海，西西里岛、撒丁岛、潘泰莱里亚岛和尼路都可以成为它的空军基地。

墨索里尼最担心的是，战事一旦延长，意大利将缺少燃油和谷物，它的海岸、港口和造船厂会被轰炸。最严重的忧虑还在于国民性格，他们很快就会对战争感到厌倦甚至气馁。

早在西班牙内战中，意大利军队就是个失败者。西班牙共和国瓦解之后被出卖并抛弃，宣告了社会主义在西方的失败。与其讽刺性地把西班牙战争称为"法西斯主义的彩排"，倒不如把它视为1940年法国瓦解和英国战败的源头。

1936年的夏天，直布罗陀附近的海域比100年来任何时候都更像一个战场，由于佛朗哥的出现，地中海上再次有了一个真正的海盗。他用鱼雷进攻英国船只，并劫掠法国船，但两个政府对此都没有出声。

1937年9月，23个美洲人在为共和政体而战时献出生命，这是二战的第一批遇难者，虽然二战要在四年后才在美洲爆发。罗伯特·莫里曼是一间加拿大学院的教授，他在保卫一座西班牙大教堂时六度负伤，也许他算得上是第一个美洲英雄。

严阵以待

意大利的三个对手都远逊于它。在古代，希腊人精于海事，但它早已退出了竞争。直到今天，仍有60%的希腊人从事贸易和海运，这个数字是其他民族无法比拟的。他们重达200万吨的商船没有海军保护，爱琴海上的所有活动一如古希腊时代那样活跃，然而现代的希腊人缺乏自卫能力。

在海上，现代希腊人的唯一成就是科林斯湾运河，恺撒和哈德良都曾想穿过这条只有6千米的地峡。它非常狭窄，很小的船也会经常撞到两边的高墙，因此这条运河毫无战略价值，它只是节省了伯罗奔尼撒半岛附近的一段航程。

希腊人的防守计划完全依赖于与英国的结盟，王室复辟之后，英国成了希腊的保护者。根据以前的协议，一旦战争爆发，土耳其人就是英国人的盟友。凯末尔别无选择，因为意大利和土耳其的冲突远超希腊。今天的伊斯坦布尔北面多了一个强大的邻居，此前，势不两立的对手之间有一种奇怪的默契，英国和俄国达成共识，让土耳其与双方都签订盟约。

内战之后，西班牙不得不奉行在英国和意大利之间左右摇摆的政策，在和墨索里尼签订秘密条约之后，它获得了最新的武器装备。如果直布罗陀是地中海的钥匙，丹吉尔就是那把锁。然而丹吉尔是世界性的，英国不会允许任何国家在直布罗陀对面修筑工事。

法国在地中海的武装力量超出了巴黎政治评论家的估计，因为在地中海甚至世界上，法国是唯一一个需要依靠殖民地来保卫国家的政权。4000万法国白人依靠6000万有色种族士兵的保护，必然会导致后者权力的激增，有色人种为国家服务的初衷，更像是受到了吸引而非逼迫。法国现在想要的不是征服，而是保留现有的一切，因此他们的武装力量只限于保护欧洲和非洲的海岸，以及必要的护航。

英法订立盟约已有40年之久，法国海军对直布罗陀被分割的疑虑逐渐打消了，有色人种军队也可以通过大西洋去北面，因此法国可以保住非洲西北角的摩洛哥。最佳的办法是修建一条横穿撒哈拉的铁路，马其诺在1929年就草拟了这一计划，但法国政府未能筹集到必要的几十亿美元资金。

西班牙设计的铁路采用法国规格的轨道，在直布罗陀海峡的地下隧道之外开辟出一条新线路，这给东南部带来了新的冲击，相似的铁路建设在非洲也陆续完成。几个世纪以来的边境贸易已经把法国人训练成了士兵而非水手，法国对意大利的轻视是在后者的威胁下逐渐形成的。

在所有炮声隆隆的地中海国家中，未受炮火洗礼的那个国家才真正拥有决定性的力量。那个古怪的"陌生人"，看起来似乎只是在这里闲逛，它把一切推入兴奋状态，一半是挑唆，一半是控制。除了一些岛屿和职位，英国在这里几乎一无所有，但他对地中海了如指掌。

3千米长、1.6千米宽狭窄的直布罗陀岩石是个可怜的目标，一枚炸弹就可以炸开它。但飞机很难起到作用，没有空间可以建机场，敌人必须低空飞行，常年的东风会令飞行更加困难。

据说直布罗陀的走廊上架起了4000门加农炮，每个防弹的蓄水池都储存着4000吨水。在战争中，炮塔可以容纳六个师。一个堡垒叠着一个堡垒，看不见的洞穴藏满弹药。就算是这样，人们还是有不安全的感觉，因为优秀的破坏性武器总能被成功地开发出来对付这个防御工事。

马耳他曾是地中海的中心，但飞机的发展让它在最近10年里失去了重要性。意大利人声称从西西里岛出发，只需一小时就能摧毁它。英国人立刻就在这里建造了空军基地,很可能英军的炸弹会在某日同时从马耳他发射,向北炸毁西西里岛,向南轰炸利比亚。

在地中海东部,英国的武力发展得更加强大。它准备好了两条战线来应对新的世界大战。一战时,它就建起了海法-塞浦路斯-亚历山大港三角地带,这是一个专为海战而设的战略区。这证明英国人已经考虑到在无法通过苏伊士运河的情况下维持大不列颠帝国交通的可能性。1935年,英国舰队离开大西洋进入三角战略区,这说明他们不再把马耳他视为防御重点,而是着重保卫苏伊士运河。最坏的情况下,英国也希望能保留部分海军力量,因为大西洋没有舰队存在,所以他们只能依靠直布罗陀海峡困住意大利舰队。

一旦失去苏伊士运河,英国是否还能保持它的帝国地位?只有这一点对它才是最重要的。另外,它还必须保护埃及,这是非洲的门户。因此当马耳他失去重要地位之后,英国人马上开始在亚历山大修建防线。最重要的据点是海法,现在它是地中海第三大军事要塞,始于伊朗的输油管道终点就在这里。没有燃油,所有的船只和飞机都寸步难行。

英国的军备从海法深入西亚。连接耶路撒冷和麦地那的铁路,在安曼横穿约旦的军营,飞往巴格达和伊朗的航线,通向摩苏尔油田的管道,亚喀巴港市的发展和红海最偏远的两个岛屿,这一切加起来组成了一个保卫印度的巨大堡垒。

暴风雨之前的寂静

地中海上的贸易和航行仍然继续着,海洋也因为航行其中的船只和生活在沿岸的人民而焕发生机。然而,由于密集的堡垒和军事基地,地中海在1939年夏天的阳光中皱起了眉头。

大型蒸汽船通过苏伊士运河,把印度和中国的货物带入漫长的旅程。几个世纪前,同样的货物要经过海角运送到欧洲,再早一些则要沿着陆路经波斯和小亚细亚运往港市。

贵妇名媛们赶上了这趟无须着陆的愉快旅行,她们可以躺在意大利邮船漂亮的甲板上,吸吮冰镇柠檬汁,摇晃高跟鞋。选择乘坐较便宜货船的人,多是到小岛和海岸上旅行的学者,他们研究原始生物、棕榈树种类、巴洛克风格的宫殿、亚历山大港的硬币或是特拉维夫城外的新种植园。

记者和出口商人多半选择乘飞机穿过地中海,把新闻和贸易从东面带到西面。在所有海滩上,无线电发报员发出无线电信号,每个人都用自己的方式鼓舞远处海岸的居民。

8月,在这些神奇而蔚蓝的日子里,本书的作者正专注于资料的搜集,他从科西嘉岛漂流到突尼斯,并在高出地中海2133米的地方,拟就了"传奇之海"的写作计划。

然而,在商业世界的喧嚣中,当一亿两千万个灵魂正在海岸上享受生活,或者为更美好的生活奋斗时,每个海滩上的居民都听到了从头顶传来的发动机的轰鸣。一个小望远镜或者训练有素的耳朵会告诉他们,这是战斗机。与此同时,还有海面上越来越多的战舰。

　　一战的最后一场海战就发生在地中海最东北的角落附近。哪怕是19世纪的那三四场海战，在大西洋上的纳瓦拉，在亚历山大港，都不过是几段有趣的插曲罢了，别国舰队都安静地待在港口里作壁上观。在此之前，进入地中海的征服者只会夺取岛屿或者海岸，其他的民族则把这当成是来自遥远大海的新闻，犹如过眼云烟。威尼斯人攻打君士坦丁堡，十字军攻打土耳其人，诺曼底人攻打希腊岛屿，实际上，所有发生在地中海上的斗争都被局限在很小的范围内。

　　但是现在，1939年的8月，每个国家的船只和飞机，港口和造船厂都被惊动了。他们感觉到战争正从北面接近，它的爆发会把整个意大利卷入行动之中，进而把整个地中海也卷进去。事实上，大洋接下来的命运将在一个男人的一念之间决定。如果他和所有的武器保持安静，那么没人会破坏海上的和平；如果他急于放纵他的船只，海军就会奋起把他击败。

　　在8月里闪耀的刀光剑影中，矛盾已经到了一触即发的时刻。地中海上的所有居民，都在等待着第一记枪声的响起。